思想觀念的帶動者

文化現象的觀察者

本土經驗的整理者

生命故事的關懷者

Psychotherapy

探訪幽微的心靈，如同潛越曲折逶迤的河流
面對無法預期的彎道或風景，時而煙波浩渺，時而萬壑爭流
留下無數廓清、洗滌或抉擇的痕跡
只為尋獲真實自我的洞天福地

了解孩子的內心世界
父母與嬰幼兒的心理治療實錄

What Can the Matter Be?
Therapeutic Interventions with Parents, Infants, and Young Children

編者
露薏絲·艾曼紐 (Louise Emanuel)
伊莉莎白·布萊德利 (Elizabeth Bradley)

譯者
王映淳、吳麗琴、林芳漪、粘慧美、黃郁心

雅緻文化有限公司　合作出版

目錄

嬰幼兒心智健康工作的意義與價值

● 伊莉莎白・布萊德利（Elizabeth Bradley）

　　首先，我想用哀悼露薏絲・艾曼紐（Lousie Emanuel）來開啟這篇序文，她是本書的共同編輯之一，不幸地已在今年因病過世而無法參與本書中文版的出版，這實在是一大損失。如同她參與的所有事物，她對本書也是饒富活力、盡其所能地積極貢獻。她把自己奉獻給在倫敦塔維斯托克（Tavistock）診所接受嬰幼兒心智健康服務的幼兒及其家庭，她在理論與臨床經驗上的投注是國內外知名的。露薏絲致力於推廣她的想法，她一定會因為知道本書被翻譯成中文版，能延伸接觸到更多的讀者而感到榮耀。

　　本書的概念源起於 20 多年前，最終於 2008 年正式出版。在塔維斯托克診所，與嬰幼兒的工作已經發展並逐步成形了許多年。最一開始主要關心的焦點是在產後診所與母親及嬰兒的工作，爾後才把臨床工作延伸到母親、嬰兒及其家庭。

　　如瑪格麗特・羅斯汀（Margaret Rustin）在其前言中所陳述的，嬰幼兒心智健康工作起源於提供服務協助那些因為孩子有令人擔心的（發展）困難而感到焦慮的母親們。在 1970 年代，有人擔心鼓勵轉介個案到嬰幼兒心智健康服務會把孩子病

態化。曾經一度有恐懼聲浪認為臨床治療師會被父母認為太過批判，而憂慮家庭療程反而讓問題惡化，更常見的是大家認為最好不要對這些議題有所關注。雖然在一開始，我們會把焦點個別放在孩子或父母身上，但隨著時間過去，我們從家庭互動中發現二者一樣重要。我們發現提供這樣簡短的早期介入，可以給處在危機下壓力緊繃的家庭一個喘息的機會。這個介入方式所產生的療效也被證實是可觀的。它的基礎是以精神分析取向來瞭解家庭中無意識（unconscious）的互動；而這些互動可能根源於更早期的家庭經驗，經由無意識來跨代傳遞。

我的經驗告訴我，觀察父母與孩子的互動，並讓每位成員參與其中（成為家中的一份子）是很重要的。這些時機有助於我們理解這個家庭在日常中聚集在一起的表現，並觀察每位成員所擔起微妙、殊異的情緒角色。另外，也很重要的是，我們提供一個鼓勵每位家人表達自己的感覺和焦慮的空間，這樣他們才有機會談論身處這般情境下的自己。

最初的聯繫方式，會因每個家庭當務之急的需求不同而有所不同。例如，如果當下考量最重要的是嬰兒的需求，最好先安排一起見見母親和嬰兒；如果是大一點的孩子，我們通常就會先單獨見父母親。重要的是在此取向做這些決定的過程當中，我們要保持對家庭結構的敏感度以及彈性的作法。

瑪格麗特·羅絲汀強調這類型工作的診斷價值，以及這樣的模式有助於臨床治療師看清家庭中的無意識發生了什麼事。一樣重要的是，我們也會在這些情境中找出可行的治療性契機並強化它。有助於讓每個人都能改變氣氛而修正無意識的投射，僅僅在數次療程的短暫介入就能達到顯著的效果，亦能

夠很顯著地改變成員彼此在家庭當中的互動與經驗感受。臨床治療師不僅要有觀察的能力，更關鍵的是要能夠涵容在這些情境下所經驗到的感覺以及被強烈的投射。於此，我想強調臨床工作坊的模式將能提供臨床治療師支持性與涵容性的情境，這樣的支持將有助於臨床工作者更能夠落實嬰幼兒心智健康服務。

有個值得注意的問題是，為何經過如此多年的認識與影響，即便已有研究證實這種早期介入的高度價值，在臨床工作中仍少見提供嬰幼兒心智健康的服務。這有可能是和經常發生地，擔心會批評與怪罪父母的焦慮有關。

令人感到鼓舞的是，本書已經被翻譯成數種不同的語言，並且仍持續地對世界各地的讀者產生廣大的影響力。嬰幼兒心智健康服務的模式，已經在世界各地發展。現在它將能夠普遍地被華人讀者所接觸，更是激勵人心而且饒富意義。

伊莉莎白・布萊德利
2017 年 10 月

【推薦序】
翻轉育嬰室的幽魂

● 林玉華

國際精神分析學會（IPA）精神分析師

中華民國臨床心理師

傳心心理治療所所長

臺灣精神分析學會理事和學術教育訓練委員

華人心理治療研究發展基金會董事

　　兒童的情緒問題可往前推溯到嬰兒期主要照顧者跟嬰兒的互動狀況。有些嬰兒天生難以被滿足、不易被安撫，另一些嬰兒則是在生理發展上較難被照顧，這些嬰兒常會讓父母親在照顧他們時手足無措，進而造成照顧品質的惡性循環。反之，主要照顧者的情緒狀況以及他們的早期經驗也會在嬰兒誕生時，再次壟罩在育嬰室，影響著他們對於嬰兒的想像與看法以及他們跟嬰兒之間的互動關係（Fraiberg, 1975）。發展心理學強調主要照顧者的情緒映鏡可增強嬰兒情緒調節能力（Stern, 1985, 1995）。當主要照顧者被自己為了回應嬰兒的需求所激起的負向情緒所淹沒時，很難發展出情緒映鏡的能力，甚或更進一步會將這些無法被涵容的情緒投射到嬰幼兒身上。當孩童無法負荷父母親無法消化並投射出來的情緒時，他不得不採取各種防衛作為應對，包括餵食困難、鬧脾氣、攻擊或破壞

行為、夢魘（夜驚）、睡眠問題、如廁問題、食糞、退縮、焦慮、學習困難或是其他生理問題等，以此應付父母親的情緒反應或家庭成員之間不健康的互動模式。兒童的家庭如果能更早認識這些情緒與行為問題的來龍去脈，也許可避免兒童問題的產生，減少父母親的挫折、焦慮以及罪疚感。

塔維斯托克治療中心（Tavistock Clinic）「五歲以下嬰幼兒心智健康服務」（Under Five Service），乃為了因應以上需求而設立。這項服務於 1970 年晚期在當時的院長瑪格麗特・羅斯汀（Margaret Rustin）的鼓吹之下成立。羅斯汀夫人相信如果能夠提早針對嬰幼兒的問題以及主要照顧者的焦慮，提供全面的理解，並適時提供立即的協助，就可以紓緩主要照顧者以及嬰幼兒的焦慮，改善親子互動的品質，進而促進嬰幼兒的心智健康。

這種諮詢服務模式可回朔到溫尼考特關於母-嬰關係的理路。溫尼考特認為沒有所謂的嬰兒，只有母-嬰關係（Winnicott, 1941/1975）。他強調嬰兒在「原發的母性專注」（primary maternal preoccupation）之下才得以成熟，因此常被尊為精神分析導向母-嬰心理治療（infant-parent psychotherapy）之父。佛雷伯格的古典文獻「育嬰室的幽魂」，也以精神分析導向的觀點描述受傷的母-嬰關係。佛雷伯格在此書中描述母親對於新生兒的感覺是負向或是正向，常常受其自身經驗的影響；當父母親未能處理好自己小時候的匱乏或失落，可能會無法面對嬰兒的斷奶，因為斷奶激發了母親的匱乏感以及早期未被哀悼的失落。

嬰幼兒心智健康服務是一種動力導向家庭諮詢。這種諮詢

模式以嬰兒觀察法（Bick, 1964）為基礎，提供家庭成員一個說故事的空間；在五次家庭諮詢當中，心理治療師運用嬰兒觀察專注、聆聽、不做判斷以及不過度介入等開放的態度，仔細觀察診療室內所揭露錯綜複雜的家庭關係、孩童跟父母內心世界的假設，以及彼此之間內化進去的客體關係模式。治療師在診療室體驗嬰幼兒跟家庭成員之間最原始的情緒掛勾、接收並涵容家庭成員彼此之間的投射，將家庭成員之間未被消化的情緒轉化成可被思考的語言，以此催化家庭成員思考過去未解決的失落與創傷、家庭成員彼此之間的情緒互動模式，以及這個關係模式跟目前孩童的困擾之間的關係。在治療師的專注觀察、聆聽、理解和陪伴之下，主要照顧者得以恢復觀察和反省能力，開始釐清之前無法思考的情緒，重新獲得一個可以思考痛苦經驗的心智，進而學習理解並涵容兒童的情緒問題。

　　五次家庭諮詢模式並不宣稱五次可解決所有問題，而是讓參與的家庭成員得以開始思考自己的經驗跟孩子之問題的相關。恪守五次的諮詢情境讓主要照顧者經驗到只要能夠開始思考，問題是可以解決的，也讓家長感受治療師對於他們能夠面對自己小孩之問題的信心。

　　兒童心理治療在台灣尚不普及。多數家庭很能容忍孩童的問題，通常在幼兒上學時才會因為學習或行為問題而被關注。如果兒童問題能提前被發現並介入，則能降低兩造互動之間的惡性循環及其所造成的次級問題。在兒童精神醫療資源仍然非常有限的台灣，這種諮詢模式可以是兒童心理健康之推展的一個契機。

參考資料

Bick, E. (1964). Notes on infant observation in psychoanalytic training. In M. Harris Williams (Ed.). *Collected Papers of Martha Harris and Esther Bick*. Perthshire: Clunie Press.

Fraiberg, S., Adelson, E., & Shapiro, V. (1975). Ghosts in the nursery: A psychoanalytic approach to the problems of impaired infant-mother relationships. *Journal of American Academy of Child & Adolescent Psychiatry, 14*(3), 387-422.

Stern, D. N. (1985). *The Interpersonal World of the Infant.* New York: Basic Books.

Stern, D. N. (1995). *The motherhood constellation: A unified view of parent-infant psychotherapy.* New York: Basic Books.

Winnicott, D. W. (1941). The observation of infants in a set situation. In Winnicott, D. W. (Ed.)(1975). *Through paediatrics to psycho-analysis* (pp.52-69). London: Hogarth.

塔維斯托克的臨床經驗

● 瑪格・瓦戴爾（Margot Waddell）

　　自 1920 年設立以來，塔維斯托克（Tavistock）診所在精
神分析思想的強力影響下，豐富地發展了不同階段與心理健康
有關的技術。它也採納了系統性家族治療作為理論模型及處理
家庭問題的臨床方法。此診所現今是英國最大的心理健康訓練
機構，在社會工作、心理學、精神醫學、兒童青少年、成人心
理治療，以及護理和初級保健等領域，皆提供研究所課程和專
業認證課程。每年有超過六十個課程，約訓練一千七百名學
生。

　　塔維斯托克診所的理念著重於提升心理健康的治療方
法。診所的工作奠基於它的臨床專業，這也是顧問諮詢與研究
活動的基礎。這一系列叢書旨在將塔維斯托克診所中最具影響
力的臨床、理論、研究工作，提供給讀者大眾。本系列對於兒
童、青少年與成人心理困擾的理解與個別或家庭治療，皆開展
了新方向。

　　歷經三十餘年，《了解孩子的內心世界》一書在幾個世代
的塔維斯托克診所兒童青少年治療師構思下孕育而生。「五歲
以下嬰幼兒臨床工作模式」（Under Fives Model）的這個最終
版本，被視為是理論上與實作上的通典。

此模式主要且珍貴的特點是，在時間有限的基礎上，早期介入對於後來的個人、父母與家庭的發展，具有無價的治療重要性。

本書中各個臨床章節，都以其獨特且生動的描述提及各種困難的經驗，這將在父母和專業人員間引發共鳴。它們皆指出各種促進、妨礙、甚或遏止嬰幼兒發展的因素。闡述理論的章節廣泛地引用有關過去的傳承、懸而未決的家庭困難、不穩定的父母伴侶關係、伊底帕斯議題，以及改變的本質等文獻。

本書英文標題的恰如其分，想必對於任何讀者都是顯而易見的：其中包含父母親在面對這些典型嬰幼兒的混亂及具挑戰性的行為時，因不理解而產生的痛苦，同時提供可能的動力根源線索。與其說問題是「約翰去遊樂園去得太久了」（譯註：兒歌「到底是哪裡出錯了？」〔What Can the Matter Be?〕的歌詞），不如說是同樣令人擔憂而難解的失眠、發脾氣、進食困難和分離焦慮等問題，以及這些問題可能的成因。原歌曲裡不幸且無助的疑問——因恐懼遭背叛、遺棄、丟下或忽視，而翻攪出來的「噢，親愛的，到底問題是什麼呢？」在本書中能為藏諸於問題背後的原因，找到各種令人讚嘆且可以理解的解釋。本書也提供思考的脈絡，協助讀者去辨別哪些狀況下，改變可以在相對較短的時間內達成，哪些狀況又暗示著需要進一步的介入。

本叢書兼具人文與學術性，對嬰兒心智健康領域，亦是極為重要的增益著述。

前言

● 瑪格麗特・羅斯汀

在嬰幼兒心智健康服務（和五歲以下的嬰幼兒以及其家庭、周遭連結的網絡一起工作）的範疇裡，這是一部眾所期盼、值得一讀的文集，由該領域裡最知名的一些治療師執筆。他們在相當短期的治療介入中，巧妙地藉由和父母對話，以及和孩子們語言及非語言的溝通，編織出家庭的故事。治療室的環境設置，使得充分覺察變得可能：在安排好的時間架構裡，親子關係當下的僵局，經常令人震驚地清晰可見。藉由串連父母的敘述、孩子的行為跟遊戲，以及善用和家庭外某個人的深入談話，讓許多事都變成有可能發生。

觀察治療室內所揭露的複雜家庭關係，以及關於孩童跟父母內心世界的假設，讓讀者在翻頁之際，常有急轉直下的精彩發現。不難看出，為什麼提供短暫的早期治療式介入，對治療師是非常有吸引力的。這些治療師同時具備關於嬰幼兒發展以及父母親焦慮的知識與關注，也致力於運用英國國民健康服務體系（NHS）的資源（尚不如一般人想像中普及），成為社區裡支持嬰幼兒父母心理健康的樞紐。

塔維斯托克治療中心的「五歲以下嬰幼兒心智健康服務」（Under Five Service）之所以誕生，源自 1970 年晚期，我心裡產生兩個想法。當時我們已經注意到，很難鼓勵家庭和

社區裡的早療專業人員轉介個案到我們的兒童與家庭心理健康中心。儘管我們有各種專業背景的團隊以及獨特的豐富資源，可以解決早期的難題，甚至在有需要的時候，也可以提供長期的專業治療，包括心理治療。對早期介入效益的信心，使得我們相信要轉化這種狀況，轉介是很重要的。通常轉介者會擔心孩子被視為是「病態的」（pathologized，例如：只被當成是有問題的人，而不是全面地思考整體的困境），或者童年早期的症狀大多會隨著時間流逝而消失。但相反地，臨床經驗告訴我們，某些早年的困難如果被忽略的話，將會持續、甚至惡化；較近期的實證研究已經證實了這個臨床印象。

我想，如果我們可以針對嬰幼兒父母的焦慮，提供迅速的回應，亦即在一般的轉介系統之外，在事情出錯時，儘快地提供一些協助以呼應嬰幼兒父母的高焦慮，或許就可以解決嬰幼兒心智健康服務的低轉介率問題。

從一開始的試驗性計劃一路發展至今，早已超越了早先的概念。許許多多的家庭在危機關頭，經由短暫治療的幫助，減緩了焦慮、除去孩子跟父母發展潛力的阻礙，並且開拓了關係。有時候我們也會注意到較嚴重的問題，而建議比較長期的工作，以有機會在事情變得太棘手之前著手。這個嬰幼兒心智健康服務模式，得到許多不同專業人員的熱切迴響，進而在英國的其他區域以及其他國家，發展出許多有趣的相異版本。此模式近期已在嬰兒心智健康以及父母／嬰幼兒的心理治療領域，引起許多的關注。

我們關心、支持年輕的家庭（有嬰幼兒的家庭），不僅是基於專業的拓展，也有著社會跟政治性的考量。書中所探討的

這些想法，會進入一個激烈思辨的場域。從臨床工作與研究中所得到的證據，都強烈地指出早期介入的效益。這本書中的文章，羅列了相當多具說服力、觀察詳盡的臨床案例，也涵蓋了與父母／嬰幼兒工作的焦點、關於短期工作所要達成的改變，以及潛在服務的發展等議題。為數日增的「新手」專業人員，是兒童青少年心理健康治療師需要盡可能多加接觸的對象。本書集結的豐富文章，是一群富有想像力且經驗豐富的臨床工作者，為廣大讀者們描繪出他們工作的一部分。這些家庭故事及早年激烈的親子關係，將會深刻地被記住，無疑地也將在許多人心中引發共鳴。我很高興看到過去三十年來的工作，有一部分被記錄下來出版，也預見未來將有更蓬勃的發展。

導讀

　　五歲以下嬰幼兒心智健康服務以及相對應的嬰兒心智健康工作坊，已經在塔維斯托克中心的兒童和家庭部門經營有二十年了。它源自對嬰幼兒觀察日益增長的興趣，以及如何將精神分析的工作，在臨床上應用於有五歲以下嬰幼兒的家庭。這本書嘗試描述此服務的治療師們在臨床工作上的發展模式，以及其他專業人員如何修正並運用此模式。這本書集結了多年來提供此服務的成員們，在專業期刊與會議演講所發表的文章。

　　書中涵蓋的臨床材料包含治療技巧、長度、頻率的概念，以及理論的思考，豐富而廣博。書裡的多樣性也反映在不同的書寫風格，以及作者們探討理論與臨床進程的不同手法。一致的是治療環境的設置以及潛在的概念架構，這在介紹的章節裡會有清楚的呈現。在第一部「理論與應用」的章節裡，引用了臨床的實例來闡述這個模式的發展。第二部則集中
在這類與五歲以下小小孩的工作中，經常浮現的共同議題：如何理解挑戰與混亂行為；如何和父母工作；面對分離、斷奶、失落的議題。

　　兒童心理治療師瑪莎·哈里斯（Martha Harris）是嬰兒觀察的重要倡議者，她主張嬰兒觀察是訓練分析取向兒童心理治療師的重要技能。她意識到在與五歲以下嬰幼兒工作

裡應用這些技巧的價值，而開始提供她所謂的「治療式會談」（therapeutic consultation）給家有小小孩的家庭（Harris, 1966）。五歲以下嬰幼兒心智健康服務和多種專業的工作坊，一開始只是開設給有興趣的同仁。經過數年，短期分析取向、針對五歲以下嬰幼兒家庭的介入模式逐漸發展出來；同時也不斷地被全世界想要進一步發展相關治療模式的專業人員修改，並廣泛地發表在《兒童心理治療期刊》（*Journal of Child Psychothearpy*）及其他的出版品。書中的作者們，全都是在塔維斯托克中心完成訓練的兒童治療師，而且運用精神分析中傳統的英國客體關係理論來（與個案）工作，像是同時是精神科醫師、也是精神分析師的專家顧問伊莉莎白·布萊德利。他們也會運用各種有用的理論概念，補足理論的架構。

　　因為大量的外來影響與壓力對這個服務所帶來的效應，這項工作的某些面向在這幾年中也發生了改變。此服務總是會提供專家諮詢給在托嬰中心或幼兒園工作的員工（老師），也會參與社區討論。有一些最廣為人知的文章，例如：迪莉斯·陶斯（Dilys Daws, 1985）寫的〈站在體重計旁〉（Standing Next to the Weighing Scales），就是取材於在一所當地嬰兒診所的工作。還有茱麗葉·霍普金斯（Juliet Hopkins, 1988）的文章〈協助日間托嬰機構的護理師與嬰兒之間的親密發展〉（Facilitating the Development of Intimacy between Nurses and Infants in Day Nurseries）也是取材自一個地方托嬰中心的工作。最近英國國民健康服務體系強調要增加社區的臨床資源投入，因此每個家庭可以在家醫科診所及衛生所接受服務，治療師便可能與其他的健康專業人員在社區型的場域中一起合作。

政府設立了「安穩起步」（Sure Star）方案，要確保社會中各個階層的家庭都可以得到相關的兒童服務，這對提供治療的方式帶來很大的影響。塔維斯托克五歲以下嬰幼兒心智健康服務為「安穩起步」區域性服務的一部分，我們聯合其他的健康機構以及義工組織，一起成立了「情緒支持服務」（Emotional Support Service），在社區裡提供心理性的協助給有嬰幼兒的家庭。

近年來關於嬰幼兒發展的研究增加，以及神經科學研究的進展；兩者的結合更是促使大家去思考關於父母-嬰兒的治療性介入。克瑞莫（Cramer 1995）、帕拉西奧-伊斯帕薩（Palacio-Espasa 2004）、李伯曼（Lieberman 2004）、湯姆森-薩洛（Thomson-Salo 1999）等人的著作，介紹了這類工作一系列的相關方法。這本書企圖把在塔維斯托克治療中心所發展出來的五歲以下嬰幼兒心智健康服務模式介紹給大家；設定的對象是和此年齡嬰幼兒族群工作、並且有興趣想要更了解嬰幼兒情緒發展及行為困難的新手專業人員或治療師。本書也闡述了《了解你的孩子叢書》（*Understanging Your Baby Series*）的許多概念（該系列叢書原本是塔維斯托克治療中心出版給有興趣的父母家長，相對應的卷冊在本書的參考章節都有列表）。

五歲以下嬰幼兒心智健康服務也常遇到在兒童的問題背後，潛藏著家暴、創傷以及虐待的家庭。好幾個章節都提到了家庭有暴力的背景，或者嚴重的婚姻不睦。和雙親／配偶的工作是五歲以下嬰幼兒心智健康服務的重要焦點，針對分居父母或者正在經歷離婚的家庭之介入需求也與日俱增。與父母／配

偶的工作是需要審慎處理的臨床協商，這也是團隊中正在發展專家知識的區塊。在本書〈父母配偶及伊底帕斯議題〉的章節裡有強調，和單親父母工作時，得要同時協助他們內化親職工作裡父性（paternal）跟母性（maternal）的功能。

五歲以下嬰幼兒心智健康服務的周產期專家部分（Specialist Perinatal part），有很大量的資源投注於有早產兒、孩子有先天疾病或殘缺，或寶寶於出生前後死亡的家庭，可以參見第十五章伊莉莎白·布萊德利的文章〈維持平衡：生命早期的生與死〉，當中有許多重要的專家意見。我們也試著省思這類臨床工作裡涉及的豐富議題，包括少數族群的家庭、難民以及尋求庇護者：關於移民從原生國家遷徙的經驗所帶來的影響（可以參見茱麗葉·霍普金斯所著的第三章），以及在這些家庭裡，關於睡眠、餵養、維持家規等固有的文化面向（可以參見貝弗利·泰德曼〔Beverley Tydeman〕與吉妮·史騰伯格〔Janine Sternberg〕所著的第六章）。

讀者可能會注意到書中的臨床案例描述有男女不平衡（比較多男孩）的偏誤。一般來說，就如同在兒童及青少年心理健康服務（CAMHS）機構，會有比較多的男孩被轉介接受治療，或許這可以解釋書中男孩按理比較多的原因。[1] 雖然書中探討了許多男孩、女孩的理論與臨床議題，但性別並不是決定介入模式的主要因素。從臨床的經驗裡，我們知道女孩較常內化她們的衝突，男孩則傾向外顯他們的苦惱，所以比較常會因為行為問題被轉介治療。

為了合乎本書的使用目的，除非有特別聲明，所謂的「嬰幼兒」（infancy）跟「嬰幼兒心智健康」（infant mental health）都是指零到五歲的小孩。我們將可清楚地看到，在各個年齡層，一歲半以下的嬰兒、學步兒，以及五歲左右即將過渡到學校生活的階段，會需要不一樣的介入方式。「密集的」（intensive）兒童心理治療是指每週三次或更多次的會談。精神分析理論的定義以及專門用語，可以參考書末的專有名詞表；介紹的章節也有說明，或者更常是在章節行文當中就有描述。我們試著避免不必要的專業術語，藉此希望可以讓治療師與家庭相遇的故事細節，以及治療師致力臨床經驗思考的理論架構，都是平易近人且有意義的（就像瑪格麗特・羅斯汀〔Margaret Rustin, 1998〕所謂「行動的理論」〔theory in action〕）。

註解

1　為了這個原因，以及文法上的簡化，原文書一般的討論裡，提到的孩童都是用男性的代名詞，治療師則是用女性的代名詞指稱。

引言

五歲以下嬰幼兒心智健康服務模式

　　嬰幼兒心智健康服務模式主要是為了有嬰幼兒的家庭所設立，目的是想促進大眾了解早期介入的重要性。此服務模式由多元的專業團隊所組成，其中包括了兒童精神科醫師、兒童心理治療師、家族治療師、兒童心理學家與伴侶治療師。它迅速提供給家庭短期的心理分析式介入，不需要漫長等待，並有多達五次的聚焦會談，如果情況需要可展延更長的時間。此取向需要臨床治療者進行家庭會面時，在非結構式的介入下，仍維持縝密的思考與觀察能力。此框架在決策上有很大的彈性，能夠依據臨床判斷來決定治療的頻率、時間與適合的介入型態，也可能提供某些具體的建議。

　　除了在診間提供服務，嬰幼兒心智健康服務團隊也會在社區進行訪視，提供外展服務給一些難以前來診間的家庭。不論在診所或社區，同時都會有團隊工作與親職技巧訓練。另有一個特別的周產期計畫（perinatal project），關注於孕期與產後幾週，支持那些不孕、流產、早產與喪親的家庭。另外，提供專家諮詢給托兒所、嬰幼兒日間照顧機構的工作人員，也是此服務模式的項目之一，包含電話諮詢。此服務模式也會參與政

策議題的諮詢，例如：如何促成好的托兒安置、監獄中嬰兒與母親的分離。

嬰幼兒心智健康服務模式服務的對象大致可分為三類：分別為十八個月以下的嬰兒、學步兒，以及三至五歲的幼兒。出生後第一年常見的問題，通常是關於餵養、斷奶、睡眠困難、愛哭與「生長發育遲滯」（failure to thrive）。之後較常見分離焦慮、活動量過高、攻擊行為以及愛發脾氣的問題。也常見因為恐懼症（phobias）、夢魘（夜驚）、手足競爭、發展遲緩與強迫行為的轉介。而心身症狀——如濕疹、氣喘、大小便失禁等問題，一旦在醫療檢查排除生理因素後，也會被轉介。主要的潛在議題都傾向指出：問題在於父母／嬰兒／幼兒的關係之間，或者父母／配偶的關係之間。對父母和孩子來說，有時候分離困難或依附及親密關係連結議題是問題的核心。在許多的案例中，父母陳述的親職場景，呈現他們過往孩提時被教養的經驗，同時也在自己與孩子之間重演忽視與虐待的循環。

這短期的五次療程結構，會聚焦在家庭的關鍵議題。例如：嬰兒進食困難的狀況，會向治療師傳達出急迫感，促使治療師在這五次療程的模式下，與所有家庭成員討論這當中所感受到的急迫壓力。這種要趕快「塞給」父母些什麼、好解決問題的需求，反而對比出他們面對許許多多的幫助時，「理解吸收」（take in）的能力有限。這可能也反映出他們孩子的進食型態——每次只能吃進一點點，並可能暗示著他們需要比較長時間的治療。

在許多較不緊急的情況下，父母很常要求立即的問題解決

與策略。我們會協助父母理解：我們並不反對給予建議，但我們不同意用行動來取代思考——首先我們需要去認識與理解這個家庭是如何運作的，這在嬰幼兒心智健康服務模式中是很重要的一部分。

有些家庭在遇到困難時，會重複使用此服務的短期諮詢模式，這往往是在孩子處於新的發展里程碑時，通常是與斷奶、分離、失落相關。這種「系列」的諮詢型態（Stern,1995），是可以很有效運用服務的方式，雖然仍有遺漏潛藏困難之疑慮，在未來可能還會需要進一步的工作。

經過好幾年的追蹤與評核，指出這種五次療程的模式具有正面的效果。然而，此服務模式已經被延展而加入比較長期的治療工作，這反映出被轉介案例的複雜性與干擾程度提高，以及需要更多不同專業的合作。在有些情況下，短期的工作就能帶來改變，但也有可能工作目的是在評估家庭中某一位或者更多位成員需要長期的治療，包括個人、團體或父母／伴侶治療。通常我們很難在一開始接受轉介的時候，就確認問題的嚴重程度以及所需要的介入型態。

理論架構

心理動力理論（psychodynamic framework）乃假設無意識（unconscious）歷程對意識具有相當的影響力（指的是佛洛伊德〔Freud〕、克萊恩〔Klein〕等人所提出的概念），而且它在治療室中會透過非語言及語言的途徑來表達。要覺察無意識的影響力，這涉及了無意識幻想、分裂與投射、投射認同，以及移情與反移情的現象（請參照專有名詞表）。同時

此架構的核心，是在與家庭和幼兒的臨床工作中應用觀察的技術（Miller, 1992; Miller, Rustin, Rustin, & Shuttleworth, 1989; Reid, 1997; Sternberg, 2005; Waddlel, 2006；亦可於《國際嬰兒觀察與應用期刊》〔*International Journal of Infant Observation and Its Applications*〕查閱相關主題），瞭解依附理論、兒童發展與神經的研究，提供本工作多元的思考觀點。加上根源於系統化家族治療的概念，也促成了嬰幼兒心智健康服務的臨床實務。

比昂（Bion, 1962a, 1962b）所提出的涵容器／被涵容（container/contained），以及他所謂「母親的涵育」（maternal reverie）更是關鍵核心。他認為嬰兒的心智發展，還不足以承受任何強烈的感受。比昂用消化系統來比喻情緒的處理歷程，他描述嬰兒相當需要專注的照顧者——要能夠「吃進去／接收」並思考理解嬰兒難以忍受的沮喪感，而不被焦慮淹沒。當照顧者心理能夠了解嬰兒的溝通，她便能夠提供符合嬰兒需求的回應。「涵容」歷程的發生，也就是當父母能夠在一種「涵育」的狀態下仔細傾聽、並「消化」那些嬰兒所加諸的東西——此即被涵容。

透過重覆與體貼的父母互動，嬰兒逐漸地學習理解自己的經驗，為自己思考。從排除不勝負荷的感官訊息，進到發展出能夠處理、研究自己感覺的能力，這樣的轉變對嬰兒的情緒與認知發展是相當重要的。這是發展「象徵形成」（symbol formation）的開端——亦即有能力內化有助益的父母形象，在挫折的時候，這形象會浮現並提供支持。

若是照顧者忽略嬰兒的時間過長，或者過多不一致、

不可預期的反應時，可能會導致嬰兒在無意識發展出防衛式的行為，用以因應缺乏被涵容的經驗。他可能會透過大量的肌力發展、感官刺激與動態活動來護持自己（holding himself together），而創造出「次級皮膚涵容」（second-skin containment, Bick, 1968）。藉由不再期待照顧者，變成一種早熟自我滿足的樣貌，他可能發展出溫尼考特（Winnicott, 1960）所說的「假我」（false self）。用安斯沃思等人（Ainsworth, Blehar, Waters, & Wall, 1978）的依附理論來說，孩子可能會表現出不安全或混亂的依附型態，這在臨床情境中是很常見的。有時候就算給予嬰兒足夠的關注與涵容照顧，孩子令人難以招架的狀態，可能還是會超出照顧者所能負荷、處理。這類早期的父母-嬰兒關係不適配（mismatch），不僅與親職照顧的品質有關，也和嬰兒本身的氣質、嬰兒對照顧者的反應性有關聯。

我們對於幼兒及其父母的行為與溝通的意義，大多奠基於認為隨著成長中每當遭遇壓力與焦慮，個體可能會再次採取這些無意識的嬰兒防衛機制來應急。諸如睡眠障礙、發脾氣、愛哭、咬人或拔頭髮等症狀，都可能源自於非常早的嬰兒期經驗：外在跟內在都缺乏足夠的涵容，而導致強烈的被迫害感。

有一個可信賴的照顧者，能夠思考孩子的感覺，努力去了解與理解這些感覺，視其為有意義的溝通，這樣的經驗將有助於嬰幼兒逐漸形成自我，或是內化一種能夠思考、專注與好奇的心理模式。這些反過來會幫助孩子比較有能力「說出」（say）他的感覺與經驗，同樣也比較能夠「象徵式地」玩出、展現自己的焦慮與煩惱，以促進他在情緒、認知與社會

5

的發展。

　　當孩子將他的情緒投射給父母或照顧者時，他們可能會被孩子的感覺給淹沒，以致於無法清晰地思考。透過投射性認同的機制（projective identification），孩子藉由直接「給」（give）照顧者第一手不舒服的情緒經驗，以非語言的方式，將內心狀態傳達給最有可能接收此溝通的對象。照顧者有可能識別出孩子的情緒困難，並多加思索，以試著理解他經驗的本質。因此，投射認同的機制常被用作一種溝通情緒經驗的方式，雖然未訴諸語言，卻相當強烈。臨床治療者便能利用這些無意識的投射，來思考這些投射對她自身情緒狀態的影響，這對瞭解、評估個案的心智狀態，是很有幫助的。

　　透過觀察嬰兒期的感覺，例如：競爭、被排除在外、嫉妒、「不明」（not knowing）的焦慮，以及感到「渺小」，我們察覺到兒童的心中有個「嬰兒」，同樣地，我們也注意到成人心中的「小孩」。這很貼近父母親第一次來到診所時感到的挫敗，他們可能透過自己內在父母的角度，強化了這些感覺。這種情緒涵容經驗中的失敗感，會跨世代地傳遞，而導致爸媽發展出嬰兒期的防衛，並在應付自己的孩子時再傳遞下去。幼兒很有可能會變成父母未處理的投射「接收器」（receptacles, Williams, 1997）。當他們用盡辦法來排除心理負擔時，可能會導致破壞性的行為。臨床治療者透過幫助父母理解自己心中嬰兒期的感受，同時支持他們有能力做好父母的角色。能夠識別這樣的反差，是此工作模式的主要特色。

　　除了心理分析的理論架構，我們應意識到神經科學研究也有其重要性，尤其當與有嬰兒期創傷的兒童工作時，這些孩子

通常有過高的反應性，以及容易出現無來由的攻擊爆發。艾曼紐（Emanuel, 2004）提出自動制約的恐懼反應（autonomic conditioned fear response），幫助我們思考嬰兒應對創傷的身體歷程。達馬西奧（Damasion 1990）則說明身體如同情緒的「劇場」，會有增強的意識覺察。在治療室中，我們可以看到長期受虐與被施暴的創傷會激發大腦，導致高度的警覺，以及對恐懼有過度的身體反應。提供這方面的解釋，有助於父母或照顧者釐清對於幼兒行為的困惑。這些研究顯示，提供情緒涵容對孩子的社會及認知發展相當重要。

介入歷程

可近性與容易被接受一直是「五歲以下嬰幼兒心智健康服務」的特點。本服務的目標是要能快速回應轉診個案，通常是透過電話聯繫、安排對雙方都便利的預約性會談。療程頻率的安排有其規律性，剛開始可能是每週或每隔週一次，但頻率通常會在初期的面談後有所改變；如果覺得適宜，會談的間距可能拉長。在這個短期工作模式中，環境與結構是重要的，要能提供治療師與家庭都感到安全的設置安排。

在進行治療時，治療師要把理論架構放在心中，同時能觀察這個家庭表現出來的所有細節，以及覺察家庭帶給她的情緒反應。治療師要能保持開放的態度，去探索所有來自父母、嬰兒與幼兒的溝通，直到「選定事實」（selected fact, Bion, 1962b）以及工作的焦點浮現。治療師跟爸媽談話的同時，也會試著與嬰幼兒接觸，透過觀察他們的遊戲，理解他們想要溝通的意義。孩子藉著遊戲、繪畫以及與家庭成員的互

動，會戲劇化地再現（enact）他與整個家庭的困境，促使在這短期的時間結構中能看到「緩慢揭露」（slow unfolding）的素材（請見第五章），而使得治療能有快速而驚人的效果（Watillon, 1993）。這當中也會包含逐步探索父母親的成長背景，及其對此家庭的影響。針對家庭的日常生活做仔細的討論，將能夠提供很有用的「介入點」（port of entry），使得我們能夠了解問題的本質，以及問題對家庭的衝擊。

　　儘管治療師可能會很敏銳地覺察在治療室中顯現的移情，但她不太會談到這部分，除非它有助於和父母發展治療性的同盟關係。顧及被轉介家庭的獨特需求，保有彈性的處置是很重要的。當治療師能運用內在的理論框架，便可能在介入時提供一個涵容的結構。

　　幾乎所有的嬰幼兒心智健康服務，都會至少與其中一位父／母（或同時）及孩子一起完成，有時候也會安排單獨與爸媽會談。通常工作的焦點在於提升父母的洞察，並且增強良好的親職功能，儘管有時孩子會有意識或無意識地企圖分裂父母。在某些案例中，工作焦點可能是協助單親父母理解孩子的需求，同時培養父性與母性的功能，並維持孩子心智中功能良好的父母／配偶象徵。不論父親有沒有出席，父親的角色以及把父親記在心裡的能力，越來越被認為是治療歷程的基本要素（Barrows, 1999b; Emanuel, 2003b; Von Klitzing, Simoni, & Burgin, 1999）。

　　臨床治療者通常會提供和其中一方父母單獨會面的工作模式。這麼做的好處是能夠使父母分別與治療師討論在家庭會談裡所觀察到的父母／配偶議題，並邀請父母和治療師一起思

考，孩子如何透過遊戲與行為來溝通他們情緒上的擔憂，而這也常是全家憂慮的事情。

依據轉介的需求，治療師可能獨自工作，或者與其他治療師一起合作。有同事合作治療的情況下，能確保有固定的機會討論家庭的投射對治療師的影響，以及在移情裡治療師是如何被看待。有時候也會因為對父母養育子女的能力有疑慮，而要求其他專業人員加入一起評估，看看有哪些介入能協助支持親職功能。家訪護士（health visitors）能提供幼兒父母相當實用的服務。他們可能為了轉介或專業諮詢而來運用我們的服務，若可行的話，他們也會陪伴家庭出席第一次的面談。

只是單純想要建議或指導的家庭，可能較無法從嬰幼兒心智健康服務中受益。本模式需要對於問題的探索及思考有些許興趣，相當不同於問題解決的方式。我們很少開立處方藥物給幼兒服用，只有在很少的情況下，會考慮使用藥物治療協助父母，且同時需要和父母及家庭醫師一起討論。

在早期生活中，要解釋孩子出現的困難，是相當具挑戰的一件事。孩子的成長與每個時期的發展階段有關，當下可能看似無解，需要悉心的理解，有時甚至需要更多家人或專業人員的協助。而出生第一年，這些階段會快速接踵而來。當試著去弄清楚「到底是哪裡出錯了」（同時是本書的英文書名以及弄清楚哪裡出錯的雙關語），應該會發現它是一項聯合的工程，家庭與治療師要一起分享對潛在問題的想法。雖然前方總有下一個發展任務，但每完成一個，就會帶來更多信心，也就能對未來抱持更多希望。

8

第一部

理論與應用

早期發展

　　這部份包括三篇已出版過的論文，分別由伊斯卡・維騰貝格、麗莎・米勒及茱麗葉・霍普金斯所寫，她們皆參與嬰幼兒心智健康服務的創立、發展工作與相關工作坊。這些章節由歷史角度來看作者們對五歲以下嬰幼兒臨床工作模式的發展性影響及理論架構，也觸及了貫串本書的重要主題。這些文章可謂經典，因為其闡述了作者透過兒童心理治療的訓練建立的精神分析架構，並將其做調整而應用在對家庭及父母的短期介入中。

　　感謝梅蘭妮・克萊恩（Melanie Klein）及她所描述的嬰兒原始被害焦慮狀態（persecutory anxiety）與「空虛的恐懼」（terror of annihilation，比昂稱之為「無以名之的恐懼」〔nameless dread〕），作者群捕捉了嬰兒早期經驗、被害焦慮狀態與碎片化（fragmentation）階段的精髓。「涵容」（Bion, 1962b）、「護持」（holding, Winnicolt, 1963）及「次級皮膚的涵容」（Bick, 1968）構成了這些臨床工作的理論基礎。反思的能力、去思考而非採取行動，以及面對排山倒海的投射時仍能維持專注的存在，則是這項工作的重點。

　　前面幾個章節聚焦於五歲以下較年輕孩童族群，伊斯卡・維騰貝格描述與年幼嬰兒父母的工作，麗莎・米勒及茱麗葉・霍普金斯則描述嬰兒及學步兒的臨床案例。也許這樣的安

排並非巧合，因為接下來後面章節以及與較年長的五歲以下幼童的工作，也根植與早期的父母-嬰孩互動。有些與家長和年輕孩童一同工作的議題似乎是廣泛適用的，我們也很可能遇過伊斯卡·維騰貝格所描述的經驗——有位母親不敢置信地說：「你真的認為寶寶會思考嗎？」在本書後半部，將會討論針對嬰兒、學步孩童及三到五歲等不同年齡孩童的介入工作技巧與重點。

12　　伊斯卡·維騰貝格描述了她以短期精神分析方式對父母及嬰兒工作的技巧，她建議：「幫助嬰兒最好的方式，就是去協助父母內在的嬰兒層面。」這在案例中可以得到確認與印證。對於只針對父母的嬰兒層面來做移情詮釋，卻犧牲他們的成人能力，她持審慎反對的態度。

在與一些受不了嬰兒哭鬧的父母工作時，維騰貝格描述了她協助父母去解讀並同理嬰兒可能的感受時，同時兼顧父母對嬰兒的矛盾感覺，以及嬰兒對父母自身生活與關係造成的影響，這是最有力的介入方式。佛雷伯格（Fraiberg）對此動力下結論：「這工作的主要焦點，在於了解父母對孩子的負面移情，而非對治療師的移情。」（這段話霍普金斯在第三章有引述）。

維騰貝格用這個案例介紹本書中重複出現的主題：父母把嬰兒或年幼的小孩視為怪獸，認為他是故意來破壞他們的生活。這樣的感覺可能從嬰兒尚未出生時就開始了，且可能與父母幻想中關於自己與嬰孩的破壞性有關聯。維騰貝格所提出關於怪獸嬰孩與父母的幻想會在跨世代間傳遞，這在臨床素材中屢見不鮮。我們會推測是否所謂育嬰室中的幽魂，其實指的是

一個幻影「怪獸」。

　　伊斯卡・維騰貝格及麗莎・米勒皆強調：嬰兒與幼兒觀察，是進行父母與嬰兒精神分析取向臨床工作的核心訓練工具。在家庭中找一個角色位置進行觀察，不介入、不給建議，以實行「自我克制」（米勒，第二章），察覺自己的偏見、批判態度及認同，對臨床工作是極有價值的訓練。

　　麗莎・米勒認為影響她與五歲以下孩童工作的兩個重要因素：進行嬰兒觀察中「逐漸形成的經驗」（formative experience），以及當孩子接受其他治療師個別心理治療時，為父母提供持續的親職諮詢。這在她的臨床案例中得以印證，可以看到米勒對父母與嬰孩的專注觀察，以及她有能力容忍並持續思索家庭的困境，不管那是多麼難以忍受的痛苦與憂鬱。她的觀察使得父母能開始關注嬰兒的需要，繼而提供茱麗葉・霍普金斯在第三章中所仔細描述的「護持」（Winnicott）與「涵容」（Bion）。藉由「同時接收父母與嬰兒原始焦慮的廣播」，米勒描述自己在「情緒上準備好」，或許是這類工作中最重要的一部分。

　　本章也同時談到與「父母心中充滿需求的兒童」工作，以及「與父母身上的成人對話」間巧妙的平衡。即使未必會直接去談論，仍有必要去察覺受轉介兒童的父母所產生的移情。「對於處理移情，我們只有受限的授權」，然而「漠視移情是危險的，治療可能會沉沒在無意識反應的汪洋中，除非我們對於正在發生中的嬰兒式移情有了解，並且找到對應的方式」。米勒對於移情詮釋抱持審慎態度，呼應了維騰貝格認為只在有必要時做詮釋，「除非移情對治療造成阻礙」。

13

最後在茱麗葉‧霍普金斯撰寫的章節中，她針對佛雷伯格在其開創性的著作《嬰幼兒心智健康的臨床研究》（*Clinical Studies in Infant Mental Health*）中與父母與嬰兒的工作提供了有趣的觀點。霍普金斯用案例來描寫佛雷伯格、溫尼考特與之後的比昂如何提供她思考與母嬰及年輕家庭工作的架構。她的案例包括我們在臨床情境中越來越常見的情形：移民及難民家庭體會到失去了「母國」，強化了父母生命中的早期失落。她描述了如何在單次治療的此時此地工作，讓母親把現在的困難與她兒童期的經驗做情緒的連結，繼而迅速改善母嬰關係。

在這三章中，皆可見到關於傷害、暴力、脅迫、嬰兒虐待或父母自傷的風險。當情況隨時可能快速惡化時，關於是否、何時及如何通報社會服務或急診醫療服務的兩難，是與嬰兒父母工作時經常會遇到的問題。三位作者皆描述了當嬰兒與父母可能處於風險時，必須去涵容治療者的焦慮，以及在何時介入；不過在這些案例中，情況都被治療工作給穩住了。維騰貝格在她描述的最後一個案例中，引述了母親的話：「如果我沒有機會來跟你會談，我不知道會發生什麼事情……我覺得我可能會傷害寶寶……或自殺。」

14 這三章中共同出現的主題是改變及「療效」皆以極快的速度發生，有些案例甚至僅需要兩、三次治療。茱麗葉‧霍普金斯提出：該如何簡明地描述這些臨床工作，以及造成如此快速改善的因子，但又不要聽起來好像有魔力一般，其他另兩位作者也隱約提及此疑問。保羅‧貝洛在第四章中也提到：對短期治療後產生看似「神奇治癒」，仍需要增加可信性。

這個重要議題使得作者群努力描述臨床素材的細節，不只

是刻劃在治療室中展現的技巧，還包括在該節治療前、中、後的思考過程，揭露治療師的內在掙扎，以「避免得知事實與理由後暴躁出手」。要維持比昂闡述濟慈（Keats）所提出來的觀念：「消極感受力」（negative capacity, Bion, 1977），治療者必須有能力容忍未知，或不完全了解情況的不確定性，並以不受限的注意力來接收家庭投射的所有情緒影響。治療師將自己的反移情感受以及對意識與無意識過程的觀察，用來理解這次治療中所傳達出的「選定事實」。如麗莎・米勒所說的，每次的交會都是與未知交會；為了能夠正確理解，我們必須不帶預設立場，而只是準備好去感受那交會所帶來的一切。

【第1章】
跟父母及嬰孩們的短期治療

● 伊斯卡・維騰貝格

　　我對短期治療的興趣，源起於我每周一天在薩塞克斯大學（Sussex University）學生健康中心擔任諮商師時。我的時間很少，又希望盡量多看一些學生，因此我對每位由醫師轉介來的年輕人提供一共三次療程的諮商，結果證實這是一個很棒的學習機會。

　　我對核心問題如何清楚呈現印象深刻：不僅從個案所說的，也從他在會談中的行為。每個導致當下僵局的困難有時在會談中再現，這讓我可以觀察、感受、思考及評論發生在我們之間此時此地的事情，以及這如何傳遞出在個案其他關係中發生的問題。

　　這樣的會談主要是非結構性的，但若需要澄清某些陳述，我會自由地發問。除非個案主動說出這些資訊，否則我通常會在第一次會談詢問個案的家庭狀況，以及是什麼讓他在這個時刻來尋求協助。我會相當主動地評論治療室中的感受及個案對我可能有的期待。根據這些，我可能會開始試驗性地闡述一些潛藏問題的本質，以及它如何與現在和過去的經驗相關聯。在第一次與第二次治療間，我腦中有許多工作在進行，尤其是檢驗我被激起或置入的感受及思考。這些都提供了

線索，讓我們了解個案無法忍受的情緒與焦慮的本質，因而投射在我身上。我鼓勵來談的學生也做些功課，思考我們的對話，並且在下次治療時，提出任何他腦中出現的相關想法。第二次治療（中間的治療）用於測試我稍早對於焦慮及困難的本質及可能來源的假設，並產生新的了解。最後一次治療，我會了解這樣的了解如何被使用，並摘要我們一起發現的事。我會和個案一起探索：結束我們的互動對個案的意義，並探索個案是否需要及希望更多協助。

一些時日後，塔維斯托克診所的青少年部設立了青年人諮商服務，提供最多四次的治療。我用非常類似的模式，並且和我的同事分享過去我發現對於短期治療有效的方式，亦即運用移情與反移情來強調問題，並促進個案的成人能力來思考感受，而非把嬰兒自我帶進我的關係中。提供幾次的治療對於治療青少年或年輕成人特別有用，因為很多人都怕長期治療引起的依賴問題。很少人能全心投入長期治療，除非在長期治療的初期，他們就嘗試到何謂分析性的了解。在某些個案中，可以藉由四次治療中獲得的洞見，來減輕危機或發展的阻礙。

我不希望高估短期治療的益處，這並非可以取代長期分析治療的萬靈丹或快速解決方法。然而過去從事短期治療的經驗使我確信：在人生活中某些重要的轉變關頭，小孩出生，或面對退休、殘障、親友過世、死亡時，即使只有幾次的會談，仍然可以助益良多。新的情況常造成內在混亂，並可能促使個案急著設法處理過去未解決的焦慮。能夠說出他們的擔憂與恐懼，並且被某個可以忍受精神痛苦的人傾聽，並協助他們深入思考自己的感受，可以讓個案對自身的問題有些理解。在某些

17

案例中，可能會發現需要持續的協助，但在多數情形下，獲得的洞見及被理解的經驗，已經足夠讓個案建設性地處理他們的生活，並消除發展的阻礙。短期治療大多適用於前來尋求協助的個案並非完全處於混亂，而只是卡在某一個特別問題上，尤其是因為近來一些內在或外在的變化，而使該問題突顯出來。

▍早期介入對於父母及其嬰兒的重要性

　　小孩出生是最令人不安、也最令人興奮的事件，特別是新手父母正經歷生活的重大改變；到目前為止，他們本來是兩人組，但現在得挪出空間容納第三個人。新加入這對夫妻的人徹底改變了他們的關係，使得身為伴侶的他們，不但要照顧彼此，還要同時一起負責這個他們創造出來的嬰兒。母親可能會對體內有個胎兒感到有些恐懼，一方面擔心對她的身體造成的影響，以及她是否能提供一個夠好的環境讓孩子成長。在懷孕最後幾個月，支撐胎兒的負擔、對生產的焦慮，以及她所要面對的責任都可能顯得很沉重。嬰兒出生後，對於創造出一個小生命的驚嘆與快樂，也必須跟照顧一個生理及情緒上都很黏人的小東西所形成的持續壓力較量。不只是照顧脆弱新生兒的實際工作很耗體力，嬰兒所傳達對無助、四分五裂、奮力求生的恐懼，也考驗著父母接觸、容忍及照料這種極端原始焦慮，並給予同理性了解的能力。在父親跟母親身上，他們與自己的父親、母親、手足的關係本質，以及他們的嬰兒期焦慮也都會被喚起。他們還是嬰兒、兒童時，從被父母照顧的經驗所內化的，都會深深影響他們如何看待新生兒、如何解釋嬰兒的行

為，以及處理的方式。

　　雖然母親通常是主要照顧者，不過父親也被呼籲要扮演新的角色，協助照顧嬰兒，並用他的體貼來支持太太、撫育媽媽。他得要同時處理可能被這對哺育的親密母嬰勾起的嫉妒，以及對母親有能力用乳房餵養嬰兒的羨慕。所有這些內在或外在的劇變都可能造成痛苦，也可能促進父母一方或雙方情緒的快速成長與深度滿足。然而若負擔過重，或被勾起的焦慮難以承受，可能因而產生短暫或甚至長期的崩潰。此外，過去用來處理恐懼情緒的無效防衛機轉可能被增強，造成父母-兒童關係的受損。

　　當塔維斯托克診所的兒童與家庭部設立了嬰幼兒心智健康服務，提供五歲以下兒童的父母最多五次的治療，我非常想參與，特別希望能見到嬰兒的父母。精神分析及發展心理學的研究已發現，心智-情緒的健康奠基於嬰兒期。因此對那些因年幼嬰兒而感到過勞、困擾的父母，提供初級的預防心理健康工作，就顯得特別重要了。因為父母與嬰兒間親密、互動的關係，若其中一方不適，很容易傳遞到另一方，而可能迅速形成一個累積痛苦的惡性循環；我希望早期簡短（最多五次）的介入可以減輕困難，或處理已經發生的危機。能親眼見證父母在獲得更多洞見後，變得比較輕鬆，對成為父母的困難較能忍受，對嬰兒的愛也重占上風，對任何治療師來說都是很了不起、謙卑又滿足的經驗。我常自問：我做的這麼一點點，是如何引發這樣的改變，我相信一部分的答案在於：照顧嬰兒會重新喚起十分原始、壓倒性的焦慮，因此尋求、運用理解就十分急迫。對嬰兒的關切，以及希望成為夠好的父母，也進一步促

使困難能被處理掉。

▌嬰兒觀察訓練對於治療父母及嬰兒的重要性

　　對嬰兒的研究，包括仔細觀察嬰兒在家庭中的情形長達兩年，使我們察覺到嬰兒、母親與父親間錯綜複雜的心智狀態。參與者認識到有關最原始焦慮及其防衛的第一手情形，也觀察到適應及適應不良如何產生，以及產生過程中的特色。母親與父親對嬰兒的需要與焦慮之回應，對兒童情緒發展、人格建構及終其一生的脆弱性奠下基礎。然而嬰兒的天賦也占了很重要的一部分：一個有回應的可愛嬰兒，也許能幫忙把媽媽從憂鬱狀態拉出來；而一個「難以滿足」的嬰兒，則可能會減低媽媽對照顧自己小孩的信心，並且可能誘發母嬰彼此間迫害行為的惡性循環。嬰兒觀察也協助觀察者研究自己對於嬰兒、母親與父親三人組合的情緒反應。為了同理父母及嬰兒，且不讓偏見及武斷的態度干擾我們的專業工作，我們需要察覺自身被誘發的情緒強度及本質。以下所述可能是一些主要的危險所在：

1. 過度認同嬰兒：有可能我們會傾向於認同嬰兒期待永不受挫，希望有完美的母親；在新手媽媽在剛開始笨拙地餵奶，或讓嬰兒等待，這樣的態度會以不耐煩的方式表現出來，期待媽媽要馬上緩和嬰兒的不適、永遠有空、無限耐心、永不疲累、永遠沒有自己的需要。我們可能會假設嬰兒所有的不適都來自母親失職、都是可以

避免的。

2. 雖然通常比較不明顯，但很可能還是會在某種程度上嫉羨嬰兒。我們都有被照顧、餵養、隨時抱著、給予全部愛與注意的嬰兒式期望，因此我們可能會嫉羨嬰兒，只注意到嬰兒的滿足，而沒注意到他們的苦惱。有時這會造成我們認為嬰兒被過度寵溺，例如覺得媽媽餵他太久，或不該讓他含著乳房入睡。

3. 與母親的競爭，根源於兒童期與自己母親的較量，及渴望擁有自己嬰兒的期望。這會顯現在動輒指責母親與父親照料嬰兒的方式，以及沒來由地懷疑父母是否有能力成為好的照顧者。我們可能會過於批判，因此我們需要察覺自己想拯救嬰兒的傾向（很少需要這麼做）。我們可能傾向於提供照顧者建議，而非支持與了解一天二十四小時養育嬰兒的困難。

當我們在提供親職諮詢時，察覺自己有上述這些傾向是很重要的。可以從很多方式著手。我自己的方式是經由精神分析工作所獲得的洞見。我試著接觸並了解父母的感受、無意識幻想，以及那些干擾他們的焦慮，使得他們無法用更成人自我所希望的能力來照顧嬰兒。這樣的工作相當緊張而耗費心力，需要對個案開放情緒並深度察覺，並有重新反省的能力。治療師需要有進行持續精神分析工作的經驗，以快速分辨潛藏的焦慮本質，並深信協助個案去陳述、公開面對它是有益的。有時我們必須衡量嬰兒是否處於生理上的危險，但通常岌岌可危的是情緒上的發展。我深信幫助嬰兒最好的方式，就是去協助父母

內在的嬰兒層面，讓他們有興趣去思考及涵容嬰兒期感受。

接下來的案例會描述一些父母經驗到的壓力，以及我與他們工作的方式。我發現很有幫助的是：在初次會面花最多七十五分鐘建立治療關係，並探索主要問題及其起源。

惡魔嬰兒

我被要求緊急與 B 先生跟 B 太太見面，這位母親致電尋求諮詢服務，向接電話的秘書說她覺得十分絕望，因為嬰兒的哭聲快把她弄瘋了，她今天一定要跟治療師談談。當她說話時，秘書聽到電話一端傳來嬰兒的尖叫聲。秘書告訴我：「一陣可怕的聲音直衝我耳際。」聽到她這麼說，讓我覺得肯定發生了可怕的事情，我想像著將會見到混亂的母嬰關係，甚至牽涉暴力而需要強制住院。我同意當晚就與這個家庭見面。

當我見到 B 先生跟 B 太太時，我馬上放下心來。我發現 21 他們是一對迷人的年輕夫婦，表現出深愛彼此及他們八週大的男嬰；小男嬰在會談過程中都沒有睡著。B 太太坐在長沙發上，懷裡被裹著的嬰孩依偎著她；父親則坐在我旁邊的椅子上。母親說她常常餵嬰兒，餵完後還會陪他玩。可是一旦把小男嬰放下，幾分鐘內他就會開始尖叫，她因此沒辦法做別的事。我同意這是很難忍受的事，接著請父母告訴我嬰兒的故事。父母都說一開始就困難重重，B 太太懷孕過程中大部分時間都很不舒服。在分娩前數週，醫生擔心胎兒體重沒有增加。最後母親住院了，在預產期兩週前，又出現胎兒窘迫（foetal distress）的徵兆，因此決定剖腹生產。嬰兒在母親肚子裡是橫躺的姿勢，而且臍帶繞頸。媽媽被告知嬰兒非

常瘦，因為她的胎盤未能給予他足夠的營養。父親補充說：「他看起來很消瘦，好像集中營裡的嬰兒，只剩皮膚跟骨頭。」父母被建議需要餵男嬰很多奶水，所以媽媽頻繁地餵奶，乳頭因而變得痠痛，她也變得越來越疲累。她懷疑寶寶是否吸得夠母奶，因此在上週停餵母奶，改用奶瓶餵。然而寶寶仍然在媽媽把他放下時持續尖叫。母親提到當有別人陪同在家裡時，寶寶比較少哭。當外婆把他放在嬰兒床裡搖一陣子時，他較能安穩下來並睡得久一點。

　　B太太補充說：「我沒時間再做這些事，我很快就得要回去上班，育嬰假快用完了，他們不會再讓我請假或讓我兼職工作；我不想忽略寶寶，或整天都不在他身邊，但我的工作對我很重要。」我說她好像覺得寶寶從不給她一點安寧，而且這種情形會一直持續，然後她會永遠無法回復她的事業；也許這會讓她想遠離寶寶，現在就開始上班。她對未來的焦慮也可能使她更緊繃，然後對嬰兒更沒耐心。她驚訝地問：「我的緊張跟我想離開他的願望，真的會影響他嗎？寶寶會辨認出這些感受嗎？」她接著談到當他們外出時，寶寶的尖叫讓她覺得很丟臉：「其他媽媽都知道怎麼處理她們的寶寶及如何滿足他們。」B太太眼淚奪眶而出，可憐地哭泣；B先生坐到她旁邊安慰她，並且把嬰兒抱過去。我說：嬰兒讓她覺得自己很失敗。父親說：「我覺得寶寶試著在告訴我們一些事情。我們嘗試要當好父母，但寶寶的感覺是什麼呢？」母親補充說：「他是不是覺得我們是惡魔？當他握拳打我的乳房時，顯得如此暴力。嬰兒會這麼暴力嗎？」我說她肯定覺得他有時對她非常生氣。但她覺得比這還糟；或許他在控訴當他還在她體內

時，她曾經讓他挨餓，他現在要為自己報仇。

媽媽持續哭泣，但陷入深思。會談末了，父母要求我提供如何照料寶寶的建議。我說我相信他們會找到安撫寶寶的方式，同時提醒他們，他們曾告訴我：當媽媽感受到爸爸的陪伴與支持時，以及當寶寶被外婆放下然後輕搖時，嬰兒睡得比較好。這引發了 B 先生跟 B 太太談起自己的父母，他們都來自破碎家庭；事實上這對夫妻過去遲遲未結婚及成立家庭，因為他們覺得是因為有了小孩，導致他們的父母婚姻不睦與離婚。我們分開時已約好下週見面，但我也表明若他們覺得有必要，可以早點跟我聯絡。

當我結束會談後，我想到他們尚無法向 B 太太的媽媽學習照料嬰兒的方式，這代表無法認可外婆的親職能力。是因為他們的智力及優秀的專業成就而有一種優越感嗎？是否嬰兒被視為他們婚姻的闖入者，並可能會毀了他們事業？是否懷孕、生產及寶寶的外觀太嚇人，使得他們感到罪惡及徹底被迫害，更確認他們或嬰兒是惡魔？我忽然察覺到我用極端的方式來看待父母或嬰兒。事前我預期母親會充滿敵意，但會談中及結束後，我對這對夫妻很有好感，也對他們的親職生活一開始就遭遇如此困難感到遺憾；我反而對嬰兒有種十分怪異的感覺。我想像一個極度易怒、無情的嬰兒，這種小孩不但會打擊父母生出好嬰孩的信心，甚至會讓父母處於後悔生了小孩的地獄中。這個嬰兒是否就是這種惡魔呢？在接下來一周，這個幻想有時煩擾我，因此我抱著頗不安的心情迎接第二次會談。

當我去等候區接他們時，這對夫妻看起來輕鬆多了。嬰兒正在哭，但比較沒那麼痛苦，且媽媽餵他後，他馬上就安靜下

23

來了。我注意到他一開始會試著抓奶瓶，但接下來就可以緊緊握住。父母笑著告訴我：「情況確實大大不同了，這是個完全成功的故事。」母親說上周會談後，她一開始覺得疲憊不堪，但接下來所發生的事十分不可思議。母親告訴我：要把寶寶放下時，她會花比較長的時間安撫他，並且會搖他一陣子。他通常一次可以睡三小時，有時他仍會在幾分鐘後醒過來，但若母親抱著他一陣子，他又可以再入睡了。母親也不再擔心工作的事。她說她之前會希望他能符合她的時間表，好讓她可以打字，然而事實上現在他睡得比較多，她也可以做更多工作。晚上他甚至可以睡七個小時，所以母親也可以得到更多休息。父親替他買了一個帆布做的小搖椅，嬰兒很喜歡坐在裡面，母親可以把腳放在搖椅上，一邊工作、一邊搖他。「當他對我微笑時，我覺得好值得。」爸爸說嬰兒的眼神會追隨他。我們討論了他們和嬰兒如何試著用這種方式與對方保持聯繫。爸爸補充說：「但是他並非總是想看著你，例如有時他自己躺在床上，當我進房間時，他似乎故意移開視線。」一會兒後他又補充說：「現在這對我來說，就像我之前跟你說過的，或許寶寶在氣我們把他獨自留在房間裡。」我說：「很有可能，去想寶寶的行為代表的意義很有趣，不是嗎？」

媽媽忽然脫口而出：「你真的認為寶寶會思考嗎？」她曾經在書上看到這些都是物理刺激。我提醒她，上周她和先生曾懷疑寶寶用哭聲想告訴他們什麼。也許當她認為寶寶可能想傳遞一個可怕的訊息時，她寧願把他想成是沒有思考能力的。她說當奶瓶無法即時送上時，他還是哭得很尖銳。當她把棉布鋪在他身上時，他似乎知道食物就快來了，他會看看四周，

但食物似乎來得不夠快。她開始想到當她餵母奶時，立刻就有奶汁。「那跟瓶餵是不同的，也許他懷疑食物是否會真的來。」她對於自己的發現顯得很震驚。也許她想到有關他在子宮中的經驗，正如我也想到的。她說她知道如何照料他了，並開始談一些餵他的細節：先以他最喜歡的姿勢抱著他一陣子，接著跟他在床上玩一會兒，溫柔地把他放下並搖他。她說：「現在一切好多了。」她想看寶寶的情形如何，再決定有關工作的事情，並考慮是否可以說服同事讓她兼職工作。她說過去她是個「很有抱負的人」，「但自從我在寶寶身上發現更多樂趣後，那些不再那麼重要了。」她補充道。父親說：「從上週起發生的事情真的很棒，我們很感激。」我問道：「你們覺得到底發生了什麼？」B 太太說：「當我們來求助時，我想要不就是我對寶寶做了可怕的事，他在我體內曾有過那麼可怕的一段時光。或是他出了很大的問題，十分混亂危險。我想若是他現在就這麼暴力，當他五歲、十歲、十五歲時，他會變成什麼樣子？！」我說他們覺得他永遠不會變好，擔心他們製造了一個如惡魔般殘酷、充滿破壞力的小孩。

他們接著告訴我，這些年來他們並不想要小孩。他們兩人過得很開心，滿足於工作與婚姻。後來他們發現時光流逝，若他們終究要生小孩的話，不能再拖下去。然而當 B 太太發現自己懷孕時，她十分震驚。當時她正要陞遷，B 太太說：「我想我們很自私，我們兩人過得這麼好，擔心寶寶是否會中止這一切。我們希望他融入我們的生活，而不是接管我們的生活。然而他的確接管而且控制了我們。我覺得很生氣，也很害怕，然後就變成一個惡性循環。我覺得我們現在的立足點比較

好，我覺得比較輕鬆，他覺得比較快樂。可以讓他快樂，我覺得非常開心。」她想了一會兒又補充說：「我們更了解我們的父母了，我比以前更感激我媽媽，現在跟她比較親近，可以分享對寶寶的愛與擔憂。」B 先生跟 B 太太再次表達感謝，並說他們會寫信給我，讓我知道他們的近況，兩個月後他們寫了一封信來，信裡寫到寶寶很快樂、滿足，他們也是。媽媽現在兼職工作，他們又再次表達對治療的感謝之情。

25

第二次會談時，當我看到父母開始觀察並思考寶寶的行為和情緒經驗，我覺得倍受感動。我問我自己，為何這對聰慧的父母之前沒有辦法這麼做呢？是什麼使得他們現在可以做到？他們腦中似乎有條分隔線，一方面是他們高度看重的成人生活與工作，另一方面是他們輕視的嬰兒。對他們而言，我可能代表一個母親或祖母的專業女性形象，有能力去替嬰兒感覺與思考，這可能促使他們把成人的思考能力也用在親職工作上。

討論

我們已描述了一部分，然而我認為我們必須深入探究在這對夫妻身上所發生的改變。這個案例引人注目之處，在於這對夫妻看待自己與嬰兒的方式——感到他們是惡魔，接下來覺得嬰兒是惡魔，而這些強而有力地轉移到我身上，使我被他們接管了。有趣的是這在父母或嬰兒出現前就存在了，我在見 B 先生跟 B 太太之前，就對這對夫妻有這種感受。然後我又在看到嬰兒醒來以前，就一直認為他是個很有破壞性的嬰兒。我一直在思索為何有此現象，這並不符合所謂的反移情——即

病人在治療室中當下投射給我們的，對我們所引發的情感反應。這讓我察覺我們需要擴充反移情的觀念，將我們在治療前後的感受都納入。我的後見之明是：我覺得對於他們及嬰兒的破壞性，我有雙倍的恐懼，以如此強而有力的方式在第一次治療前後侵襲了我。我認為對於「惡魔」小孩的恐懼，根植在父母的無意識幻想中，認為他們的父母生了小孩後，造成其婚姻破裂，也造成他們恐懼有小孩會把自己的生活一起毀了。這樣的焦慮會影響懷孕到什麼程度，僅能推測，但我確定新生兒看起來像「來自集中營的嬰兒」，喚起了父母心中恐懼他們自己是「惡魔」的無意識，擔心他們對自己的嬰兒造成如此大的傷害。

接下來，他們無法把嬰兒的實際作為──他對餵食及擁抱的需索無度，以及他恐怖的哭泣──視為是出於他的需要（與他在子宮中營養不良有關），反而使他們認為他是個暴君，想要處罰他們，並永遠控制他們的生活。

所以在父母與嬰兒間形成了被害焦慮的惡性循環，每次的互動都似乎更確定他們是惡魔的想法。我確信父母的幻想如此強大，因此干擾了他們去觀察與思考自己和嬰兒的能力。我認為我可以做的是指出嬰兒的被害焦慮、憤怒與需索無度，與父母的恐懼、罪疚與接下來的被害感之間的相互關聯性，藉以減輕他們自己是惡魔或他們生出一個惡魔的幻想。父母可以感受到我肯定他們希望當好父母，能同理他們照顧小嬰兒的壓力，並可以容忍且試著了解他們生氣與絕望的感受。這些減輕了他們最糟的焦慮，並且創造了一個用較符合現實的眼光，而非被幻想扭曲的空間來看待他們自己與嬰兒。他們可以研究嬰

兒的行為、帶著理解去思考他，並用促進互相滿足的方式來養育他，而非被困在被害幻想與焦慮的惡性循環中，這為嬰兒及他們的發展奠定了較安全、快樂的基礎。

未化解的哀悼及其對嬰兒的影響

家醫科醫師寫道：「如果您可以跟這個家庭約會面，我會很感謝。麗莎和約翰都二十歲出頭，已經在一起很多年了；他們十七個月大的小男孩羅比，在一場長病住院多個月後早夭。當時麗莎已經大腹便便，澤娜在羅比過世六週後出生。一開始他們似乎可以同時應付哀悼以及新生兒的降臨，但後來很明顯壓力太大，他們兩人都無法處理。約翰變得相當有攻擊性，使得麗莎離家出走，她對他及醫院都很生氣。我擔心他們兩人及他們的惡劣心情，對現在已經七個月大的新生兒會造成影響。」

數日內我就安排與這對夫妻見面，他們遲了半個小時，父親有張圓圓軟軟如嬰兒般的臉，他一頭金髮，她則是深色頭髮。他在左邊耳朵戴了兩個耳環，看來頗憂鬱；她長得很漂亮，黑眼圈很深，表情看來憤怒、退縮。

他們坐在房間的兩頭，我告訴他們我從家醫科醫師那裡得知：自從他們的大兒子過世後，他們的關係就出了問題。他們都說那跟羅比的死無關，他們之前就常常吵架了，但他們補充說近來他們似乎會為了任何芝麻綠豆大的小事爭吵。我說他們似乎為此所苦，而我認為他們今天一起來，代表他們都願意努力改善他們的關係；但我在想為何他們遲到了，這才得知他們對於來診所的路線意見分歧，麗莎很生氣約翰穿越到路的另一

邊，她認為這代表他不想來。約翰則鄭重地說他絕對沒有不想來。

我說這個事件顯示他們現在多麼容易誤會彼此，也顯示麗莎對約翰的懷疑；約翰說自己有時有暴力傾向，也曾打她。我問他：是什麼使得他如此暴力。他說麗莎不聽他說的，也不想了解他。麗莎說：「但是每當我問你發生了什麼事，你只是坐在那裡不回答。」我說他們正告訴我：他們之間的溝通已經破裂了，彼此都覺得被對方傷害及拒絕。麗莎說約翰把羅比照顧得很好。當我問到羅比是否曾經是他們兩人之間的連結，然而現在已經斷了，麗莎立刻否認，表示當她懷孕六個月時，她曾離開約翰，但最後他們總會復合，因為當他們親近時感覺很棒。然而現在比以前情況更糟。我可以感受到房間裡充滿了憤怒，所以我冒險說：或許他們很氣彼此，因為他們無法使羅比繼續活下去。

從這刻開始，羅比成了我們會談的核心。約翰說他對醫院非常憤怒，真不敢相信醫院弄錯了多少事情。羅比是個很棒的小孩，他以他為榮。麗莎說澤娜不錯，但就是一般小孩，羅比則很特別。她問我是否想看看照片？接著拿出一張羅比的照片，照片中是一個金髮藍眼的迷人小孩在嬰兒床上爬，帶著微笑，生氣勃勃。澤娜是深色頭髮、胖嘟嘟的結實嬰兒，她的表情相當嚴肅。我點出羅比友善的微笑，約翰說，儘管他經歷這麼多事情，他總是在微笑，同時他也很聰明。約翰說到羅比時顯得很有活力，麗莎則沒有流露太多情緒。我點出約翰對兒子的驕傲，並詢問羅比生的病。他們說他出生時看來還好，但當準備出院時，醫生說羅比被診斷為再生不良性貧血（aplastic anaemia），每六週需要輸血一次。前六個月他狀況還好，之後病況一度比較差，但後來好轉了。滿週歲後他開始頻繁生病，但多數時間他們認為他應該還好。當他十五個月大時，一位專科醫師告訴他們應該要有心理準備，他有可能只能再活兩到四個月。羅比接受了化學治療，約翰說他得要仔細緊盯，因為護士常常出錯。我問他是不是怪醫院造成了羅比的死亡，約翰說：「我一直很懷疑，他們把羅比移到另一個病房，他的情況一直惡化，六天後他就撒手人寰。」我問：當他們盡其所能讓羅比繼續活下去時，他們是否也對羅比放棄了奮鬥感到失望與生氣？約翰同意：「為什麼他之前這麼努力對抗病魔，卻在那時候放棄了呢？」我說他們一定覺得很無助，彷彿必須責怪某個人造成了羅比的死亡。

他們都說這種事發生在他們身上真的很不公平，我說也許他們的生氣與責怪滲進了彼此的關係。麗莎接著說一開始他們形影不離——他們在醫院中看到很多夫妻因為孩子的疾病而仳離，但「我們是公認的理想夫妻」。醫生曾擔心麗莎會排斥新生兒，因此要約翰照顧嬰兒，但事實上是約翰對澤娜不感興趣，而麗莎得照顧她。約翰說：「若澤娜是男孩，事情就不會是現在這樣了。」我說也許喜愛新生兒會顯得對他兒子不忠誠，我又轉向麗莎對她說：她似乎在幫助一個健康嬰兒成長中找到一些安慰，而約翰則覺得他同時失去了一個像自己的兒子，以及與麗莎的親密，因此很氣被排除在外。我詢問約翰的工作狀況；他之前失去了工地的工作，但是因為羅比的病，他覺得無所謂。他想要再回去工作，過去他能在工作中獲得滿足感，但工作並不容易找。我說失業一定使得他無助的感覺更嚴

重，讓他懷疑自己是否有人需要、是否有用、有生產力；感到對家庭有貢獻似乎對他而言很重要。我說我希望他們可以像今天一樣找時間與彼此談談，我們同意過兩週聖誕節後再見面。

第二次會面時，我幾乎認不出麗莎了，她看起來好太多了，面頰紅潤，妝化得很漂亮。約翰看起來也比較沒那麼憂鬱了。他們告訴我，他們過了一個很棒的聖誕節。約翰說比他第一次走進會談室時，他上次離開時輕鬆多了，覺得他們已經卸下了一個重擔。本來他和麗莎的情形十分膠著，但他們開始持續對話後就不再如此了。當約翰覺得受傷或憤怒時，他會告訴麗莎他的感受。麗莎同意他們的關係現在很不錯，約翰很體貼，但她仍無法完全信任他；她說他似乎需要一直被保證是被愛的，即使她覺得兩人間的關係進展順利。麗莎說自己有時對約翰很無禮，會罵他是笨蛋，但她其實不是真的這樣想。約翰說有時他覺得無法接觸到麗莎，但已經比之前少了。我點出約翰容易覺得不被需要及不被愛的弱點。我記得他們曾告訴我，麗莎能從她母親那裡獲得幫助，但是約翰跟家人不親。原來約翰還小時，父親就過世了，而約翰無法跟媽媽溝通；我說似乎長期以來他都覺得不被傾聽，這可能使得他對於麗莎是否願意傾聽顯得很敏感。麗莎說：「大部分時間他希望我當他媽媽，但我還有嬰兒得要照顧。」我說這可能更讓約翰覺得被排除在外，尤其在失去羅比之後。約翰說：「失業還有無法把羅比救活，讓我覺得自己真的很失敗。」我說這全都使得他更需要、希望麗莎的肯定。這時麗莎溫暖地看著他，彷彿這對她是一個新的洞見。約翰臉色亮了起來，他說近來他們一起做很多事情，包括一起裝潢公寓。他這週也去兩個工地找工作。我說

這些是非常重要的方式，使他覺得自己有些可貢獻的能力。麗莎可以透過她哺餵嬰兒的能力來確認這點，他卻沒有同樣的機會來證明自己是有創造力的。

接下來他們談到澤娜，約翰告訴我他現在比較能享受跟她在一起，雖然他們還是會一直提到羅比。他現在會分擔一些照顧澤娜的工作。之前他幾乎整天看電視，而麗莎則忙著照顧嬰兒，所以他們幾乎很少溝通。我說他們現在似乎覺得並非羅比過世就是世界末日。他們可以花時間照顧新嬰兒，又同時把羅比記在腦海中。麗莎說現在她比較可以跟約翰分享她的感受，因為她比較不怕他了，他最近也沒有再打人了；約翰說他不讓自己陷入這種狀況，他明白應該把感受說出來，而不是訴諸於行為。麗莎說他過去會喝太多酒，接著變得很暴力。我問約翰飲酒問題是何時開始的，他說約兩年前。我說聽起來那似乎是他們開始擔心羅比的身體狀況時，而看電視就像喝酒一樣，可以逃離擔心與憂愁。約翰說喝酒讓他覺得比較有活力。我補充說這是為了對抗死亡的感受與憂鬱。討論了這些事情後，他們再次強調事情已經有很大的改變，且他們真的覺得十分親近與要好。我說他們似乎已經思考很多，也一起做了很多努力，我在想他們是否希望接下來自己走，不用再繼續來面談。他們同意這正是他們所希望的。我說若他們的關係惡化，或想再跟我多談談時，希望他們可以再聯絡我。他們熱切地與我握手，約翰在離開時向我使了一個眼色，並對我微笑。

我的想法是兒子死後，麗莎藉由新生兒再次投注在生活中，但為了調適自己，她把憤怒及憂傷的感受投射在她先生身上；父親承載越多憤怒、罪惡感與憂鬱，麗莎就越排斥他。她

越排斥約翰，他就越覺得被母親與嬰兒間的親密排除在外，他憤怒到使用暴力的程度。我對約翰洞察的能力感到印象深刻，我認為我們的治療使他們能用語言表達出憤怒與憂鬱，於是接下來可以一起修補房子及他們的關係。在他們面對哀痛後，我希望新生兒可以得到應得的關愛，而非失望與憂鬱，且被看成二等的「一般」人。

產後憂鬱

當 D 太太打電話尋求諮詢服務，說她希望談談她在嬰兒誕生後遇到的困難時，我們敏銳的秘書察覺她有嚴重憂鬱，於是安排她在數天後與我會談。

初次會談

D 太太是一個長得很漂亮的女士，她馬上開始深談生黛比時的可怕經驗，整個會談過程她都在哭泣，不斷用她帶來的許多衛生紙拭淚。她沒有想到生產過程會這麼困難。她的宮縮是正常的，但是之後嬰兒卡住了，硬脊膜外注射或麻醉都沒有用，她痛得不得了，最後嬰兒是用吸引的方式吸出來的，「完全像是場酷刑」。當我評論說這聽起來是個很可怕的經驗，她點頭同意。她曾跟很多朋友說過，朋友以「就是個辛苦的生產」帶過，不了解那有多可怕。她失血很多，嚴重擦傷，縫了很多針；翌日她被要求下床，要去浴室時暈倒了。每個人都告訴她：她很勇敢、堅強，但是「我經歷了最可怕的疼痛，覺得好可怕」。我說她一定被嚇到了，而且覺得沒有人了解她感覺這一切有多可怕。或許她會擔心我也只會簡單安慰

她，而非體會她曾經歷這麼可怕的事情，且仍然覺得害怕。我補充說聽起來她曾覺得她可能會死掉。D太太聽了之後哭得更厲害，表示她現在仍然受苦於生產的後遺症。會陰切開術不但使得她之後感到疼痛不已，而且內部嚴重受創，因此最近她必須接受雷射手術。她仍然無法行房，因為太痛了。她和先生很親密，也很懷念能行房。她說每件事都很可怕，自從黛比出生後，他們沒辦法過正常生活。我評論說黛比的到來似乎毀了一切。

D太太說她先生及同住的婆家人很疼愛寶寶，無法了解為何她覺得黛比很難搞；她自己幾乎無法忍受與她共處，她覺得寶寶要求很多，無法了解寶寶為何哭。我說她可能覺得應該是為人母親的自己需要被照顧，她同意，表示這幾週、幾個月以來，她覺得「有一堆照顧、餵奶及清潔的事等著我去做，然而我覺得我沒辦法，我只想轉過身去，什麼都不做。」我說當她自己的需要，尤其是情緒需求未被注意到時，她似乎無法撫養寶寶。我也想知道她跟嬰兒在一起時有多憤怒，這個嬰兒的出生造成她如此疼痛，且破壞了她與先生的關係。她回應說：「我知道這不合理，但我把這一切都怪在寶寶身上，我不信任我自己能與她獨處。」我說聽起來她好像擔心自己可能傷害嬰兒。D太太哭了好幾分鐘，她說有時候她覺得她再也撐不下去了，但到目前為止，沒有人了解她的感覺。每個人都試著和顏悅色，說她做得有多好，但這沒有幫助。她的先生很和藹，把嬰兒照顧得很好。她很高興多半時間自己不在家，她很喜歡在會計所的工作，黛比則由一個很擅長照顧她的保母接手，保母同時只有再照顧另一個小孩。我說她似乎覺得這樣對嬰兒及她

自己比較安全。D太太說每當她看著嬰兒，她就會一再想到生產的經驗。她補充說可以跟我談談很好，重申她不覺得之前有人像這樣聽她說話，且了解她當時感到多恐怖，以及她現在仍覺得很害怕。

她問說她是否可以很快再來會談，我們約在四天後。結束時我說，我想找些她和寶寶都比較安詳的時刻，可能會有幫助，這樣她們可以在比較愉悅的基礎上相聚，而非苦惱，因為這些苦惱可能會讓她想起生產時的極度痛苦。

第二次會談

D太太看來氣色比較好一些，表示可以來這裡談，讓她覺得放鬆。特別有一件我說的事對她很重要，每當她想到生產過程，她就會記得我曾說過：她曾以為自己會死掉，這正總結了她的感受；有人察覺她的感受，對她是種安慰。現在她比較能看著嬰兒而不那麼憤怒，然而她仍會不停想到生產過程。她告訴我去年聖誕節時，她有多怨恨，幾乎她收到的所有禮物都是要給寶寶的。我說在嬰兒誕生前，她已經開始擔心嬰兒會把屬於她的東西奪走了。我詢問她的家庭狀況後，得知她有一個妹妹已經結婚，生了兩個小孩。我在想對D太太來說，黛比是否比較像她的妹妹，而非她自己的小孩——像個有競爭性的嬰兒，把媽媽對她的注意力搶走了。我也提到現在快要到聖誕節了，或許她覺得我把禮物跟注意力給我自己的小孩，而非多給她一些時間。她回答說她覺得這個聖誕節可能比去年的好一點。我表示或許當她的需要與痛苦的經驗在這裡被注意到後，她可以多投入於照顧嬰兒。她告訴我他們正計畫買一棟自

33

己的房子，希望下個月搬家。

第三次會談

　　D 太太說雖然她來見我時仍在哭，但她在家裡已經很少哭了。本次會談浮現的主要是 D 太太過去在工作上極有效率、成功，她覺得自己是「女超人」。然而生產經驗很明顯打破了她自認有能力以及可以掌控的想法。我說這個經驗讓她回到一種無助地依賴別人的狀態，如同幼兒一般；她似乎認為這些人故意把疼痛及苦難加在她身上，就像虐待者。

第四次會談

　　D 太太說她覺得好多了，他們已經搬家了，她很高興有自己的房子，不必與婆家人同住。她現在有比較多空間與自由，黛比在走廊爬上爬下。我評論說似乎現在她們兩人都覺得比較有空間，她跟嬰兒可以靠近但又不是太緊密。D 太太談到她對園藝的愛好，然後希望黛比會喜歡跟她一起做園藝，她聽起來整個有希望多了，我同意 D 太太所期望的把第五次會談，也是最後一次，排在黛比的生日之後——一個她很害怕的日子。

第五次會談

　　D 太太一來就開始哭泣，但她說已經好一陣子沒有哭了。有自己的房子很好，她和先生的性關係也恢復正常了。她也很享受跟黛比在一起。她提到黛比變得很獨立，發育得很好，而且開始可以整夜安睡。D 太太驕傲地告訴我，每個人都發現她

很可愛。保母說黛比這些日子來進步很多，她不再焦躁、坐立不安，D太太認為這可能跟她自己不再覺得沮喪、能輕鬆地跟嬰兒相處比較有關。我說搬家跟生日都是大事，標記了他們全都撐過了這非常辛苦的第一年。她似乎開始享受與家人相處。她說她先生有考慮再為家庭添新成員，但是她一點也不急著再生小孩。不過她很高興看到玩具能讓黛比靜下心來，D太太也喜歡跟她一起玩。我詢問有關生日的事，D太太說一切進行得非常順利，每個人都很愉快，他們邀請了朋友，D太太也做了一個大生日蛋糕。

　　然後她告訴我，她在黛比生日當晚做了一個夢，深感沮喪，這時她開始哭泣。夢裡她看到寶寶困在他們最近買的一個瓦斯烤箱裡，寶寶在尖叫，但她只站在一旁，什麼都沒做。D太太哭得很悲慘，表示她還是為了這個可怕的夢感到很沮喪。我說她會覺得沮喪，是因為這個夢展現了她想謀殺嬰兒的感覺，讓嬰兒被虐待。我想生日這件事再次喚起她對恐怖生產經驗的憤怒。我提醒她：之前我們討論過，黛比對她而言比較像一個小妹妹，而非她的嬰兒，也許生日喚起了D太太早期童年對於她妹妹的感受，希望妹妹悶死在媽媽肚子裡，這樣就不會搶走媽媽的注意力；當她想到嬰兒可能奪走她的生命時，她覺得上述潛藏的早期感受，導致她經歷如此懲罰性的生產經驗。我指出她對於這謀殺的幻想感到害怕與十分悲慘，此外她也覺得對寶寶很抱歉，她被困在裡面，她卻無法幫她出來，這也使她在生寶寶時感到很無助。我想她在白天比較能處理這些感受，而這些想法現在被一個夢境給涵容了。

　　也許她也對我生氣，因為這是我們最後一次見面，就好像

我是一個媽媽，但是將要用下一個寶寶來取代她了。D太太聚精會神並告訴我，會談對她非常非常重要：「如果我沒有機會來跟你會談，我不知道會發生什麼事情。」她說：「我覺得我可能會傷害寶寶。」停了一會兒後，她補充說：「或自殺。」我們討論是否適合就此結束會談，D太太已事先想過，她說她覺得可以。我也建議若她再次懷孕，屆時她可能會希望得到更多協助。D太太希望我寫信給她的新醫生，解釋她的生產經驗及憂鬱。D太太希望醫師知道她曾接受過諮詢服務，若是她再次陷入憂鬱，這會是她希望獲得協助的方式，而非被送去精神病院或是以抗憂鬱劑治療。

評論

　　我們看到對D太太而言，生產經驗不只是對身體的侵襲，也打擊了她曾認為自己是「女超人」的全能印象；嬰兒迫使她必須面對自己的脆弱。這在她嚴格要求自己必須完美的內在聲音、對嬰兒的憤怒與對母親的嬰兒之負面感受之間，形成生死攸關的掙扎。對我來說，在第五次治療中，頗難決定在此次結束會談是否安全，但我信任D太太不會把感覺付諸行動，也不會把它們趕出腦海中，而是會在有需要時尋求進一步的協助。我認為很重要的是要記住在短期諮商中：對於所達成的進步之不確定性，以及對未來的擔憂，永遠都會存在，並且是所負載焦慮之不可或缺的部分。在介入過程中，必須讓個案形成足夠的信任，感到有人真的關心她、對她感興趣，當將來她有需要時，可以再次與其聯絡。

▌結論

　　我希望這裡簡短陳述的案例，傳達了父母們帶來的各種問題，及我們之間的互動方式，評論則顯示一些我與父母會面當下及之後的反思。

　　我發現與嬰兒的父母工作相當感人且有意義，你會發現父母們多麼容易覺得不足、無助、被害感、被激怒、憂鬱及罪惡感。若無人卸除他們的重擔，這些情緒會逐步擴大，焦慮隨之排山倒海而來。因此很重要的是能提供可及的諮詢服務，讓父母可以談論他們的困難，而不是給予再保證或輕率的建議，或被專家給嬰兒化。我想我見的個案們，應該都會感到我相當真誠地想幫助他們了解自己及嬰兒。在協助他們檢驗影響自身親職能力的嬰兒期（infantile）破壞性感受時，也不忘尊重他們想成為好父母的成人式努力。

　　我在腦中並沒有設定僵化的技巧，我發現自己對每個案例採取的作法都有點不同。嬰兒觀察及精神分析工作的經驗，協助我聆聽、鼓勵探索目前焦慮的根源、與精神苦痛共處，並且信任面對真實後所得的情緒力量。對我而言，我所做的非常少，而我對於後來通常有戲劇化的進步感到震驚。當然，很多問題還是未被回答，且無法確定個案長期可獲益的程度，然而很多案例無疑產生了動力上的改變。思索這些改變的原因時，我認為個案陷入一種無益的模式，感到被迫害並且進行迫害。與我的對話，則在自己的破壞性與愛、在自己的嬰兒與成人自我之間打開了新的溝通管道。促進先生與太太間，父母與嬰兒間有更多的了解。因而重建了希望，開始了良性的循環並

36

產生滿足感，接著使得父母更有自信照顧嬰兒並協助他們發展。

對我來說，與父母進行短期工作是適當的，因為不會鼓勵依賴，也避免干擾父母與嬰兒間新發展的親密關係。另一方面，當父母內在涵容或外在支持甚少時，提供持續性的協助是很重要的。當對嬰兒的破壞性感受很強時，應需要提供長期的協助，這樣的父母可能在童年曾被剝奪或受虐。在接受協助改善父母和嬰兒間的關係時，有另一群的父母可能因為各種問題而需要接受個別治療，應鼓勵他們至適當機構求助。

曾與我短期工作過的父母，他們雖然感受到憤怒，有時憎恨彼此或嬰兒，但他們也顯示出高度的關心，唯恐他們的負面感受占上風。固然應審慎評估幾次的會談中能促成多少進步，但我推測有許多父母可以利用這樣的機會，發展他們自己的資源，來了解自身的掙扎，以促進與嬰兒更好的關係，從而奠定其情緒成長的穩定基礎。

因為他們在生命劇烈變遷之中，情緒在深處被擾動、喚醒，可被工作、也期待被了解。我總是驚訝於在這早期階段中，即使一點協助就可以運作很久，可以預防問題演變成父母與嬰兒關係的嚴重干擾。反移情一定會很強，因為我們的嬰兒期感受，以及身為父親或母親的相關感受，皆被這些工作勾起。希望我們可以發展出一種能聆聽並試著了解父母與嬰兒之情緒與幻想的態度。個案可能會擔心我們就像他們外在或內在世界中干擾、批評的父母角色，或是他們可能把我們視為有神奇解決之道，而帶著希望來找我們。當察覺到這些移情現象，我與父母與嬰兒工作時通常不詮釋此部分，除非移情

對治療造成阻礙。因為對我來說，在父母被要求最多成人角色的時刻，鼓勵嬰兒式的依賴似乎並無助益。不過我們並不去滿足父母對我們全知的幻想，也不要只考慮嬰兒。我們的任務是鼓勵父母的成人部分去察覺自己因擁有嬰兒而被喚起的原始焦慮，如此他們便能在現實中加以檢驗，以調節他們最恐懼的部分。能參與這樣的過程真是有幸，使得在這個領域工作的我們充滿了深度的愉悅感。

註解

本章是兩篇較早著作的修改版：I. Wittenberg, "Brief Work with Parents of Infants", in: R. Szur (Ed.), *Extending Horizons* (London: Karnac, 1991), pp. 80-107; and I. Wittenberg, "Brief Therapeutic Work with Parents of Infants", in: F. Grier (Ed.), *Brief Encounters with Couples* (London: Karnac, 2001), pp. 69-85.

【第2章】
嬰兒觀察在嬰幼兒心智服務與臨床應用的關聯

● 麗莎·米勒

　　本章說明了塔維斯托克診所兒童與家庭部門工作及創立服務的方式。它也應用到精神分析取向工作中所觀察到的一些概念。

　　我得先說明兒童與家庭部門所提供的「嬰幼兒心智健康服務」。我們提供短期的協助——最多只有五次，可能分散在數週中——給對家中嬰兒或幼兒感到焦慮的家庭。例如：我們遇到擔心嬰兒睡不著、不肯吃、不停哭泣的父親和母親們；我們遇到母親罹患憂鬱的夫妻；我們遇到擔心喪親或離婚所造成影響的父母；我們遇到拒絕斷奶的嬰兒、發脾氣與嫉羨的幼兒；當然我們也遇到帶著無以名之、費解焦慮前來求助的家庭。這項服務與本部門提供的其他服務如此大相逕庭，因為我們不認為我們是在協助被轉介來的病人。我們有前來尋求諮詢的父母，他們來與一個有經驗的外人共同思考他們覺察到的孩子問題。工作人員來自一個跨專業的工作坊：精神科醫師、社工、心理師、兒童心理治療師。我們規律地會面，並討論此類個案以及與十分年幼兒童工作的其他面向。

　　彈性、迅速及不必非常正式是本項服務的特色。我們以多

種組合方式來跟家庭見面；我們希望見到雙親，但也樂意與其他前來的成員會面。我們以可以提供快速約診感到驕傲——有時甚至非常快速。我們認為若個案的焦慮和嬰兒或幼兒有關，便需要立即提供其迫切需要的協助。相對而言，本服務不必非常正式，意味很多是病人自行前來的。僅需一通電話就可以約診。當然父母需要認定他們遇到了問題，而且還需要一些勇氣打這通電話以及來到這裡；除此之外，我們希望盡量減少人們前來的障礙。

主要來說，診所中看到家庭的狀況是父母察覺有些東西出了錯，影響他們面對這個孩子時作為母親或父親的能力。我們的工作在於透過各層次的觀察，來促進其心智狀況以利於思考。的確，我們是在促進父母觀察自己與孩子的能力。這工作根基於一個觀念：當孩子還十分年幼時，會在家庭中引發相當大的改變。這是一個自然快速成長及發展的時期，許多情感熱度也在此時於家庭中被引發，而且父母發展的潛力跟嬰兒發展的潛力相伴隨著出現。介入育嬰室裡的親密很可能具高度成效。

我已經暗示了建立此服務的靈感來源之一，是來自於嬰兒觀察，傳統上這是兒童心理治療及其他訓練的一部分。如同大家知道的，學生在嬰兒出生的前兩年中每週一次到家裡去探訪此嬰兒，這麼做有雙重的目的：第一，在這樣的情境中，學生被允許可以親近孩童，詳盡地了解其情緒、社會、智性上在家庭中成長的過程。第二，學生可以發展觀察的能力，以豐富及全面的方式來觀察。注視、聆聽、發展眼睛及耳朵獲取觀察細節及後續做成紀錄的能力，這必須仰賴最高度的情緒接受能

力。觀察者必須讓自己與原始的嬰兒情緒與焦慮保持接觸。當然我們的觀察方式是將情緒放在核心。過去傳統上，觀察者得試著當公正的紀錄者，把自己的感受及互動放到一邊，以免干擾客觀真實的觀察。但在這裡，讓我們感興趣的真實是情緒的真相（emotional truths）。觀察者記住或紀錄這些時，必然會被其擾動。

這裡可看到這樣的觀察與移情、反移情有明顯的關聯。如同以往，我們總是對佛洛伊德有所虧欠，他一開始認為所有病患對分析師產生複雜及熱切的感受是一種麻煩。但很快地，他理解並欣然接受此現象，把移情、反移情作為研究病患心智中所發生狀況的主要方式。同樣地，我們作為觀察者，也是在研究心智活動與心智狀態。我們要求自己不但要觀察正在發生的事情，也同時觀察它們造成的影響。正確地說，情緒因子是理解所不可或缺的工具。觀察嬰兒的學生，對於嬰兒的溝通模式會變得敏感；他們必須思考肢體語言及非語言或前語言（preverbal）的經驗，以及如何描述它們。很容易可以看到這些能力對於試著與嬰兒在諮商室中進行治療工作的人是多麼有用。

自然地，嬰兒觀察包含對嬰兒家人的觀察。在觀察過程中，會培養出將家庭視為一個整體來看待的態度，這在我將描述的短期工作中也是有益且相關的。觀察者得逐漸找到如何形成一種善於接受的、關注的、非判斷性的態度。在嬰兒觀察中，她發現在家庭裡她是一個新來的人；她得為自己建立一種感興趣的、友善的姿態，但並非侵擾或親密的姿態。我認為這也是當我們開始觀察一個要以治療方式協助的家庭，所

適合採取的好姿態。在嬰幼兒心智健康服務中，有兩件事會相互融合：首先，工作切身的經驗（對於我而言，指教授嬰兒觀察）；第二，長期以來我們與被轉介接受心理治療的兒童之父母一同工作的經驗。這裡所指的並非嬰幼兒心智健康服務的個案，而是因為嚴重困擾或創傷而被轉介為心理治療個案的兒童。我們對其家長提供持續性的服務。我想我們已經學到做這份工作，需要一種格外細緻的回應。在與被轉介兒童的家長工作時，其無意識的焦慮與衝動，包含所有移情現象，皆可能以最強的強度被喚起。然而對於處理移情，我們只有受限的權限。家長來此是因為孩子買了票，因此我們必須謹記：接受治療的兒童之需要，有時可能會被經驗為與家長內心那有需求的孩童部分在互相競爭。漠視移情是危險的，治療可能會沉沒在無意識反應的汪洋中，除非我們對於正在發生中的嬰兒式移情有所了解，並且找到對應的方式。

　　我們也必須與父母內在的成人部分對話。這包含了分辨父母身上哪些是成人、哪些是孩童或嬰兒的部分，並同時照顧這兩部分，並且把家庭視為是一個整體來看待與工作。

艾拉

　　現在我想描述一個我在嬰幼兒心智健康服務中所見的個案。我們的秘書接到一通她判斷為緊急的電話。一位年輕女性哭著打來，說她那六週大的女嬰從出生後就哭泣不止。我在次日便見了媽媽與嬰兒。

　　後來我認為即使是我們第一次會面的情境，都與一些在第一次會談中浮現的潛藏議題相吻合。我常發現家庭前來治療室

的方式，展示了一些有關他們自己的重要部分以及他們的期待。因此若能強化觀察技巧，並在接觸的第一時間起就開始運用，會很有幫助。B 小姐及她的小女兒遲到了，她們來得非常晚，以至於我認為她們不會來了，所以我決定下樓去車上拿一下東西。幸運的是，我在她們進到大門時遇到她們。雖然我認出她可能是我的病人，但她並不知道。當時我有一種不適配的感覺。

當我們上樓時，我有機會觀察 B 小姐及艾拉。B 小姐很漂亮，她抱著艾拉——令人驚訝地是她在睡覺。艾拉不是躺在媽媽的懷抱中，而是在媽媽的手臂上，四肢攤開在一個潔白無瑕而炫目的摺疊披肩上。艾拉看起來是一個生長良好的大嬰兒，而非病懨懨或瘦弱的樣子。她被打扮的方式吸引了我的注意力。她不是穿你認為小嬰兒會穿的衣服，而是一件紅色蘇格蘭紋的縮小版洋裝——是你認為較大兒童會穿的縮小版。

在我們到達治療室之前，我已有了一些觀察的資料，在我腦中也形成了一些疑問。例如為什麼艾拉被描述成都睡不著，現在卻睡得如此熟？有沒有可能在媽媽決定來此求助之時，某個過程已經開始進行了？我不知道。為何媽媽如此精心打扮？艾拉為何被假扮成一個四歲孩子？這裡有些不一致之處。多數六週前才剛生下嬰兒的女性，即使她們充滿快樂，看起來也不會是優雅的樣子。原始的嬰兒情感加諸於沒有防護的新手媽媽造成的影響，意味著她正在溫尼考特（D.W. Winnicott, 1963）所說「原初之母親的全神貫注」（primary maternal preoccupation）完全影響之下。這樣的全神貫注聚焦於內在而非外在層面：她會思考嬰兒內在發生了什麼事？嬰兒

42

接收了什麼？嬰兒表露了什麼？然而現下艾拉母親的情形卻似乎完全否認這些，除了曾經打過的那通緊急電話。

　　我安頓好自己並開始聆聽。B小姐開始頗為安靜、猶豫地訴說，但沒有真的停頓。艾拉沒有被支撐地隨意橫躺在她的腿上，仍在睡覺。B小姐告訴我艾拉非常躁動不安，且哭得很厲害，以致她周圍的每個人都受恐慌所煎熬。她特別會在半夜尖叫，自己睡不著、也不讓其他人睡覺。這尖叫如此令人緊張，導致整個家庭都變得焦慮。B小姐說她自己是名護士，她的母親也是。她和艾拉與她的母親、阿姨及兩名外甥同住。他們以前都沒聽過這類的情形。他們曾不止一次在半夜要求醫師出診。B小姐曾帶艾拉到她出生的醫院就診，她也是當地嬰兒診所的常客。雖然所有看過的醫療人員一開始都說艾拉並沒有任何身體的問題，但聽起來他們好像開始動搖，並考慮可以做哪些醫學檢查。B小姐說她的母親認為這孩子一定有什麼嚴重的問題。以上這些都是B小姐以令人擔心的單調、憂傷無力聲調說出來的。B小姐聽起來很絕望。她說她睡得非常少，擔心她再也無法處理了。

　　我承認我很好奇艾拉的驚人哭聲聽起來到底是什麼樣子。但是我沒有機會聽到，因為每當艾拉醒過來，B小姐看起來就很焦慮，並慌亂地準備餵艾拉喝母奶。彷彿她不指望我能忍受任何一點噪音。此時B小姐開始陳述她的現況。我馬上覺得B小姐有充份的理由覺得激躁、憤怒、不被支持及哀傷，我也不再驚訝她覺得艾拉很難照顧。B小姐來自外國，但已在此地居住數年。她的窘境是：她已經與艾拉的父親——一位專業人士，最近才從她的祖國來到英國——訂婚並準備結

43

婚。結婚計劃本來是在六月，結果最後變成是艾拉出生的月份。他們本來已計劃購屋。當這對情侶一起去渡假時，在假期中 B 小姐懷孕了。她的未婚夫希望她墮胎，但她反對。他看似同意，但從此之後他的熱情逐漸消退，興致也冷淡了。隨著她的孕期進展，他越來越少見她，也不再討論結婚的事。這些事情的改變，都在沒有任何明確表示或討論下就發生了。這對情侶漸行漸遠。嬰兒出生後，父親有表示一些關注。他支付了嬰兒衣服及用具的錢。但這當然遠不及 B 小姐希望他投入的程度。她覺得被背叛了，既驕傲又憤怒；她不希望乞求任何東西。她的母親，也就是嬰兒的外婆，在她身邊也同感憤怒。她勃然大怒，並急著要艾拉的父親負起責任來。更複雜的是 B 小姐與母親意見不一致。她七到十三歲時曾與母親分離六年。自從她們重聚以來就處不好。現在她們迫於情勢得住在一起，對教養嬰兒的方式意見不同，對於嬰兒的父親更是嚴重意見分歧。

這段故事是以低調、支離破碎又隱晦的方式說出來的。有時候我們會聽到觀察者說某次觀察難以記憶與紀錄，很清楚的是因為某種無意識力量干擾、影響了記憶的連續性。類似這種情況，我發現在我已寫好的治療紀錄中，很難把 B 小姐的故事連起來並弄懂。我還得努力加入一些情感，因為實在太枯燥了。我所有可做的，就是非常簡單地評論 B 小姐可能有多憤怒、憂鬱、特別是心不在焉。我泰半覺得無助及難以忍受。我可以做什麼呢？我幾乎無法理解這個故事，更別說做出滿意的評論。

談話進行中，我把握機會觀察艾拉。當她母親支離破碎地

談話著，艾拉吃奶也吃得支離破碎。她從未持續地吸吮一段時間。看起來她似乎不太可能經驗過一次餵奶是有開始、中間與結束的——這樣的經驗是有形狀與結構、能有深度與意義的。B 小姐沒有抱緊艾拉，也沒有把她的手腳合在一起。可憐的艾拉，為了達到一定程度的全身肌肉協調，得盡最大努力掛在乳頭上。她還太小，無法用手或腳去抓住任何東西，也沒有東西可以讓她用腳頂住。她所有的力氣都花在用嘴巴把自己維持住。她依然沒有被支撐地躺在媽媽膝上。偶爾 B 小姐對艾拉做的，跟我認為那嬰兒所需要的背道而馳。她沒有把嬰兒抱攏來，反而移動自己的腳或身體，或輕戳艾拉。艾拉會微微地顫抖或抽動，表現悲慘的不安感。她的嘴會從乳頭上滑落，然後努力想再含乳。母親只有偶爾會協助她。

我們的對話有些改變。現在我們不只談她們生活中的窘境，也談到 B 小姐在這麼多事情的狀況下，會讓她無法專注於艾拉。我們談到艾拉的哭泣，以及那可能代表艾拉覺得非常地害怕及沮喪；當我們談到這種情形在晚上最嚴重，我說 B 小姐自己也可能在夜裡更覺得寂寞與失落。B 小姐漸漸開啟關於艾拉恐慌的話題。似乎她逐漸可理解並思考：一個新生嬰兒面對無法解釋的經驗時，會有的困惑與害怕。B 小姐的情緒仍然憂鬱，但她變得較能投入；她微笑、哭泣、同意，但仍讓我懷疑她吸收了多少我們會談的內容。當我說艾拉可能是嚇到了而非生病，是情緒上而非生理上的問題時，她似乎有些放鬆。

會談結束前，B 小姐談到艾拉非常無法忍受被放下來、不被抱著。我必須承認，當我寫這段紀錄時，我才想到 B 小姐也在談一部分的自己，不想放開、離開這個她正在會談的房

間。然而，就算這個念頭當時有出現在我的意識層次，我大概也不會說出來。我所做的，就是利用我所默默觀察到的——艾拉未被緊緊抱著，以及看起來目光分散，並提醒 B 小姐：人們有時會注意到小嬰兒喜歡在餵奶時被緊緊抱著；還有當小嬰兒被放下時，用毯子把他們包起來，會讓小嬰兒覺得安心、有被支撐住。這聽起來好像我不但把 B 小姐當家長來看待，也同時在給她建議。事實上，我們避免以開處方的方式給家長建議，除非這個想法在對話中自然地產生，且與當時的無意識思考相吻合，否則個案遲早會覺得這些建議一無用處而拒絕。此1

時，B 小姐沒有特別表示接受的徵兆，時間也到了。

　　B 小姐抱著艾拉起身。我覺得她對待艾拉的方式，好像她是個較大的孩子，而非一個脆弱的六週大嬰兒。她起身離開，同意下週再來，留下思緒重重的我。

　　我覺得憂鬱，此刻我感覺我所見的母親與嬰兒不適配。我覺得自己也未能達成期望。我感覺少了什麼根本的東西；這整個困境對我而言太巨大了，無法理出頭緒。在簡短諮商的有限中，要試著做些什麼實在太荒謬了。我跟這個架構都是不足的。我擔心要承受不舒服與不滿意的感覺。B 小姐很難接觸、很難把握住，我想很可能她覺得不被了解。我有種感覺，得抓住什麼消極的東西，就像面對一個很大的光滑物體，但在上面找不到手可以著力的地方。我反思這整個故事，覺得充滿虛假的聯結。B 小姐和她的未婚夫無法建立密切關係：B 小姐家中或她諮詢的專家中，沒有人可以了解這個問題。你將發現——當我自己經驗之時，我並未完全察覺——我多麼地認同母親及嬰兒。我離開會談室，在走廊上遇到一位同事。我說剛

才遇到一個困難的個案，令人沮喪。我同事則說了一些這類個案投射影響的事情。再一次地，我們可以從嬰兒觀察得到一些練習，關於全然承受嬰兒期焦慮的投射，以及涵容的困難，這非常需要第三個人的協助。在我的情形，第三人就是我的同事；對一個學生觀察者，第三人就是他報告的研討會；在 B 小姐的情形——沒有人。

　　B 小姐在一週後再回來。即使我有疑慮，但她似乎真的運用了一些我們第一次會談的討論。我馬上觀察起艾拉，她已經不像上次我看到那樣躺在披肩上了。她被穩固地安放在一個大小適中的嬰兒背帶中。母親把她抱出來，在沙發上做了一個像小床的東西，把艾拉放下讓她安睡，然後轉而注意我。在她開始說話前，我就看到改變了。界限已經重新被建立起來。B 小姐對艾拉表現得像個母親，而非一個無助的女孩。B 小姐開始用比較有活力的方式說話；她說情況改善了很多，艾拉睡得比較好，不再於半夜尖叫，且吃得很好。我注意到 B 小姐上次離開後，思索了我們的談話。她告訴我說她有個想法：她覺得自己是整個改善的關鍵。她在腦中深思她所記得我們在會談中討論過的事情。我沒有特別記得這個評論，但我顯然說過嬰兒需要被注意到。她察覺到當她餵奶時，並沒有看著艾拉。從那一刻起，她刻意嘗試在艾拉含乳時，把目光集中在艾拉身上。結果看來艾拉明顯覺得比較好。光是乳頭本身並不足以讓嬰兒的情緒狀態集中；還必須有注視的眼光來輔助。人們可能會推測艾拉不再覺得孤單。她覺得有一個會思考的心智在陪伴她，事物對她開始產生意義。當然你將看到，這些全都可以跟觀察的概念做聯結。就算是在一般的嬰兒觀察當中，即使我

們並不進行任何治療式的介入，母親常會覺得她自己對嬰兒的興趣與觀察者相吻合。在某些家庭中，我們看到對於嬰兒的興趣，似乎隨著觀察的進展開始發展，且越來越強烈豐富。我們要小心將此歸因於觀察者之存在這樣的說法，但或許我們可以謹慎地說：一個好觀察者的存在，可以突顯、支持父母注視的眼光。我觀察艾拉，B 小姐也是。

為了本章的目的，我想聚焦討論第一次會談，但我仍將快速摘要這簡短治療的結果。我一共見了 B 小姐及她的嬰兒五次，第三及第五次有艾拉的父親加入。當這兩人開始尋找資源來理解自身的困境時，他們隱約地察覺了許多文化、社會及心理的困難。但從討論這類服務的觀點來看，我希望強調：當 B 小姐在釐清她的生活時，雖然遇到嚴重、廣泛、甚至看來很難處理的問題要面對，但母親似乎能將這些問題跟艾拉分開看待了。眼下艾拉很享受對嬰兒而言必要的保護。她長成一個強壯、開心的嬰兒，吃得很多且睡得很好。她母親的問題想必很快會影響到她的生活。事實上我最後一次見到她們時，B 小姐即將回去工作，因為經濟需求所迫。這對艾拉的生活一定會造成很大的改變。不過母嬰間的首次聯結已經形成了。在我們最後一次的會面，B 小姐熱切地向我道謝。她明白表示她覺得我了解她。她告訴我：「當我第一次來診所時，我覺得我瘋了。」

我想討論艾拉跟 B 小姐間建立起來的良好聯結，也就是所謂嬰兒期的情緒被涵容。一開始，我們看到這樣的畫面：艾拉最初的困擾涉及了許多的成人（包括醫生及護士），卻沒有被覺察、護持或被了解。人們開始懷疑她是否生了某種未被診

斷的病，會危及生命。對我而言，艾拉的確是被嚇壞了。她在投射原始的恐慌，但那是精神面的，並非生理的狀況。對嬰兒而言，這兩種情形很接近，而且他們常常無法區分。重點是這需要被區分開來。艾拉需要有人了解她的不適主要是精神上的。涵容嬰兒期焦慮的基本條件並不足夠。就我來看，涵容有兩個面向：護持與專注。母親環抱嬰兒的臂膀與身體，提供形狀、架構與支持；而她專注的凝視，賦予了孩童經驗潛在的意義。詩人把眼睛視為通往心智的門戶。從嬰兒的觀點來說，這傳達了一個事實：透過母親的注視，嬰兒與她的精神狀態與思考心智產生聯結。嬰兒學到了心智接觸。

艾拉未分化的原始情緒被放送出來，但空中卻沒有接收站。你可以說，或許最後母親所收到訊息的重點就是：「看看我！」當然在這背後，有些前語言的、對於不存在、死亡的恐懼。毫不意外地，在許多嬰兒觀察中，揭露了母親對於嬰兒可能死亡的恐懼。例如一個健康的新生兒在家中排行第四，他穩定的母親告訴觀察者說：即使一切都很順利，她仍做了一個夢，夢中她看到她的小男嬰被白色百合環繞，她擔心他可能死掉。此類的幻想，似乎被嬰兒本身的投射給增強且突顯了。我們可以輕易地推測：B 小姐對艾拉抱持著死亡願望，因為艾拉象徵著 B 小姐生命中許多不受歡迎的東西。但我們也可以想成是艾拉在投射死亡恐懼。

為何沒有人可以承受艾拉的投射？似乎當小嬰兒的投射未被母親或其他主要照顧者接收到時，其他人也很難弄清楚正在發生什麼事。若對嬰兒沒有一定程度的認同，就無法了解。我們都有一種避免去感受嬰兒痛苦的自我保護傾向。與強烈的嬰

兒期情緒直接接觸，會在接觸者身上喚起相似的感受。即使隔著一段距離仍有可能發生。我曾講授一堂有關嬰兒情緒發展的課，引發觀眾席中一個女士提問。這些問題是根據授課中的某些內容，使她開始擔憂一些事情。她忽然想起：她很常在她住的公寓中聽到一個嬰兒在哭。這個嬰兒是否被忽略或正在受苦？當她開始接觸嬰兒期痛苦的念頭，並稍微察覺嬰兒期經驗的重要性後，這個女人變得十分焦慮。成人責任的重要性，對她而言變得顯而易見。我們可以看到，嬰兒觀察的訓練如何協助我們細想，成人如何學著承受敏覺於嬰兒期的焦慮與痛楚。對艾拉周圍的成人來說，要感受嬰兒因為與原始客體失聯的焦慮實在是太痛苦了，幾乎達到精神病的程度。

她母親並非不認同艾拉。弔詭的是，就是因為認同太強烈了，所以她被擊倒了。B 小姐無法接收痛苦的投射，也無法消化、深思這些投射，並維持某種程度的成人觀點。有一次 B 小姐告訴我，在艾拉剛出生幾週大的時候，她自己也變成了一個會尖叫的嬰兒。我推測因為她覺得毫無支持，對各方面都感到失望，她的成人自我感彷彿崩解了。她仔細打扮，臉上的妝化得很美，但她內在的成人無法被維持住。它碎裂、融解，如同水銀般流走。B 小姐發現她的嬰兒期自我——如同艾拉的，且被拉去與嬰兒認同——再次活化且異常強烈。在意識無法覺察的層面，她受制於暴烈的嬰兒期情緒。她的心智狀況不足、也不適於讓她擔任稱職的母親，因而覺得自己瘋了。

在此時 B 小姐無法審視、研究問題，並釐清艾拉身處其中的混亂。有趣的是，當我見了 B 小姐後，我覺得充滿焦慮。說得清楚些，我不指望自己可以搞懂問題，並絕望於無法

做些什麼來減輕問題。憂鬱吞沒了我。我覺得不足、孤單。我想我提供的服務，在於認同 B 小姐身上的焦慮嬰兒、接收她的投射。儘管困難重重，我盡最大努力來解謎，並且持續思考。隱微地說，我在情緒上準備好了；這可能是這類工作唯一且最重要的面向。再次重申，嬰兒觀察提供情緒可近性的訓練。一旦 B 小姐覺得她的溝通被接收了，她就有辦法接收艾拉的溝通。當她的問題被別人思考了，她就有辦法思考。當她感受到我的目光，是以了解而非迫害的方式注視她，她就可以注視艾拉。B 小姐身上嬰兒的部分得到一些關注，她成人的部分就恢復了平常的思考能力。同時艾拉，真正的嬰兒，也開始覺得有被好好照顧。

　　問題在於把無意識的嬰兒期焦慮定位並處理後，成人的思考過程就可以被解放，發展也得以繼續進行下去。

亨利與瑪格莉特

　　現在我想進到另一個同樣在育嬰室裡產生強烈情緒的個案，也是和學習觀察嬰兒相切題的案例。再一次地，這名個案在第一次會談當中，花了很大的力氣來涵容焦慮，並釋放一些思考能力。H 太太激動地打電話來，告訴祕書：自從她一個月前生了女嬰瑪格莉特後，她覺得無法處理年約兩歲九個月的大兒子亨利。她覺得他變得像野獸一樣嫉妒與需索無度，這讓她擔心自己會在失控下對他造成傷害。

　　當我很快回覆電話時，H 太太出門去了。接電話的是她先生，雖然他並不認識我，他卻爽朗地直呼我的名字，彷彿我們是老友。他只約略知道他太太有要求約診。我不禁覺得他倆之

間的溝通相當差。他們的情緒狀況很不同，一方似乎並不知道另一方在想什麼或做什麼。

次日他們都來了。H 先生與太太是一對長得很好看的年輕夫妻，但疲憊、憂慮，且狀況不是很好，他們跌跌撞撞地穿過走廊，似乎到我辦公室的路途相當遙遠，加上他們帶了許多重負：一台幼兒推車、一個嬰兒椅與袋子。當他們到達我辦公室時，這異樣的擁擠使我有點震驚。可能是因為他們全集中在一端，把瑪格莉特擺在躺椅中、放在我桌上，大包小包散得到處都是。H 太太帶著瑪格莉特，而 H 先生跟著亨利。亨利看起來是個健壯、迷人但憂鬱的學步兒。H 太太一把瑪格莉特放下，在她先生安頓亨利之前，她就邊說邊哭地傾訴關於亨利的故事。亨利不肯照大人說的去做，很頑強且對立。他持續試著攻擊瑪格莉特。他隨時都要 H 太太的注意力。即使是在遊戲學校，老師也開始說亨利總是捲入爭吵——陷入固執、無解的爭執。相反地，H 先生對亨利很有耐心而慈愛，讓他在我的小矮桌上玩玩具及蠟筆。這並沒有讓 H 太太覺得好過一點。事實上，我觀察到她憤怒地瞪了他好幾眼。我在想她到底把 H 先生看成有幫助的隊友，還是競爭的對手。

他們倆一起描述他們生活在一間狹小、過度擁擠的公寓。他們異口同聲地說房間不夠。兩人都無法達成任何協議，決定誰來負責做什麼工作。H 太太覺得完全不被支持。她說自從瑪格莉特誕生後的新狀況，她首當其衝；她餵嬰兒、半夜醒來、跟亨利奮戰、煮飯。接下來我們聽到 H 先生覺得他的妻子不重視他多麼努力幫忙，他不只照顧亨利、哄瑪格莉特、購物、清潔，還負責養家活口，試著找出時間與空間來工

作。我覺得這樣的故事似曾相似，故事中內在情形凌駕了外在現實。因為無意識加諸的意義，使得實務問題窒礙難行。我也開始懷疑誰的焦慮是屬於誰的：再次地，這家庭有個熟悉之處，就是新生兒的降臨誘發了混亂，以及被引發的焦慮如何由一個人傳給另一個。

接著 H 先生與太太都描述：他們多麼不希望 H 太太的媽媽像上次亨利出生時一樣，來家裡照管事情。他們希望自己處理。H 太太表面上跟媽媽相處得很好，但卻私下惱怒、積怨已深。她將無法直接對媽媽表達的感受發洩在先生身上。他們都同意不希望 H 太太的母親再來，但同時也很擔心會傷害她的感受。他們最近寫了封信給她，表達他們的決定。他們非常擔憂 H 太太母親的回覆。在 H 太太十歲時母親離婚了，所有的小孩都曾擔任保護的角色。

無論如何，他們告訴我瑪格莉特的情形很不一樣。他們覺得亨利很配合他們夫妻倆。他們可以去參加宴會，把他放在床上；也可以把他背在背上，到各國旅遊（他們已經這麼做過了）。現在在他們身上將會發生什麼事呢？H 先生與太太生動地告訴我，他們覺得龐大的責任突然強加在他們身上。他們原本是自由自在的年輕夫妻，有點波西米亞人的無拘無束。而現在他們彷彿被彈射進一個充滿嚴酷現實、得努力工作的世界，而他們毫無準備。

我想他們現在有了兩個小孩，首次感覺到他們得是「真的」父母。此時我們可以觀察一下房間內發生的事。亨利正專心、安靜地玩動物玩偶。瑪格莉特睏倦地躺在躺椅上。小孩都沒有表現出難滿足的行為，但 H 先生與太太正緊抓我的注意

力，塞滿我的耳朵。一方面他們同時顯得有希望且有需要，甚至拼命地合作來描述他們的問題。另一方面，他們也交替地表現出競爭的行為，他們爭奪我的注意力，一方都描述另一方缺乏某種必要的特質。

我們開始討論第二個孩子出生的特別意義。我腦海裡有幅畫面，這對年輕夫妻在生了第一個嬰兒時，尚未完全擺脫內在父母的投射性認同（projective identification）──換句話說，他們已準備要被 H 太太的媽媽照顧，尚未完全覺得自己是成人。就像兩個青少年與一個神奇嬰兒，他們沉迷於環遊世界的夢想。補充一下，我始終不清楚他們在財務方面是如何安排的。懷第二胎時，他們兩人都覺得硬生生地被推向前；他們比較安定下來後，H 先生努力工作，並且拒絕了 H 太太的媽媽。但一旦瑪格莉特出生後，他們發現第一次面對手足競爭的議題。不但要處理在亨利身上引發的情況，他們也發現在自己身上，這問題被重新喚起。他們兩人都認同了亨利，於是在父母間開始了一種互相較勁，彷彿他們是兄弟姐妹似地競爭一個有限的好客體。似乎沒有什麼是足夠的──時間、空間、錢、體力、情感、睡眠都不夠，甚至是有沒有足夠的我。

在會談的此刻能有足夠的我，完全是因為亨利與瑪格莉特表現良好。這兩個需索無度的嬰兒去哪了呢？我想，特別是亨利會因為他的父母有被照顧到，而覺得非常放鬆。當然他也因此免於他們的投射；我們將會看到他們傾向把他們部分嬰兒的自我投射在亨利身上。

亨利開始四處移動，神奇豐富地表現出他覺得自己有多麼危險。他抓住瑪格莉特的手和腳，吵醒她、把她弄哭，引發他

52

父母無能為力的反應。他媽媽看起來快哭了，父親則懇求他別這麼做。沒有一位父母立即阻止他。亨利看著我，似乎正在示範出了什麼錯。我開始說：亨利一定覺得很焦慮。我看著他，不過是說給父母聽，希望他們全部都有接收到。亨利開始畫自畫像，他說：「亨利。」然後把這幅圖秀給我看，圖上有張非常圓的肥臉，巨大的、貪婪的嘴。我繼續說，如果亨利覺得自己這麼大，他一定覺得很害怕。他的父母記得他其實還很小嗎？周圍會有父母來扮演大的角色嗎？有人可以讓他們從這個困境解脫嗎？還是他們只是四個身陷其中的小孩？他們四人，包括瑪格莉特也是，全都熱切地聆聽。

我在想他們的小公寓變成了一個大育嬰室。H 先生與太太暫時失去了成人的角色。亨利接收了我前一分鐘所說的投射──嬰兒期貪婪與暴力的投射。他承接了一個永遠無法被滿足的大嬰兒意像，被餵食時胃口變大，破壞力永遠無法被安撫。我提到父母在這樣的環境下有多麼辛苦。亨利說他想去洗手間，H 先生跳起來，以一種慈愛、父親的態度帶他去。H 太太哭了起來，說她很愛亨利，但是她擔心自己會打他或傷害他。她明顯地暫時縮小成一個大姐姐的狀態，面對一個對她而言太困難的嬰兒。重喚起她成人自我（她與先生的成人關係）的必要元素，在此時暫被擱置。

我不再多談這個案的情形。在我們會面的這段時間，母性的移情的兩個面向在我身上發生了──有助益的母親，與十分易怒、需要被安撫的母親。他們在最後一次約診時失約了。我覺得一部分是因為他們覺得比較好了，另一部分是他們在逃避我以及負向移情。但工作已經有所進展：亨利比較好了，H 先

生與太太合力扮演父親與母親的角色。他們也即將要搬家。如同前一個案例，這個案例描繪出在一些有幼兒的家庭中，我們所能達成的：當嬰兒期焦慮可以被標定位置、涵容、轉化，便可以開始成人的思考。除非嬰兒期的需求被滿足了，否則成人的需求無法真正被滿足。若我們身上的成人，一直受到未被滿足、需要關注的嬰兒所干擾，它便無法正常運作。

本章是根據一篇於 1992 年在杜林（Turin）的會議發表的論文，題為〈關於比昂無慾無憶地去觀察、去理解，以及去分享〉（With a Reference to W.F. Bion. To Observe to Understand and to Share, without Memory or Desire.）本論文與標題的關係是什麼呢？我希望本文第一部分已有解釋。透過兩個案例，我試著示範觀察可以帶來一些理解，而當理解在治療者的腦中成形時，就可以決定如何與家庭分享這些理解。分享理解的動作需要我們的判斷，因為正如所有以詮釋性為基礎的工作，必須判斷如何構思這樣的溝通——什麼可以說出來、用怎樣的字眼；什麼最好別說、但心中明白就好。而這句神祕的「無慾無憶」又是什麼意思？我確定我們可以在許多層次詮釋之。對我來說，在這類工作，它很有代表性的意義是——特別是當我們思考從事嬰兒觀察時的最佳心智架構時——我們需要開放的心智，在新的狀況下能免於成見的阻礙而自由思考。即使所看到的不如預期會令人不安，仍有能力看見是什麼在那裡。我們不能太急著看到我們的願望被滿足，就算這些願望有我們的理論證實；或急著希望我們觀察或治療的家庭變成讓我們喜歡的家庭。我們得試著以事情本來的樣子去看待它們。

53

註解

本章是修改自一篇早先出版的文章：L. Miller, "The Relation of Infant Observation to Clinical Practice in an Under Fives Counselling Service", *Journal of Child Psychotherapy*, Vol. 18, No. 1 (1992): 19-32 [Special issue: Work with children under five].

【第3章】

嬰兒-父母心理治療：如何理解留存於現今的過往——塞爾瑪‧佛雷伯格的貢獻

● 茱麗葉‧霍普金斯

嬰兒-父母心理治療（infant-parent psychotherapy）是由 54
美國兒童精神分析師塞爾瑪‧佛雷伯格（Selma Fraiberg）首
次命名與發展，她在1980年出版一本創新的書中描述這種工
作——《嬰幼兒心智健康的臨床研究》（*Clinical Studies in
Infant Mental Health*）。從那時起，在此領域開始有很多重要
的臨床與理論貢獻（如 Stern, 1995; Lieberman & Zeanah, 1999;
Barrows, 2003; Baradon, 2005 等）。雖然討論的主題已經擴展
到包括許多錯綜複雜的詮釋與技巧，但佛雷伯格原初的精神分
析洞見之價值，仍是屹立不搖。

佛雷伯格的基本假設是嬰兒期個體沒有心理病態
（psychopatholgy）這回事，但並不代表嬰兒這方面的因素不
會造成關係上的困難。這所要表達的是：針對展現於嬰兒身
上的症狀，最好是著手於治療嬰兒-父母的關係，而非只單獨
治療孩子或父母。如同所有的短期治療，嬰兒-父母心理治
療是焦點取向的，聚焦在嬰兒的發展上。嬰兒每次療程都要

出席，這能確保父母對嬰兒的感受可以在此時此地被探索與詮釋。塞爾瑪‧佛雷伯格所用的詮釋工作，是綜合「客體關係」（object relations）與「依附理論」（attachment theory）來了解父母的過去如何干擾現在與嬰兒的關係。那些有症狀的嬰兒，被發現其實是負向移情的受害者，被「育嬰室中的幽魂」所糾纏（Fraiberg, Adelson, & Shapiro, 1975, p. 165）。當嬰兒成為父母內在被拒絕與否定的自我象徵時，或嬰兒成了過去某個人物的表徵時，嬰兒-父母心理治療便是可考慮的治療方式。這工作的主要焦點，在於了解父母對孩子的負向移情，而非對治療師的移情。

然而詮釋的工作僅是塞爾瑪‧佛雷伯格治療方式的其中一部分，她併用詮釋與她所謂的「發展性的指導」（developmental guidance）——這名稱有誤導之嫌，實際上此方式很少涉及給予建議。發展性的指導包括多樣的介入，目的是在支持父母的情緒，證實他們自己對孩子的獨特重要性，協助他們觀察與思考孩子行為的原因。嬰兒的出席讓治療師可以當場看到嬰兒對促成問題的作用，讚美嬰兒的發展，並與父母分享嬰兒的進步。「我們在過去與現在、父母與嬰兒間來回移動檢視，但我們總是回到嬰兒身上」（Fraiberg, Adelson, & Shapiro, 1975, p. 61）。

佛雷伯格清晰地論述嬰兒-父母心理治療的基礎概念，讓我感到安全，讓過去只單獨與兒童或家長工作的我，降低了第一次轉移到與母嬰及年輕家庭工作時的不確定感。除了佛雷伯格的概念，我也將呈現過去我受惠於傳統英國精神分析中運用治療師反移情的工作所帶來的益處，這是佛雷伯格沒有明確指

出的部分。在接下來的案例中，我會補充解釋我用佛雷伯格的方法，及反思我在療程中被引發的反移情感受於臨床的重要性。

案例一

凱蘭‧K，二十四個月大，由一位過去六個月固定追蹤她的小兒科醫師轉介。她這段時間體重都沒有增加，且一直都不快樂、哭泣、整天吵鬧，除非媽媽讓她同床睡，否則晚上無法入睡。

這家人來自肯亞，他們在凱蘭八個月大時搬到倫敦。凱蘭還有一個四歲的姐姐桑狄普，家人說她都沒有什麼問題。我邀請全家一起來，但 K 先生缺席了，因為他覺得沒辦法離開他的店舖。當我在等候室迎接 K 太太及兩個小女孩時，雖然凱蘭一直不停求媽媽抱她，K 太太堅持她必須自己走過長長的走廊。進了治療室，凱蘭哀怨地要求坐在 K 太太腿上，但媽媽迅速地把她放在地上，要求她做個「好女孩」。K 太太先是對我討好地表示感謝可以搬到「你們這可愛的國家」──英國。我藉著指出英國的傾盆大雨來安撫她的焦慮，表示批評也是可以被接受的，並說我知道有些事情在肯亞比較好，例如天氣。桑狄普馬上靜下來畫圖，凱蘭則持續對媽媽擺出友好姿態，卻全都被拒絕了。K 太太迫切地談話，但我不時轉向孩子們，讓她們加入會談，並鼓勵她們的遊戲。K 太太告訴我她很焦慮凱蘭的生長遲緩、不能被滿足的要求，以及總是悶悶不樂。凱蘭在嬰兒時期主要由保母照顧，直到八個月大他們搬到倫敦為止，然後凱蘭就開始哭泣、拒絕食物，問題持續

56

惡化。K 太太離開了在肯亞摯愛的親戚及有傭人服侍的富裕生活，現在她多半一個人獨處，做本該是傭人做的事。她很少見到長時間工作的丈夫。當她談到凱蘭甚至不讓她跟爸爸同睡時，口氣聽起來似乎很高興。這是個令人痛苦的會談，我發現 K 太太對凱蘭的拒絕令人難以忍受，她的憂鬱及對先生敵對的程度也令我覺得沮喪。結尾時，我說這問題需要一些時間來解決，下次會談我們必須請她先生一起加入。

三週後，K 太太與女兒們一起回來，解釋說她先生沒有來，因為沒有必要。她來只是想謝謝我，並且問我到底做了什麼。凱蘭白天都很開心，吃得很盡興，晚上能獨自在自己房間睡覺。我說我跟她一樣驚訝。事實上，我發現這次 K 太太對凱蘭的態度有所不同，她把她攬在懷中走過長廊，又讓她坐在自己腿上。凱蘭覺得有足夠的安全感後，她從母親腿上滑下來，專心地探索玩具。K 太太解釋說因為她向我學到如何跟小孩玩，所有事情都改變了。以前她沒有跟他們玩過，因為在肯亞這是傭人的工作，但現在她知道怎麼做了，這讓大家都很開心。這讓我更為驚訝，因為我幾乎沒有跟她的小孩遊戲。

是什麼使得這位母親如此戲劇化地改變了對她自身角色及孩子的態度呢？我不知道，但我想在與我談話的過程中，她新發現了一些關於她自己的事情：她對於失去肯亞的悲傷程度，以及她對於先生把她帶來此地的怨恨，使她無法與家人在一起；她變成了傭人。當她告訴我這段移民經驗時，我同理她，表示任何人在這種處境下都會有相同的感受，並容許她憂傷。當她接觸自己的失落後，我說凱蘭可能也思念肯亞與她的保母，因此從搬家後，她開始抱怨及哀悼自己的失落。更重要

的時刻，是當我把 K 太太的注意力引導到凱蘭反覆要找她，並告訴她這不只是煩人的要求注意力，也是凱蘭對媽媽感情的跡象，以及她希望與媽媽更親近。最後有個機會聚焦在桑狄普身上，我們談到她畫的好蜘蛛跟壞蜘蛛，代表這兩個女孩被分配了好與壞的角色，而非兩個人都可以同時有好與壞的表現。

　　凱蘭在許多發展領域的改變速度，對我來說是十分特別的經驗。令人高興地，這是個與嬰兒便利又簡潔的短期治療，但很不典型。雖然此類工作的確會出現戲劇化的症狀改善，但不能完全相信這些改善；有些家庭仍需要長期介入。令人驚訝的是尚未聚焦於父母或兒童的行為前，行為本身就可能有了顯著改變。正如丹尼爾·史騰（Daniel Stern, 1995）所說，嬰兒-父母心理治療不是行為取向的治療，而是表徵取向。在此案例中，K 太太感激的好自我表徵歸在桑狄普身上，凱蘭則代表她自己的怨恨與痛苦；只要 K 太太需要拒絕與否認她自己內在有這些感覺，她就把它們投射在凱蘭身上，由凱蘭替她演出。或許是八個月大的凱蘭在搬離肯亞時一開始所表現的痛苦，使得她自然成為母親投射的對象，當我介入協助 K 太太接受自己的怨恨與哀悼失落時，她就變得比較能同理凱蘭、安慰她及回應她的情感。如同塞爾瑪·佛雷伯格曾描述的，當有人聆聽母親的哭泣，母親就能去安撫她的嬰兒。回過頭來想，我理解到 K 太太令我在初次會面後覺得如此沮喪，是因為她可以在情緒層次溝通她的痛苦；我學到如果父母可以在此層次溝通他們的痛苦，便較能從與我的治療式會面中獲益。

　　這些改變是在與我有正向治療關係的脈絡下所發生，K 太太能夠認同我是一個享受與孩子們遊戲的人，但又不是傭

人，使她獲准可以用母親的身分來享受這個活動，而不是當她小孩的傭人。這可以稱為移情治癒，這樣的移情治癒不會消散，相較於在個別治療中，移情治癒在嬰兒-父母心理治療中的效果能延續更久。一旦孩子演出父母投射的惡性循環被打破，孩子就可以自由發展其他策略。若被再次要求配合病態演出時，孩子可能也不會照做。在凱蘭的案例中，轉介她來的小兒科醫師在六個月後追蹤，沒有再發現問題復發。

案例二

我的第二個案例，是嬰兒變成了父母過去的人物表徵，亦即是父母負面自我的那部分。

健康訪視員轉介來書琪・S，二十四個月大，及其單親母親 S 小姐。S 小姐擔心她的小女兒是「惡魔」及「格外黏人」的孩子。健康訪視員則更在意 S 小姐的親職教養。我得知在書琪九個月大時，S 小姐把自己的整個公寓毀掉，她說這樣是為了不要摧毀書琪，以及為了獲得照顧她女兒的協助。從那時起，書琪就被登錄在高風險名單上，接受寄養照顧。社工每周支持 S 小姐；S 小姐仍然覺得難以忍受書琪的陪伴，且特別不喜歡被她撫觸。

當 S 小姐與書琪來見我時，映入眼簾的是一個肥胖的愛爾蘭女性，與一個長雀斑的瘦小孩子坐在嬰兒車裡。進入我的治療室後，S 小姐把書琪留在擋著門的嬰兒車裡，自己選擇坐在離她最遠的地方。她立即充滿恨意地猛烈砲轟女兒及她的大家庭，也包括對社會服務及其他權威的不滿；她非常憤怒「他們」不讓她墮胎，「他們」不允許她放棄書琪給人收

59

養，沒有任何人協助她照顧書琪。書琪面對此抨擊顯得全然平靜，她安靜地坐在嬰兒車裡，很有興趣地看著我放在房間中間很吸引人的玩具，沒有表現出抗議的徵兆。S小姐暴怒的獨白持續著，我發現我沒有辦法聽下去，我得想盡各種方法讓自己坐好，不去從母親的仇恨中解救書琪，並讓她自由去玩那些迷人的玩具。我覺得很怕S小姐、被她猛攻，也很氣她的社工（社工顯然早應該安排書琪被收養才對），並覺得要跟這樣一個無望的個案工作感到很無助。又過了好幾分鐘，我渴望被解救，甚至發現自己在比較相對於個別治療，嬰兒-父母心理治療中的反移情有多麼難以忍受。除非我單獨見母親，我才有辦法聽進她說的每一個字。

　　我基於兩個理由提到自己的感覺，第一是想到我們這類工作的訓練，必須發展出一種能涵容痛苦情緒而立場中立的聆聽能力，之後我會再回頭討論此議題。另一是這些感覺，也就是反移情，是洞察力珍貴的來源。我們可以用自身的反移情來了解與詮釋病人的移情，為了得到S小姐的配合，這確實是必要的。而且我們可以用反移情來選擇短期治療的焦點。史騰（Stern, 1995）曾描述嬰兒的行為如何提供相關主題有價值的線索，以使治療聚焦。反移情也是如此。在此案例中，這兩個資訊的來源彼此強化。書琪無力對自己受到的監禁提出抗議，指出了與脅迫、虐待相關的主題，而這正呼應了我的感覺；此外，我想演出拯救者角色的衝動，顯示一種想更進一步與有希望的主題。

　　當我與自己的感覺奮戰時，我看著書琪，她已開始輕輕地前後搖晃身體。起初我想她是在自我安慰，後來我察覺到她是

在輕輕地使嬰兒車朝著玩具。書琪的決心，使我有勇氣打斷 S
小姐並開始工作。

我從表示認同 S 小姐的憤怒與失望開始，有嬰兒是如此
可怕的負擔，而且她沒有在這方面得到令她滿意的協助。我描
述她對於來見我的憤怒，可能是她擔心這會是又一次無效的專
業協助，她也怕我只是批評她，讓事情更糟，而她真的需要被
拯救。S 小姐冷靜了下來，開始描述她對書琪的惱怒：「她在
家裡跟前跟後，她想要讓我窒息，她威脅別人，讓公寓變得一
團糟，她毀了每一件事。」我很難將此畫面與現在這個拘謹的
小孩連在一起，書琪已把嬰兒車移動到桌子處，並試著撫摸茶
具組。S 小姐繼續表達她害怕會摧毀書琪。她說她曾有一段日
子嚴重憂鬱，當時她將近一年無法起床，並且會打書琪。她
會躺在床上反覆思索是否要放棄書琪，讓她去被人收養。當 S
小姐鬧情緒時，書琪學會了待在自己房間裡，她總是早早就被
放上床去睡覺，從不在半夜吵媽媽。S 小姐說她來見我，是想
要讓我告訴社服單位應該延長書琪寄養照顧的時間，直到她決
定是否要出養她。

當被問到自己的童年經驗時，S 小姐顯得很驚訝，她冷
靜疏離地描述，彷彿那是發生在別人身上的事。她的父親極
度暴力，並且從她的兄弟姊妹中選了她當做他仇恨的特別犧
牲者。她曾因父親造成的傷害住院三次。他是個暴君及肇事
者，她的母親從未保護她，而且會對警察謊稱她的受傷原
因，以保護父親不會被帶走。她的家彷彿監獄，她一滿十六歲
就逃走了。

我問 S 小姐是否曾經想過她現在的困難跟童年經驗有

關，她很震驚。正當我指出她談到書琪及她父親時的相似處，覺得輪流被他們兩人監禁，此時 S 小姐起身解開嬰兒車上的書琪，好讓她可以自由去玩，在那一刻，S 小姐顯得可以同理書琪，且不再強迫她重蹈自己被監禁的經驗。對於塞爾瑪·佛雷伯格所發現的：記憶免於一個人盲目的重複，因為它使人與受傷的孩童認同（Fraiberg, Aselson, & Shapiro, 1975, p. 197），這就是一個漂亮的實例。它給了我改變的希望，使得我建議說我們應該再見面幾次，好探索 S 小姐長久思慮要送走令她受不了的女兒，其背後的問題。

當 S 小姐和書琪再次來赴約時，S 小姐告訴我：把現在的問題跟過去相連這樣的思維方式，是一次「非常令人吃驚的經驗」。她已經跟她的三位兄弟姐妹聯絡，他們一起分享童年的回憶，這是過去他們不曾做過的。S 小姐覺得很寬慰，他們確認了她過去的確是遭受虐待。她說她已經停止為一切事情自責，也不再害怕自己會瘋掉。

S 小姐不願意承諾規則帶書琪來治療。我在十個月間見了她們八次，後來 S 小姐沒有解釋，也沒有道別，就中斷了治療。S 小姐回憶起童年的惡劣事件，情緒越來越多；每一次治療，她都顯示出越來越有能力與書琪正面連結。第五次治療時，她說她了解到書琪並非真的是小惡魔——她確實曾如此幻想。她描述她第一次除了日常照顧外，為書琪做了一些事：她帶她去公園。她也談到現在她們一起看電視時，她會把書琪放在她腿上。她對於表現如此溫柔感到害羞；她自己的母親從未擁抱過她。她說她不再感到憂鬱，這也是第一次她沒有談到出養的事。

在我們最後一次會面時，S 小姐溫暖地說終於感覺她和書琪屬於彼此，她不再有想摧毀她的衝動，並且對自己開始跟她玩感到驚訝。這些改變的發生，是在 S 小姐去了愛爾蘭見了她父親之後，她面質他在她童年時對她的暴力，他沒有像過去總是否認，而是承認了自己的暴行並懇求原諒。無疑地，這感人的會面導致了我那天看到的另一個改變：當書琪跌倒且受傷時，S 小姐承認那會痛，並以擁抱安慰她。在過去的治療中，她對於書琪跌倒受傷都回以嘲笑，並說「她在假哭」、「她太笨了，她是自找的」。似乎當她父親可以回應她的傷痛，現在她也能夠回應書琪的。

當 S 小姐改變後，書琪也變了，她變得自我肯定且愛說話。她越來越常聽大人說話，而且很高興被納入談話。S 小姐驚訝地發現書琪可以理解，她也跟隨我的引導，更常談到書琪。書琪不再向初次治療時一昧地遵從，她開始會反抗母親。當我結束當次治療時，她也開始攻擊我，但她從未冒險試圖去傷害母親。她的睡眠開始被怪獸的惡夢所干擾，她通常會躲到媽媽的床上，似乎 S 小姐開始成為書琪安全感的來源，但真正的安全依附仍然是一個遙遠的夢想。她們的關係仍充滿衝突、斷然拒絕、取笑、威脅及摑打。

當我試著寫下一個連貫的治療過程時，總是有缺陷，原初伴隨治療的所有焦慮與混亂都沒提到。我應該強調我覺得這段治療對我形成很大壓力，起初我擔心因為降低了收養的可能性，反而使這惡劣的情況更為惡化。後續有許多時候我都相當擔心，例如：當我決定不通報某次的毆打；當 S 小姐與書琪缺席某次治療，而我又不知道她們是否會回來時；當她們中斷

治療、失去了進展的機會時。幸運的是我有同事可以談談，因為有討論的機會對於支持此類工作是很重要的。

在現在了解過去

當試圖了解嬰兒與父母關係中許多難解的問題時，我覺得用班尼德克（Benedek, 1959）的假設來工作很有用：成為父母的經驗，會喚起父母本身早期嬰兒-父母關係的表徵。這些表徵可能蟄伏多年，準備好隨時再被經驗、投射與表現。這涵括父母自己早期關係的兩面，亦即新生兒可能經驗到父母自己的早期父母或是父母兒童期的自我，或兩者同時再現。這通常是使人變更好的經驗；但若是早期的表徵是負向的，其投射可能會導致困境。S小姐提供了一個悲慘的例子，顯示一個母親將女兒同時經驗為她父親（殘暴的監禁人）與她兒童期的自我（被仇恨與拒絕）；她也將自己同時經驗為她暴力的父親與絕望的兒童期自我，渴望被拯救。那個不關心、未能保護她的母親角色，似乎主要被投射到社服系統去了，S 小姐完全否認他們有幫上忙，也許因為他們不了解她主要需要的保護是對抗過去的幽魂。支持 S 小姐的社工從未提過她童年可能造成的影響，因為缺乏訓練，錯失了一個重要的機會。

我不想誇大詮釋過去對現今干擾的重要性，因為這只是治療師必須提供的一部分而已，但我還是應該強調一下。但在更深入之前，我想說的是：探索過去的影響，並不僅止於提供動力上把過去表徵跟現在現實連結的可能性，亦即將嬰兒與父母的焦慮脫鉤。如 S 小姐所展現的，這可以緩解被放大的罪惡

感與自責，並允許去了解與感受過去所被禁止的（見 Bowlby, 1979）。

這名兒時嚴重創傷的個案可能清楚描寫出一些重點，令人高興地，這樣戲劇性的再演出（re-enactment），並非典型的過往生活所造成的負面影響。其通常以較隱微的方式顯現，不一定能回憶得起來。一個簡短的例子可以說明這點。

案例三

丹尼爾‧D 七個月大時，因為他在白天需索無度，晚上又都不睡，所以被家庭醫師轉介過來。D 先生和 D 太太都是專業人員，丹尼爾是他們的第一個孩子。他們表示被丹尼爾弄得筋疲力盡。

在我初次與這個家庭會面時，我看到 D 太太對於不可能達成小孩的要求，顯得十分痛苦，認為自己是個失敗的母親。「他甚至不讓我喝杯咖啡。我知道我每件事都做錯了。」在白天費力工作後，對於沒有辦法處理一個小嬰兒，她感到不知如何是好。

丹尼爾確實要求十分多，他堅持要被抱在臂彎裡，不斷吵鬧，使父母覺得被迫要給他持續的關注。D 先生感到無助而無法支持他的太太，他跟她一樣，會去回應丹尼爾最微小的需要。一小時的會談結尾時，治療室感覺充滿了嬰兒。我必須抵抗一種想去接管、去實行強硬限制的強大衝動。我幽默地總結說 D 先生夫婦似乎感到他們生了半打的嬰兒，他們笑了。D 太太解釋說：事實上她曾是以色列奇布茲（kibbutz）集中農場嬰兒室裡一打嬰兒之一。她對於奇布茲集中農場已經不復記憶

了。家人在她七歲時離開她，但她已決心親自靠自己帶大她的小孩。不幸地，她到現在的母職經驗，使她覺得若我無法協助她的話，她只好去找一個日間托嬰中心照顧丹尼爾。

成為母親似乎喚起了 D 太太自己嬰兒期需求未被滿足的表徵（沒有被她的母親全心全意照顧），她把這歸因給丹尼爾，覺得他需要持續不斷的照顧，這是她以前所期望、卻從未有過的。D 太太對於丹尼爾總是需要大人注意力且無法自己處理任何事的預期，似乎傳達給丹尼爾了，所以他演出 D 太太無法被滿足的嬰兒期需要。如此看待此事，讓我將注意力轉到在現在照顧 D 太太的需要，才是主要重點，以使丹尼爾可以免於演出她的過去。D 太太對於她的需要被認真看待，感到很驚訝，她以為我會把嬰兒放在第一位。我認可她可以喝杯咖啡、與她的朋友聊天，這使她感到放鬆。在她先生的協助下，她想了種種方式來減輕照顧嬰兒的壓力，容許自己有些空間。

在這個案例中，過去所發生的，對於解釋現在的事情很有幫助。雖然 D 太太無法憶起童年，但她意識到要自己照顧丹尼爾的決定，傳達出負面的感覺。她了解到對她來說，很難判斷丹尼爾是否得到足夠的注意力，因為她自己從未得到過足夠的注意。我解釋丹尼爾需要去發展他自己的資源，並學著自己玩。在我們的會談中，D 夫婦練習忽視丹尼爾的吵鬧，並且驚訝地發現他可以開始娛樂自己。在一個月以內，當 D 太太做家事與喝咖啡時，丹尼爾可以接受待在遊戲圍欄裡。但他的睡眠問題花了更久才改善，需要在好幾個月中持續安排約談（參見 Daws, 1989）。

這個例子是關於對過去有限的了解，再輔以對嬰兒需求的發展性指導。藉由抗拒想去接管、去實行強硬限制（如同奇布茲集中農場曾經做過的）的強大衝動，我可以支持這對父母找到介於完全放縱及機構照顧的中間之道。這也是一個沉寂多年的表徵忽然浮現的例子。D 太太說她成人期從未感到不足，也沒有不能被滿足的需要、功能失調或無助感。母職生活有愉快的地方，但它所喚起的過去則令人極度痛苦。對 D 先生而言，為人父的生活衝擊較小。他父親過去十分專橫，而他似乎預期會被這個以他父親名字命名的兒子所支配。

65　　了解過去對現在的影響，同時提供了嬰兒-父母問題根源的可能解釋及改變途徑。然而這不是唯一可以成功介入嬰兒-父母關係的方式，行為治療也有效，因為改變行為可以改變表徵，正如改變表徵可以改變行為。克瑞莫及史騰在 1990 所進行的研究（Cramer and Stern, 1999）初步結果，證實了嬰兒-父母心理治療及行為治療在選定的個案中都是高度有效的。在這兩種持續約六週、每週一次的簡短治療方式結束時的初次療效評估，顯示兩種方式療效無差異。更長期的追蹤結果尚未發表，但我可以想到為何嬰兒-父母心理治療可以有較持續的效果：透徹理解過去需要花費時間。S 小姐提供了一個顯著的例子：一位母親在初次了解並接受童年與現在的相關性許久後，仍持續重新評價她的童年並產生改變。一旦治療師的介入談到了童年，有伴侶的父母通常會支持彼此來探索過去，他們可以協助彼此重新評估自身背景所造成的影響，並與其妥協。這意味父母哀悼了原本想要得到的，並決定期望自己如何變得不同。如同梅恩等人（Main, Kaplan, & Cassidy, 1985）所

顯示的，能夠回憶並承認原生父母對自己童年造成困難的父母，比較少會重複他們父母的錯誤。

▋其他的治療因素：「護持」與「涵容」

心理動力治療與行為治療的整體療效點出兩件事情：一為嬰兒-父母關係中極高的彈性，以及兩種治療方式有許多的共同處。

嬰兒-父母關係能快速改變的能力，反映出嬰兒與其父母兩者的彈性。似乎在嬰兒大約兩歲半之前，內在表徵尚未變得屹立不搖，此時嬰兒的行為彈性非常大。而成為父母的焦慮與混亂，使得父母更願意處理有關嬰兒的議題。父母認同他們的嬰兒，即是再次經驗自己的早期關係，可以隨之帶來一股退化的能力，以圖一個新的開始及對改變的希望，因而增加了動機。有些家庭動機很強，可以運用治療師所提供的時間與空間來談他們的故事，並找出他們自己的解決方式，不需要詮釋之助或發展性指導。然而治療師的貢獻仍是很重要的，即使那只是簡單提供一個溫尼考特所謂的「護持性的環境」（holding environment），及比昂所說的「涵容」。這樣的護持與涵容，就是心理動力與行為治療取向兩者的共同處。不論治療師的取向為何，家庭知道他們關心的事情被聆聽了，他們並非單獨與自己的問題在一起，也不會因為這些問題被責備，並有改變的希望。若一切進行順利，治療師將被看成是一個父母角色，可以用恩寵取代邪惡神仙教母的詛咒。批評性父母的內在表徵，可以暫時被一個讚許的、支持的父母表徵所取代，

66

開始一個新的互動型式。史騰稱此為「好祖母移情」（good grandmotehr transference, 1995, p. 186）。

護持與涵容用說的比做的容易，我試著注意到我在這方面的困難，以強調此議題。涵容痛苦與不確定性，並且抗拒選邊站或說教式介入的衝動，可能是非常困難的。經驗會有幫助，了解這些感受與衝動同時是不可避免與很有助益的，也會有幫助。察覺並思考它們，會使得它們較容易被涵容，也較容易了解嬰兒-父母心理治療的工作，正如我已經試著描述的。

塞爾瑪・佛雷伯格的書啟發並影響了全世界數代的臨床工作者與嬰兒心智健康的研究者，很多人闡述並擴充她的想法，使得嬰兒-父母心理治療的應用得到國際性的認可。

註解

本章是修改自一篇早期的文章：J. Hopkins, "Infant-Parent Psychotherapy", *Journal of Child Psychotherapy*, Vol. 18, No. 1 (1992): 5-17.

較晚期的發展

　　這一部的章節係由保羅‧貝洛、露薏絲‧艾曼紐、貝弗利‧泰德曼與吉妮‧史騰伯格所寫，描寫對於五歲以下幼童工作的持續思考。在維持精神分析取向架構為核心下，納入近來關於父母-嬰兒心理治療激增的文獻、神經科學研究與依附理論。保羅‧貝洛以理論為主的章節，提供前面幾章完整的解釋，他先以對第三章茱麗葉‧霍普金斯的批評開始，帶出「近乎神奇性治癒」的議題，並質疑我們的介入究竟是在尋求改變何者。他描述目前對父母-嬰兒治療的當代思想，說明三個進入父母-嬰兒系統的切入點。他對與父母心智工作以及與嬰兒心智工作這兩個領域研究的批評，使他認為兩者都未能令人滿意。父母-嬰幼兒治療的形式才是最有收穫的。

　　他接著強調塔維斯托克診所治療的特定層面，使得該診所的工作一向品質卓著，以麗莎‧米勒的章節，作為臨床工作者在「近代英倫客體關係傳統」的治療為例，他描述了雖然「治療師們也敏銳地把父母自身的童年經驗視為重要因素……著重在治療式相會的立即性，以及此時此刻經驗的影響」。換言之，貝洛所釐清及艾曼紐在她的章節中闡述的是：介於父母與孩子間的情形，須先在治療室中展開，只有在這樣的脈絡下，父母的過去才能以與孩子情緒相連的方式，在治療室中浮現。「帶來改變的過程，在於與父母過往的細節建

立情緒連結；而父母的過往，是在與特定孩童現在的交流中被誘發出來的。」這取向所強調的是注重理解治療中此時此刻的情緒暗流，暗示與父母過往歷史的相連，與古典的佛雷伯格模式有些微不同。

68　　　在艾曼紐的章節中，她描述在精神動力取向短期工作下的矛盾，一方面技巧上是要讓內容慢慢展開，而不是用正式問卷或會談技巧，另一方面又同時需要從冒出的材料中快速選定一個焦點，以在五次治療中可造成一些影響。艾曼紐擴展分析師安妮特・瓦提隆（Annette Watilloon）於 1993 年的建議：年幼孩童以戲劇化方式演出他們及家庭的困境，促進了治療室中溝通的速度。她描述她在臨床上遇到三類戲劇化的演出，並仔細地以臨床方式描述它們；這些被廣義地定義為「兒童主導的戲劇化」、「內在父母戲劇」及「外在父母戲劇」。艾曼紐強調在此模式中可能的角色範圍與介入的模式。

　　　在貝弗利・泰德曼及吉妮・史騰伯格所寫的章節中，他們描述在家醫科執業中會見家庭的程序，以及在此社區情境中嬰幼兒心智健康服務的運用。他們描述與一個年幼女孩的工作，她的分離焦慮顯現在睡眠困難中。將治療中此時此刻的觀察，與對文化、家庭動力以及過去家庭歷史的覺察相連，使得短時間內產生了戲劇性的改變。他們描述的「旋轉門」策略，使家庭得以回來接受所需更高「劑量」的輸入，也是呼應史騰（Stern, 1995）評論系列性介入對有年幼兒童家庭的益處，因為幼兒的發展路徑仍易流動改變。迪莉斯・陶斯在第十四章中納入這個主題，她描寫自己在一間地區的嬰兒診所，主要從事睡眠及分離焦慮的工作。離開祖國的痛苦，在許

多難民或移民家庭的經驗中增加了另一個面向，在本書最後一章伊莉莎白‧布萊德利有詳盡的討論。

【第4章】
嬰幼兒心智健康服務中的改變歷程

● 保羅・貝洛

　　本書中描述的工作，與有效地改變父母與嬰兒之間的關係 69
有關。一般咸認為嬰兒早期是一個很有潛力改變的時期，也較
其他時期有更高的精神彈性（psychic flexibility），因此是介
入的主要時機。

　　在這個主要談理論的章節中，我將更深入探討在本書其他
地方描寫的案例中，我們所要追尋的改變究竟是什麼，以及
我們如何定義那些改變。我們將會看到，這也與治療本質有
關，特別是短期或長期。

　　總括來說，之前塔維斯托克診所嬰幼兒心智健康服務的報
告（如 Miller, 1992; Hopkins, 1992）都強調它的短期性。它提
供最多五次治療，通常在前幾次治療，改變就很明顯，治療後
期則是在用來鞏固這些改變。有時這些改變好像很神奇，治療
師或許陷入絕望或迷惑中，但下次家庭回來時，就回報一切都
解決了！例如：

　　這是個令人痛苦的會談，我發現 K 太太對凱蘭的拒絕
令人難以忍受，她的憂鬱及對先生敵對的程度也令我覺得沮 70

【第4章】嬰幼兒心智健康服務中的改變歷程 ｜ 111

喪……三週後，K太太與女兒們一起回來，解釋說她先生沒有來因為沒有必要。她來只是想謝謝我，並且問我到底做了什麼。凱蘭白天都很開心，吃得很盡興，晚上能獨自在自己房間睡覺。[霍普金斯，本書第三章]

對剛開始此類工作的人，這樣的描述會顯得令人望之怯步，尤其是當他們的個案並不是照這樣的進程變化時。

史騰（Stern, 1995）以較廣義的觀點回顧父母-嬰兒治療，包括並非採用精神分析取向的治療，他同樣提出父母-嬰兒治療一般是短期的：「當沒有系統限制時，通常在三到十二次之間。」然而他建議，我們需要採用「系列性短期治療」的模式，而非假定初始幾次治療就足夠了。當發展的問題再次出現，父母可能再回來尋求額外的協助。這些治療提供了一種「長期及時」的修通。

相反地，佛雷伯格在她描寫首創的父母-嬰兒心理治療之論文中，所提到的個案群，以及她提出啟發性的「育嬰室中的幽魂」一詞（Fraiberg, Adelson, & Shapiro, 1975），這些個案是經過了很長時期的工作，常不被看好，治療師有時被排拒在個案家外。而此工作奠基根基於一個資源豐富的團隊，一個家庭可能有好幾位工作人員在服務，且團隊背後有一位精神分析取向的督導。

當然，佛雷伯格是與一群很匱乏且有多重問題的高風險族群工作。然而，許多描寫短期嬰幼兒心智健康服務的作者引用佛雷伯格的靈感，卻未留意到他們所工作的對象與佛雷伯格的工作對象有很大的差異。他們的個案可以善用短期治療，佛雷

伯格的團隊所工作的對象則需要更密集的投入。若考量到所需要造成實質改變的投入，這是個很大的不同。

當我們要開始與父母及嬰兒工作時，這巨大的差異引發了機構本質的根本問題。特定來說，整體問題在於我們的目標為何？有多實際（同時考量實務、資源的觀點及治療的觀點）？以及治療師與家庭可能在治療中著重的不同議題為何？

▌父母-嬰兒心理治療的目的

若從在這樣的工作中，我們的目標究竟為何開始談起，亦即我們究竟希望改變什麼，那我認為有三個主要可被標定的範疇，與史騰（Stern, 1995）所說，進入父母與嬰兒「臨床系統」（clinical system）的不同「介入點」有關，這些範疇是：

- 父母的心智狀態
- 嬰兒的心智狀態
- 父母與嬰兒的關係

不同取向可能著重在以上的某一項。接下來我會在內隱及外顯層次，依次檢視這些原則，以選擇要針對哪個或哪些區域。

強調父母心智狀態的原因

一般認為，嬰兒的情緒及心理發展，會被父母的心智狀態深深影響，因為對大部分個案，父母的心智狀態幾乎是他們

最早期經驗中的全部。而這樣的觀點現在也有良好的實證基礎，如莫瑞（Murray & Cooper, 1997）描述了產後憂鬱的心智狀態，對嬰兒發展心智與情緒能力的不利影響。我們也從馮納基等人（Fonagy, Steele, Moran, Steele, and Higgit 1993）的研究得知，父母內在依附的表徵對孩子的依附狀態，就算不是決定性的，也有非常大的影響；其他作者也提出這狀態對一些不同項目的重要性：

被判斷在嬰兒期與母親形成安全依附的兒童，相對於不安全依附者，被發現較合作、較有同理心、社交能力較足夠、較投入在學習與探索，也較有自信。直到五、六歲，兩組仍有顯著差異。[Main & Solomon, 1986, p. 96]

72　　　我們可能會合理推測，任何針對改善父母心智狀態的協助，必定都對嬰兒有正面影響，因此採用此方式。舉例來說，若我們可以調整父母的內在表徵，那兒童的依附狀態應會有所助益。然而這個理論有好幾個困難處。

首先，雖然長期個別心理治療通常可造成父母內在心智的有效改變，但所需時間太長，對嬰兒的獲益太慢，特別是我們知道嬰兒腦部發展的具時效性本質（如 Schore, 2001）。如同湯姆森-薩洛等學者（Thomson-Salo et al., 1999）已指出，「嬰兒不能等」。

第二，如同史騰（Stern, 1995）的模型所提出，這理論假設因為「臨床系統」的相關聯性，任何一個元素的改變可導致其他元素的改變。然而實際上似乎不是如此，舉例來說，

朱福爾等人（Juffer, van IJzendoorn, and Bakermans-Kranenburg 1997）的研究以增進父母對嬰兒的敏感度來促進依附，很明顯看出成功改變父母行為，甚至是對嬰兒而言很正面的方向，並不必然需要影響父母的內在表徵：

依附理論的核心假設在於：父母依附的表徵決定父母的敏感反應度，而這樣的反應度又影響了嬰兒-父母的依附。即使如此，我們的個案研究顯示，父母的敏感度和嬰兒的安全感，跟父母本身的依附未必相關，尤有甚者，介入治療可以使不相關發生……這可能導致兒童兩種不同的發展路徑……父母敏感度的增加，可能只是暫時性的，因為潛藏的依附心智表徵沒有改變……第二條路徑較正面，與嬰兒的親密及（肢體）接觸，從長遠來看，可修復父母依附的潛力及熱情。只有長期研究可對這兩種路徑的可信度提供資料。

然後他們結論道：

改變父母對孩子的行為，比改變孩子與父母間發展的關係來得容易。[p. 532]

最後，即使內在表徵可改變，有證據顯示這不一定對父母-嬰兒關係有預期的效應。新父母和嬰兒網絡（Newpin, New Parent and Infant Network）是一項針對憂鬱母親創新式的社區介入，包含相當多自助的成分。針對此計劃的療效研究顯示，它的確能改善母親個人的心智健康，但對於母親與兒童的

73

關係則沒有可測量到的影響。帕克林等人（Puckering, Evans, Maddox, Mills, and Cox 1996）總結，此計劃較針對成人的需求，因而對這部分較有效，但未必對親職有預期的影響：

減輕父母自己的問題，而未直接處理親職能力，可能改善父母的憂鬱及社交孤立，但對於父母與孩子間的關係影響很小。寇克斯等人（Cox, Puckering, Pound, and Mills, 1987）指出，在一群憂鬱女性中，雖然其憂鬱改善了，但她們的親職能力並未改變。相似地，新父母和嬰兒網路對社交孤立與憂鬱女性是很有效的介入，顯示女性自己的內在困難可獲得協助，但對於她們的小孩效益很少（Cox, Puckering, Pound, Mills & Owen, 1990; Oakley, 1995）。[Puckering et al., 1996, p. 540]

因為這些結果，促使米爾斯（Mills）及帕克林發展一個修正過的介入方式，稱為「成熟的親職」（Mellow Parenting，見 Puckering et al., 1996），此介入較明確地針對父母-兒童的關係。

這樣的結果也顯示另一個時常提出的父母工作理論——亦即當母親覺得被「護持」或「涵容」了，她較能提供類似的經驗給她的嬰兒。但事實上，經過密切檢驗，不一定能證實此論點。

這裡或許值得提醒，在馮納基的研究（Fonagy et al., 1993）中顯示，父母心智狀態對嬰兒的影響，事實上受到父母所謂「自我反思」（reflective self-function）能力的中介。以下的發現可以作說明，有些父母有著非常負向的早期經驗

（且內在表徵可能因此有問題），但若父母可以反思這些經驗，且在自己周圍創造連續的故事來承認他們的情感影響，便未必會傳遞到下一代（此結論與以下將引用佛雷伯格的觀點相當一致）。

我想有人可能認為：一個人可以有（或發展出）這樣一種自我反思的功能，即使其內在表徵或客體仍舊是很有問題的。因此，直接對父母工作的真正潛力可能就在於此。不尋求改變內在表徵，可能促進父母去反思其經驗，使得反思的能力有所增進，然後這個能力就可接著被嬰兒內化。

對此近來提出的另一觀點是，治療任務可能反而是協助辨認較為良性的內在表徵，至少就父母對特定嬰兒的關係而言，從而使良性內在表徵的重要性更為突出（Lieberman, Padron, Van Horn, and Harris, 2005）。在此情形下，這表徵並沒有被修正，只是較有可能更大範圍地被接觸到而被認同。

對嬰兒心智狀態工作的原因

由於嬰幼兒心智健康服務的主要目標，在促進嬰兒的心理健康，考慮直接與嬰兒工作可能提供一條向前之路，並非不合理。史騰的論點再次假設，這樣的取向或多或少可以影響整個系統。然而實務工作者卻甚少從事這類工作。儘管溫尼考特曾有這樣的先例：他的父母-嬰兒諮詢似乎正是提供此類模式（Winnicott, 1941）。

一個少見的例外則是湯姆森-薩洛等人（Thomson-Salo et al. 1999）的工作，以及離今較近的諾曼（Norman, 2001）。前者是在嬰兒的困境極為迫切的情形下工作，他們採取此種介入

[74]

【第 4 章】嬰幼兒心智健康服務中的改變歷程 | 117

的主要原因，是因為在這種情形下，嬰兒無法等待父母弄清楚自己的投射，以及揭開一般形成父母-嬰兒工作核心的育嬰室中的幽魂。這介入方式歸功於溫尼考特的例子及小兒科醫師安·摩根（Ann Morgan, 2001）甚多，治療師會在父母面前直接與嬰兒互動。

薩洛特別強調，這樣的介入方式不見得會如許多人所擔心的，對母親產生負面影響，這也經常是避免此種介入的原因。相反地，她舉出實例，這樣做有恰好相反的結果，且父母會因為看到嬰兒的反應而深深感到放心。布列茲頓（Brazelton, 1992）也採取相似的介入方式，兒科醫師直接與嬰兒互動，利用嬰兒產生的明顯行為，來向父母說明他們孩子的特殊個性。

薩洛提供的例子很有說服力，對嬰兒的助益也很明顯。這些產生效果的改變，很有可能對父母帶來有益的連鎖效應，然而對於此點仍沒有實證研究的證據。相反地，朱福爾等人（Juffer, van Ijzendoorn, and Bakermans-Kranenburg, 1997）針對上述介入方式的研究發現，嬰兒狀態的改善不一定促成父母相對應的改變：

在四次介入治療後，母親對孩子的行為被評為比介入前有較高的敏感度。在陌生情境（Strange Situation）所觀察到的母嬰依附關係也顯得比較安全，亦即依附關係的改善可證實對嬰兒有所助益。但是再次進行的成人依附會談（Adult Attachment Interview）顯示，母親仍屬不安全依附。[Juffer, van IJzendoorn, & Bakermans-Kranenburg, 1997, p. 540]

費爾德（Field, 1992）也注意到近來以嬰兒為目標，作為進入系統的介入方式，他提到：

> 雖然大部分早期介入會針對父母嬰兒配對中比較成熟者，數個晚近的介入卻是針對嬰兒來改善。雖沒有直接說明，他們試圖使嬰兒變得較像「嘉寶嬰兒」（Gerber baby，老牌嬰兒食物的商標照片），以促進父母對嬰兒的依附關係，並增進他們發展中的關係……在所有個案中，介入改善了嬰兒的狀況，這樣的介入也被期待可增進父母嬰兒的互動及之後的依附與關係。[Field, 1992, p. 330]

然而值得強調的是，在這些例子中，事實上主要目標仍放在影響父母的心智表徵。藉著改善嬰兒所感受到的狀態，使父母從較正面的角度來看待嬰兒，期望父母不再把現實的外在嬰兒與某些內在受損的表徵相連，而是可以接觸較正面的內在形象。

強調父母與嬰兒之間關係的原因

76

曾有一段時間，大部分此領域的介入都是特別針對父母與嬰兒間的關係。大部分嬰兒心智健康的臨床工作者都會同意，嬰兒與父母的心理健康需求如此緊密交纏，因此無法分開處理。正如霍普金斯在第三章所寫：

> （嬰兒-父母心理治療仰賴）嬰兒並沒有個別精神病理的假設，這不是說嬰兒這方的個別困難不會影響關係，而是說比起單獨治療嬰兒或父母，處理父母與嬰兒的關係，能使嬰兒的

症狀獲得最好的治療。[p. 5]

為了能達到上述目標，最好同時見父母與嬰兒。正如李伯曼及保祿（Lieberman and Pawl, 1990）也寫道：

由於母親與孩子間互動調節的複雜性，沒有任何一方應該被單獨或直接針對其（擾亂依附〔disturbance of attachment〕）症狀做治療。[p. 376]

若聚焦在治療關係，目標是辨認在這份特別的關係裡，是什麼引發衝突與問題。這就是「育嬰室中的幽魂」（Fraiberg, Adelson, & Shapiro, 1975）的領域，以及克瑞莫（Cramer & Palacio-Espasa, 1993）所提的「親職的衝突」。主要重點在於辨認出某特定互動中引發的心智表徵。然而，很明確地，此意圖並非要去改變那些內在表徵的性質，而是要如霍普金斯（第三章）所描述的，去影響「過去表徵及現在現實中動態的分離」。史騰（Stern, 1995）曾有類似描述：「功能性地重新連結這些表徵」。

換言之，這些表徵本身仍維持不變，但從嬰兒（目前）身上分離，與原本的來源重新接上。這樣的「重新連結」可能可以相當快速，至少在某些情況下，接下來甚至可能造成與較良性的內在客體建立另外的連結。修正這些表徵本身則可能是相當長期的工作。

這就是三個主要影響改變的可能目標。如我所說，後者是現今父母-嬰兒工作的主要模式。現在我想轉而思考導致改變

77

的不同模型，也就是說，改變是如何產生的問題。

改變的模式

在精神分析範式中，有兩個主要概念可以解釋父母-嬰兒心理治療的改變歷程。

涵容

或許最重要、或最常被引用的，就是比昂有關「涵容」的中心思想。以下由嬰幼兒心智健康服務論文所提出的案例，就可以代表這種概念的應用：

孩子對父母投射，以及反過來父母對孩子投射，這樣互相投射的循環，以及孩子對缺乏涵育與包容的反應，及父母更進一步的反應，皆在治療及與治療師的移情中再現；也會去理解現在的動力關係，以及與父母自己過去的兒時經驗相連結。**透過心理消化**（mental digestion）、**轉換**（transformation, Bion, 1962b）、**沉默或口語化的詮釋**，涵容得以發生，父母與孩子因而獲得洞見。[Pozzi, 1999, p. 70；粗體為作者所加]

這個報告同時強調涵容與洞見，後者或許是屬於更為理智化的一個過程。

米勒的描述（第二章）更強調她所認為涵容的核心角色，提供父母一個思考客體的模式，是最重要的功能。某個程度上，思考的難題就本質來說，在於治療性的媒介，而非這思

考可能導向的任何答案：

> 我不指望自己可以搞懂問題，並絕望於無法做些什麼來減
> 輕問題。憂鬱吞沒了我。我覺得不足、孤單。我想我提供的
> 服務，在於認同 B 小姐身上的焦慮嬰兒、接收她的投射。儘
> 管困難重重，我盡最大努力來解謎，並且持續思考。隱微地
> 說，我在情緒上準備好了；這可能是這類工作唯一且最重要
> 的面向……一旦 B 小姐覺得她的溝通被接收了，她就有辦法
> 接收艾拉的溝通。當她的問題被別人思考了，她就有辦法思
> 考。[米勒，本書第三章]

雖然不是確切地指涉比昂，但他有關涵容的概念很明顯被納入
了。治療者藉由提供母親涵容的功能，使得母親得以思考與涵
容嬰兒的溝通。這也是一段深植於治療過程中此時此地的描
述，透過治療者的行為，父母可以獲得或重新恢復他們的成人
功能，使他們能裝備好離開，且為自己處理並解決問題。這個
模式通常明確拒絕給予「建議」的「專家」角色。

「洞察」：揭開育嬰室中的幽魂

佛雷伯格在她經典的論文（Fraiberg, Adelson, & Shapiro,
1975）中描述的介入略為不同，其賦予意識上的洞察較高的重
要性，強調揭開「育嬰室中的幽魂」。在此必須強調，這種智
性的活動不能算是洞察，洞察只有在與恰當的情緒反應相連
時，在治療上才有意義。然而作為一種介入方式，的確看重將
父母過往兒時經驗與可能在此時被嬰兒喚起的特定無意識記憶

相連。

　　當然，在這裡有所重疊，例如我在前面提過米勒與波齊（Pozzi）的著作中，治療者也同時察覺到，父母自身的兒時經驗是重要因素。然而在針對改變發生過程的概念化上，這個理論的相異處在於其重點不同。波齊與米勒比較依循近代英國客體關係傳統，著重在治療式相會的立即性，以及此時此地經驗的影響，而佛雷伯格的書寫則較多源自古典佛洛伊德再建構的傳統。

　　在佛雷伯格等人（Fraiberg, Adelson, and Shapiro, 1975）的論文提到，帶來改變的過程是父母現在與嬰兒交流時，和被喚起的過去特定部分建立起情感的連結：

　　　在每位個案裡，當我們的治療引導父母想起並重新體驗其童年的焦慮與折磨，幽魂便離開了，受影響的父母變成他們的小孩對抗重演過去衝突的保護者。[p. 196]

然而很重要的一點，如同克瑞莫（Bertrand Cramer, 1995）很有幫助的描寫：被嬰兒所引發的衝突，不見得總是如此緊密地與過去特定客體相連，反而可能是與自體的某層面相連：

　　　投射過去的客體被佛雷伯格稱為是「育嬰室中的幽魂」⋯⋯若過去的客體被投射轉移到嬰兒身上，那麼很容易可以看到這個衝突的人際本質。若從另一個角度來說，部分隱藏的自體被投射了，這就稱為自戀性投射（narcissistic projection）。這樣的個案很難透過短期治療處理，因為治

療師必須處理母親內心相對抗的精神部分。[Cramer, 1995, p, 655]

在後者的情形，則不是需要消除「育嬰室中的幽魂」，反而是要慢慢地除去負面的投射。這又會是屬於長期心理治療的領域了。

▌討論

在思考本書所描述的臨床工作時，需要把上述的一些考慮記在心中。顯然本章並未推薦可以處理所有問題的單一方式。在某些情形下，只需要幾次介入是很適當的，這樣就足以使發展回到軌道。這些就是佛雷伯格稱為需要處理「暫時入侵者」的家庭（Fraiberg, Adelson, & Shapiro, 1975），家庭與治療者形成很強的連結，治療者可能會發現家庭或夫妻中其他未化解的問題，但這不是讓家庭來求助的原因，也不在他們想處理的議題中。當主訴問題已被圓滿解決就足夠了，治療者需要忍住，不要開啟其他沒有被邀請去處理的領域。

然而在其他情形裡，困難很明顯深植於家庭動力中。在某些情況下，很可能的確是因為其中一位父母的病理導致，也許如同克瑞莫所提的自戀，在這樣的情況下，父母可能需要長期的心理治療。這顯露許多問題，例如這樣的方式對於正在發展的嬰兒可能進展太慢；在很多情形下，父母可能無法獲得長期治療；以及在許多案例中，這不會是促使父母尋求治療的原因，因此他們很可能強烈拒絕這樣的治療。然而不管問題看起

來多麼像是出在父母其中一方身上，永遠不能忘記：伴侶必定也在此扮演了某個角色，或許是強化該位父母的角色，或是無法以某種方式減輕其影響。

我認為，最重要的是父母配偶（parental couple）關係的本質，這將會是嬰兒心理發展脈絡與其未來心理健康的決定因素。接下來就是治療師的任務，在適當時機以及父母皆能出席時，試著讓父母了解為何會是這樣，藉此協助他們看到處理關係的價值，因為大部分的人不會為此議題而尋求協助，至少在意識層次上不會（若想看與此議題的一些相關討論，可參見盧德倫在 2005 年發表的論文〔Ludlam, 2005〕）。

在某些機構中，可能會把這些各種可能的治療選項放在心中，並使治療工作隨之發展。對許多臨床工作者來說，可能沒有這個選擇，資源議題會限制所能提供的服務。然而即使是這樣的情況，清楚可提供的協助之本質，仍有其價值，以決定何者可能是最具療效的，並使專業人員為他們自己設定合理的目標，而非令人感到挫敗的不合理任務。

註解

本章是過去一篇文章的修訂版：P. Barrows, "Change in Parent-Infant Psychotherapy", *Journal of Child Psychotherapy*, Vol. 29, No. 3 (2003): 283-301.

第 5 章

緩慢的揭露——以雙倍的速度：跟父母及其幼兒的治療式介入

• 露薏絲・艾曼紐

這樣的標題所指涉的意涵看起來是矛盾的，它觸及在五歲以下嬰幼兒心智健康服務中所發展出的特有技巧——既是精神分析取向的工作，也往往需要在很短的次數結構內完成。在這往往是短期的治療性介入中，如何才能夠和父母有緩慢的「自由聯想式對話」，同時透過行為、遊戲、繪畫，以及與父母或治療師的互動來探索孩子的溝通？為了探索這個矛盾，我將擴展安妮特・瓦提隆（Annette Watillon, 1993）的提議：和五歲以下幼兒工作的特質，「其迅速而深刻的治療效果」，是由治療環境裡的「戲劇化」經驗所產生的。我將描述治療室裡，治療師如何能有效地運用孩童戲劇化的經驗，或是父母的陳述，促成題材的揭露（unfolding），進而帶來改變。更明白地說，和父母一起思考其親職功能對孩童的影響，或是反過來被兒童影響，是這個工作核心的任務。

特別是和二至五歲的孩童一起工作時，我越來越注意到在治療室裡揭露的戲劇化特質，因為這個年紀的兒童經常引人注

意地將家中的危機，化為他們引發的具體行為，再現於診療室
中。然而，有時這場戲會以不同的方式呈現。回想我在五歲以
下嬰幼兒心智健康服務所見的家庭，我注意到他們可分為三
類，每一類都代表一種不同的「戲劇性」再現，及其導向的
治療式介入。這些介入與我的角色——也就是治療師、介入
的結構，以及工作的「入口」相關聯（Stern, 1995）。用「戲
劇」的比喻，把這些強力的再現大致分成：「孩童引領的戲劇
化表現」，治療師扮演治療式的觀察者／導演；「內在父母
的戲碼」，治療師扮演治療的顧問／督導者；「外在父母的
戲碼」，治療師扮演治療的調節者。我將會定義這些分類，並
就這些介入所涉及的技巧提供臨床實例。當然，大部分案例都
需要搭配不同角色的組合，所以這些分類僅是為了理論上的說
明。

孩童引領的戲劇化表現：
治療師扮演治療式的觀察者／導演

在孩童引領的戲劇化表現，孩童透過他的遊戲、非口語行
為以及對話，引人注目地將家庭裡的衝突、憂慮或他的情緒狀
態和心智活動，化為行動。身為「治療式的觀察者」，治療師
的任務就是去理解這些溝通：透過仔細地觀察孩童的遊戲、覺
察自身的反移情經驗，然後為呈現在眼前的戲碼賦予意義。治
療師化身為釋義人，將孩子的題材轉譯給父母。瓦提隆說道：

治療的效果是源於孩童將自己的衝突用戲劇化的形式

「演出」。當父母描述孩子的情況時，孩童藉由將自身的存在變成明確且有意義的片刻，將內在的衝突明白表露，並允許治療師來解譯、推敲處於孩童立場的情緒，並轉譯這場「戲劇」當中各個成員的無意識動機……。分析師——就像劇場的導演——擔當改造的任務 [Wattilon, 1993, pp. 1048, 1041]。

接下來的案例是關於一位小男孩在家裡及幼兒園時跋扈、全能的行為，令父母與工作人員招架不住。他在治療裡表達豐富的遊戲和行為，在我和他的父母都成為觀察者的情況下，使得我能夠幫助他們看到隱藏在男孩蠻橫舉止下，是多麼深的焦慮。這焦慮看起來是對依賴的恐懼，以及無法忍受渺小跟無助的感覺有關。像這種情況，隨著這孩子年幼的景象被披露，經常可以很清楚看到孩子對依賴的焦慮，可能源自於早年母嬰的適配性出了錯。如果一個嬰兒的依賴經驗，是與難以忍受的挫折以及嬰兒期需求未被滿足的失望聯想在一起（這與嬰孩的性情和母職的功能都有關），這樣的嬰兒為了防備其脆弱性，就會發展出「次級皮膚的防禦」（second-skin defense, Bick, 1968），變得過於早熟地自負、極度活躍、呈現厚皮式（thick-skinned）的防衛反應。當早期防衛的模式發展出來，幼小的孩子將他對於「未知」的無助與焦慮感分裂出來，並投射到父母和老師身上，令他們覺得無計可施。這種情緒上的困難會干擾孩童學習的能力，並造成認知能力評估的結果低於其實際能力。

案例：孩童引領的介入

三歲半的瑪利歐，因為無法適應幼兒園生活、對其他的小孩有攻擊性，以及在家中破壞性的行為而被轉介過來。雖然有許多工作可以在孩子在場時完成，但是第一次的治療，我常常只邀請父母前來——除非有特別的理由才會請全家人前來。我想在孩子被帶來之前，先了解父母的焦慮，並根據他們對情況的描述，提供一些線索幫助他們理解。能夠涵容父母親是很重要的。和瑪利歐這樣的孩子工作，我經常交替地見全家人與單獨見父母，特別是談及設定限制的議題時，因為我不想把父母的困難進一步地曝露在孩子面前，同時父母也可以擁有一些隱私來做更深的探索。我將簡述五次和家庭工作的介入，來說明揭露的過程。如同大多數和我們工作的家庭，他們從一開始就被告知會有五次見面，也可能視需要延長。

在第一次見到這對生氣勃勃且聰明的夫妻時，我聽他們講述過去幾年的遊歷。母親從法國到西西里打工遊學，在那兒遇見了瑪利歐的父親——一位會計。在瑪利歐九個月大的時候，他們離開西西里，為了找工作搬遷了好幾回，直到在英國定居。他們很不容易才懷有瑪利歐，所以瑪利歐對他們而言是很特別的小孩。但在孩子三個月大的時候，母親需要返回職場，母親的復職讓瑪利歐很不好受。現在他很難管教，一旦遇到挫折就會發很久的脾氣，他叛逆且偶爾會攻擊母親。其他的時候他很黏媽媽，並宣告他希望「把爸爸趕走」。在幼兒園，他也同樣對其他的小孩有強烈的占有慾，想要獨占的關係，以及對拒絕很敏感。我納悶他們是否還想要有下一個小

84

孩，但是他們很難過地說，他們再也沒有成功受孕過。媽媽提到瑪利歐最近曾對她說「她的肚子裡有個小孩」。我忖度在幼兒園的問題，是不是根源於他的震驚：突然發現自己置身於許多競爭的手足之間，全都爭相想要得到老師的注意（老師經常是移情裡的母親人物），且全都熱切地想要得到。

我注意到自己擔心他對父母跋扈的控制，以及是否因為怕招致他暴怒的恐懼，在心理上使得他們無法再受孕。

兩個禮拜後，他們回來做第二次的會談，並且依約帶瑪利歐來。他是一個表達強烈的孩子。當父母談論著他們從西西里到羅馬、倫敦的漫長搬遷時，瑪利歐用積木堆疊起城堡，並且在每一次父母提到離別的時候——他的世界崩解時——將城堡擊垮。一旦我提醒他們注意到他的遊戲與他們的敘事之關聯時，他們很驚訝地看到瑪利歐如何透過遊戲展現他對分離與結束的焦慮。當我們談著家庭的時候，瑪利歐把爸爸的手用膠帶黏在沙發上。然後他把一個嘎嘎作響的嬰兒玩具丟到治療室另一端，不屑地說：這是嬰兒玩的！他在一張空的扶手椅上纏上膠帶，然後猛地衝過去，好像那是一條終點線一樣。我評論他必須要在我們的會談裡衝撞，或是在母親的身體裡衝撞，並確認他的父親不會阻止他，這進一步地闡釋了這個主題。

他變得很執著於我櫃子的小門，並承認他有無比強烈的好奇心，想看看裡頭。接著他用膠帶把櫃子給封了起來。當我描述他對裡頭的東西很好奇時，他的父母很詫異地看著他。「也許是小嬰兒？」他拿起了一個有彈簧的玩具，並將裡頭的四個人各自從顏色對照的洞裡彈出來。他硬是把鱷魚的尾巴塞進其中一個空洞，把它拿出來，再用膠帶把洞封起來。這樣一

來就只有三個彈簧小人可以放進去他們的空間裡了。我說除非瑪利歐允許，否則他不讓任何東西進去。然後我把這一點和他們三個人的家庭、他對嬰兒及其他入侵者混雜的感覺做連結。他的父母笑了。我向他的父母提議：瑪利歐可能把其他人視為是侵入的或有敵意的，這和他自身侵犯和敵對的感覺成正比；在他的想像裡，小嬰兒就像他一樣地想要獨占、要求他父母全部的注意。所以他緊黏著他的父母，確保他不會被替換掉。這對父母覺得這給了他們一個框架來思考關於瑪利歐的事。

在只和父母見面的介入性（第三回）會談裡，我提出：瑪利歐在診療室裡的遊戲和行為表現，戲劇性地傳遞他看似全能的挑釁背後大量的焦慮。將這與他早年可能的經驗做連結，我們探討父母自己覺得混亂、脆弱，以及在一個新國家的缺乏支持，使得他們更難採取堅定的父母角色，更覺得無助。那可能使得瑪利歐很難覺得他有牢固的涵容器，涵容他強烈的嬰孩式感覺，以至於這些感覺繼續在家裡和幼兒園爆發。

他們對於再受孕生一個嬰兒的焦慮可能傳給了瑪利歐，引起他強烈的好奇和侵擾。根據父母陳述，瑪利歐天賦的伊底帕斯式（oedipal）戲碼在禮拜六的早晨最為強烈，因為他得要適應父親留在家中的週末。

相反地，我得到的印象卻是瑪利歐擔任著父母焦慮的接受器，因為他們在倫敦沒有家人或支持的朋友。我們很容易想像以瑪利歐的聰明和可靠的樣子，不免使得他的父母對他傾訴大人的憂慮、理性的說明，並且期待他可以瞭解這些超出他情緒能理解的問題。看起來，瑪利歐和他的父母被他們地中海

（民族）的認同捆綁在一起。以至於當他們抱怨在倫敦遇到的冷漠拘謹時，多少把瑪利歐的火爆脾氣給理想化了。這導致他們很難對一個無法忍受被父母支配的小孩去設定合理的限制。

他們接受部分的想法，儘管我們觸及一些他們個別的成長背景，我們都同意可以暫緩去探索更進一步的連結。協助他們更有力量，變成團結而能設定界限的父母配偶才是優先的。藉著父母的會談穿插家庭的會談，給我們機會討論這些議題。李伯曼（Lieberman, 2004）建議，和「大一點」的幼兒（二到五歲）的父母工作，不同於和嬰兒的父母工作，探討親職議題的優先順序是不一樣的。這和我對這名個案的看法產生共鳴。李伯曼指出，儘管：

> 如同嬰兒-父母的治療，幼兒-父母治療的目標，是在兒童和父母之間共築一個共享的、有意義的網絡。不同的地方是嬰兒-父母的治療，注重成長中孩子的自主能力，同時較少揭露父母自身的童年衝突，也較少省思父母的個別經驗。[Lieberman, 2004, p. 99]

這是值得更進一步探索的區域。

夏天的長假過後，他們回到家庭（第四次）會談。他們回報瑪利歐已經從幼兒園升到小學預備班（一年級）了，不過孩子們都還是每個禮拜兩次會回到幼兒園玩耍或看老師。瑪利歐有困難對他「特殊的幼兒園老師」放手，或者「允許」其他的孩子取代他的地位。父母提到他們搬家了。當他們說話的時候，瑪利歐手裡揮舞著一卷黏著四個彈簧小人的膠帶，像一個

小風箏。小人看起來好像很不牢靠地掛在半空中。我說瑪利歐好像表現出他處在過渡地帶，在家裡跟教室中間，在哪裡都沒有完全安頓下來。父親無法置信地笑著說，事實上這是正確的——他們正在過渡時期，正是那一天他們還沒有打掃好要搬進去的新家。

瑪利歐把一顆球封在一個透明的長條塑膠容器裡，然後狂熱地旋轉它。接著我談到所有的這些改變如何使他感到暈眩。我談到那顆球陷在那裡，除非瑪利歐同意，它才可以出來。他興高采烈地笑了，而且慢慢地解下膠帶。他說：「風來了。」然後興味盎然地把球放出來。我自忖在瑪利歐的幻想裡，他是不是把嬰兒困在子宮中。但是我甚麼都沒有說，並對父母有困難再孕的痛苦特別警醒。母親要瑪利歐告訴我他的新消息。他說：「我要有一個小嬰兒了！」我恭喜他們，並指出他特別的措辭！

瑪利歐開始為他「特別的」幼兒園老師寫一張卡片，彷彿是反應他被嬰兒取代的焦慮。他寫下老師的名字，並要加上一個字 from。他說他不知道怎麼寫 r，於是他母親告訴他。他寫了一個完美的 r，但是當母親鼓勵他把 r 寫在 f 旁邊，湊成整個字的時候，他胡亂畫了一個棒棒糖的形狀，然後說他沒有辦法。我提出：他不確定他是不是想要變成一個知道怎麼寫字的大男孩，而且得要放棄小嬰兒的位子。他不知道怎麼組合字母，做配對，因為這樣好像會產生嬰兒。瑪利歐點點頭，悶悶不樂地推了一把我上鎖的櫃子。他戲劇化地傳達自己被排拒的感覺，不只是和他母親的懷孕有關係，還和我們安排的會談將要進入尾聲有關係。我們已經開始討論接下來什麼樣的安排是

有益的。

　　兩個星期後的第五次會談裡，發生了顯著的改變，這表示之前父母會談所討論的分析陳述，以及瑪利歐遊戲裡的詳細內容，有效地造成了轉變。這一次的會談，儘管母親因為懷孕而不適，她還是獨自前來。母親說父親這一陣子不在家，儘管瑪利歐在學校的狀況有好轉，但是他的憤怒和反抗讓她快「瘋掉了」。瑪利歐談到用家裡的材料做的一個「火山」實驗。當他描述起泡的清潔劑，即「火山熔岩」，他的熱情允許我談到他無可抵抗的感受像火山一樣地噴發。我疑惑是不是父親的缺席，增強了瑪利歐伊底帕斯式的全能勝利，以及與他破壞力量相關的被害焦慮（persecutory anxiety）。

　　他開始把一條很長的線切成小段，然後他的母親阻止他。接下來他安靜下來，把玩具車覆蓋一層層的黏土，所以玩具車完全被包住、也動不了了。他拿著被包覆的車子在桌子下滑行，說道：這是艘「潛水艇」，而且在黏土的頂端做了一個洞，當作「頭前燈」。我描述去到一個那麼深的地方，四處張望看看能看到什麼。

　　在這同時，母親描述她擔憂瑪利歐有時充滿惡意；他推擠、傷害別的小孩。她仔細地描述瑪利歐故意用他的三輪車衝撞彼德的三輪車，使得彼德重重地跌下，受了重傷。當我們交談的時候，瑪利歐把車子上的黏土扒下來，然後他說：「那是個意外。」「不，我覺得不是。」她母親重申。就在那時，瑪利歐把最後的一點黏土從車上扯下，走到房間的角落，頭低低地坐下，然後小聲地說：「我不想要彼德贏。」我覺得很感動，接著說道：看來瑪利歐覺得當弱小的或最後一名，實在太

　困難了，所以彼德得有受傷、沮喪等身為小小男孩的感覺。「對。」他悲慘地說。他母親說：「這是第一次他承認，之前他都堅持那是一個意外。」

　　我指出那輛車子現在卸下了外層厚厚的覆蓋，然後說道：當他來到會談室的時候，也許他感覺到這是一個他可以展現某些感覺的地方；裹覆的感覺可以被打開，揭露裡頭的感受。他安靜地坐著聆聽。我說瑪利歐有時需要覺得強大，像是戴著一個厚重的黏土層。但是當母親跟我在這兒，以堅定而非叫囂的態度來瞭解時，他知道這是不一樣的。離開的時間到了，（相對於早先他切斷線的衝動）他堅持要把大的扶手椅跟小孩椅用線綁在一起。我說他想要讓我看見：到我們下次見面之前，他得要在心裡和我連結在一塊兒。

　　我覺得母親藉由不和他共謀那是「意外」的看法，協同我創造了堅定且明理的父母配偶。如此一來，提供了瑪利歐涵容，讓他可以用言語表達他的困難。儘管覺得疲累（得勉強執行父親跟母親的功能），母親可以勇敢抗衡瑪利歐的能力，減緩了他的焦慮；至少大人沒有被矇騙（被毛線遮住眼）——沒有像黏土遮蔽了車子的擋風玻璃和輪胎。他清楚地留下他的感受：小男孩（小孩椅）與可以涵容的大人（扶手椅）連結在一起，被線綁起來。

　　情況在五次的會談裡有了很大的改變。即使這樣，因為惦記著即將出生的小嬰兒，我提供更多的會談，所以我見了這個家庭九次。隨著交替地跟家庭和雙親工作，情況可能會繼續改善。又或者，可以考慮安排瑪利歐接受兒童心理治療的適合性，因為他表現出很急切地想要他所傳達的被瞭解、被陳

述，而且有積極的反應。如果是上述這種方法，也會規律地提供他的父母支持。

我想這個材料說明了瓦提隆的建議：「治療者的主要功能是提供這個家庭一個空間，經由治療師的聆聽，促進家庭裡這種戲劇性的表現……接下來，隨著治療師對治療歷程的觀察和瞭解，他為在他眼前展露的劇碼賦予意義（Watillon, 1993）。」我身為譯者跟治療式觀察者的角色是清楚的。

▌內在父母的戲碼：
▌治療師扮演治療的顧問／督導者

第二類的介入涉及一種比較沉默的劇碼，需要治療者扮演另一種角色。雖然被轉介的是孩子的問題，但是很快可以看出，如果父母願意去思考孩子的溝通是如何影響父母以及親職的執行，那麼和父母配偶的工作會是最有效的「入口」（Stern, 1995）。這樣的案例，在初始的會面裡（孩子沒有參加），父母配偶都很快地開始思考孩子的困難，而且父母對於將自己過去與現在的困難做連結的態度較為開放。在孩子加入會談前，治療師可能建議延長這段和父母探索的工作。與其讓孩子在現下的會談裡，像瑪利歐一樣（以行動化）再現他的困難，第二類的工作可能讓孩子的困難，經由父母在會談當下的戲劇性敘事來浮現。我的功能是去引發並運用父母的觀察以及對孩子困難的描述，透過父母自身內在和外在經驗，從而能夠幫助父母了解孩子的內在世界。

我認為「顧問／督導者」的角色，相似於兒童心理治療師

瑪格麗特·羅斯汀（Margaret Rustin, 1998）在一篇論文裡的描述。在這篇文章中，她每週用傳真督導一位訓練中的兒童心理治療師，這位治療師為一名四歲個案做密集治療。她提到有三種方式在督導的過程中是很有價值的：第一點，治療師需要「被幫助，才能接受他是被恨也是被愛的」（Rustin, 1998, p. 437）。這適用於父母面臨他們得要去設定限制，或處理孩子發脾氣等等的困難。只有當父母覺得被治療師支持，或是父母被幫助、可以互相支持時，他們才可能承受小小孩的砲火攻擊。

第二點，治療師很容易被孩子強大的投射所壓倒，「因此失去她堅實的思考能力」（Rustin, 1998, p. 438）。小小孩的父母經常抱怨，面對孩子情緒強烈的爆發或需索時，他們會有無計可施的感覺。當他們失去穩固地作父母的能力時，顯得驚慌失措。在治療室裡當他們面對小小孩的反抗行為時，流露出難為的癱瘓。而後，當他們得到幫助，從而瞭解自己所接收的強大無意識作用，他們會覺得如釋重負（就像那位訓練中的心理治療師）。

90 第三點，羅斯汀提出督導者很重要的一部分功能，就是將原始的臨床材料仔細思考，再提供給學習的人一個有意義的理解模式。羅斯汀將這樣的過程比喻成一對有能力的父母配偶之典範形象：

關於一個失眠或焦慮的嬰兒，父母之間進行修復性的交談。這樣的對話能讓意義顯現，非常近似於既存的分析工作裡，督導兒童個案的經驗……精疲力竭的母親／治療師詳盡地

傾訴她喘不過氣的一天。該怎麼解釋這些被紀錄下的難解細節呢？

會談中，父母經常帶來關於他們的小小孩非常好的觀察細節。深陷於他們所處的戲碼，就好像羅斯汀描述訓練中的治療師與其密集個案間的關係，父母也需要治療師從壓倒性的原始資訊裡，很努力地創造出一個「有意義的理解模式」。當治療師扮演重要的支持者，和父母一起努力瞭解孩子的困難時，我們可以將之視為一場牽涉父母配偶的內在戲碼。

案例：內在父母的戲碼

接下來的臨床片斷，是因為孩子嚴重咬人而被轉介到嬰幼兒心智健康服務的案例之一。一開始，大部分的瞭解以及轉變發生在和父母的會談中，而我扮演著治療性顧問／督導者的角色。這是第一個階段，而後的過程，終究會發展到評估孩子是否需要個別治療。

兩歲的薩利姆被轉介的嚴重問題，是因為他會咬他的父母、五歲的姊姊扎伊納布，以及八歲的哥哥伊姆蘭。父母出身於巴基斯坦。母親身形嬌小，留著深色的長髮，父親則身形壯碩。他們看似擁有溫暖、互相支持的關係。我聽到薩利姆如何拔髮、抓傷，以及用力地「咬他所愛的對象」到流血的程度。母親用指甲示範了一個像爪子摳挖的動作，然後好像要防避這般侵襲似地皺了皺眉頭。我說這聽起來像是薩利姆要用他的牙齒「抓住」，好繼續緊緊地攢住他們。母親同意，說道她在想咬人是薩利姆表達他感覺的方式。這連結到薩利姆過去必

91

須和他的父親和手足瓜分母親的注意力，或者他必須在幼兒園和其他孩童分享他的主要照顧者。

我說這聽起來好像薩利姆沒有心智可以處理這些很快就淹沒他的感覺——也許是被排拒或拋棄的感覺，所以他用他鋒利的牙齒，強烈地「灌注」給他的父母。母親描述當她的腳踝突然被咬時，她驚覺疼痛並感到極其煩亂。她好像被刺傷，不只是她的皮膚——她的勝任感也遭到挫折。他們的描述給了我一個強烈的印象：待在薩利姆身邊，必須一直維持警覺的狀態，因為他咬人是沒有明顯預警的，可能發生在你轉身和人說話，或者裸露臂膀時。我說薩利姆好像總是要確定他的父母得和他保持一個手臂的距離。他們無法放鬆下來、親密地摟抱他，因為他銳利的牙齒會無預警地穿透他們。我暗自忖度，薩利姆是不是無意識地在向他們傳達：他早年嬰兒期被排拒在一個手臂長距離外的經驗。或許是因為在他嬰兒時期，他母親處於憂鬱或出神地關注她自己的心事使然。

我得知薩利姆曾是一個不安的嬰兒；他絕對不讓母親離開視線，即使離開一下下，他的啼哭就像決然的被拋棄和驚恐。我說出我的疑問：為什麼薩利姆看似如此的「脆弱」（thin-skinned）和焦慮？針對這說法，母親說她感到很驚訝，因為她和薩利姆待在家裡的時間，比其他的手足都還要多。她附加提到在懷薩利姆之前，她有兩次晚期的流產。我問到關於這兩次流產對母親的影響，然後聽到她曾是如此焦慮於接下來的受孕（薩利姆），以至於她一直到很後期才承認懷孕是真實的。我提出：在母親以疏離來處理懷孕時無法忍受的失落，以及薩利姆和其他人保持距離之間，存在著對應的平

行。薩利姆是不是也在逃避親密，彷彿親近所伴隨的分離，像是災難式的失落？

當他們發現這個連結時，母親看起來充滿了情緒，父親也是。然後我們得以討論流產對全家的影響。

薩利姆在牙齒長出來的前後突然斷奶，那個時候他的母親突然生病住院了。但是在那之前，薩利姆已經開始咬乳房了。我想他母親描述他嬰兒期悲慘的哭嚎，傳達被拋棄的深刻恐懼，這在斷奶時重新被引發出來。我說這聽起來彷彿薩利姆帶給他們一種經驗：每次他咬人都是無法預期的驚恐。我猜他是否在傳達他曾經驗過的那些瞬間驚嚇與消失。

母親深受感動，並開始描述在薩利姆嬰兒期時，她的心不在焉與憂鬱。我告訴他們：嬰兒的氣質也扮演部分的角色。從他們告訴我的，我描述我得到的印象是一個小孩仍然需要父母很具體地存在。不知什麼緣故，這個小孩還沒有能夠讓「父母分離後還會回到他身邊」的這個意象，確實地留存在他的心裡。加上每每他咬人後，他愈發焦慮自己是不是傷害了父母，如此一來，他更難讓他們離開視線。我提出這個可能——如果薩利姆經常覺得被報復的威脅所迫害，他顯而易見的攻擊可能是出於防衛。

這是相當豐富而不尋常的第一次會談，因為當中情緒表露的強烈程度，以及父母配偶傳遞出獨占性的親密特質。我認為進一步去探索一些已經浮現的情緒強烈議題，可能是有幫助的，所以我建議他們第二次的會談不帶孩子前來。他們回來時說，因為前一次會面的幫助，使得他們可以去思考薩利姆的經驗。他們提到薩利姆會咬掉自己的手指甲跟腳指甲，他們完全

沒有辦法讓他停下來。我不確定是不是真的如此，但逐漸清楚的是，父母親都很認同薩利姆所投射出來的感覺：任何的界限都是殘忍的，以至於他們難以設定限制。我提出：薩利姆總是經驗到咬那些會塌陷或會被刺穿的柔軟東西——他的指甲和他們的皮膚。也許他需要去經驗到咬一個比較不柔軟的東西，會是什麼樣子。他們都贊同這需要一個堅定、不妥協的配偶，能「有骨氣地」保護家庭的安全。我談到薩利姆需要能去攻擊、破壞他最需要的——父母行使親職的能力。

我談到一種絕對禁制咬人的心智狀態，然後舉了一個發脾氣的例子。我認為恐懼孩子所傾瀉的仇恨，將會脅迫父母，讓父母總是投降。他們需要互相支持，才能妥善處理薩利姆所爆發的仇恨。回過頭來，這也向薩利姆傳達：他的父母和他是分開的，而且他們是能掌控情況的。就像羅斯汀（Rustin, 1998）描述訓練中的兒童心理治療師需要「被幫助，才能接受他是被恨也是被愛的」。這是父母非常重要的經驗，然而有些父母在這方面有困難，其原因可能是複雜的。

此時，我覺得安排一次全家的會談是重要的，因為我已經聽到很多手足之間的競爭，也擔心經常被弟弟咬的兄姊。我見了全家兩次，最讓人印象深刻的是，所有的孩子無時無刻都想要引起大人的注意，而且每一個孩子都要和父母的其中一人形成排他性的配對。無可避免地，這意味著其中一個孩子會落單；他們無法忍受必須等待。我相當驚訝於他們顯而易見的身體接觸——需要具體地連結彼此。接下來兩次，交替著和家庭的會談，我繼續單獨和父母工作。我感受到：和父母一同探索他們身為配偶以及個人內在以及外在的經驗，以及這些經驗如

何連結到他們描述跟薩利姆在一起的困難（或多或少地，跟大一些的孩子們也是），這將會更為受用。

第四次的會談裡，父母報告儘管薩利姆偶爾還是會捏人，但他咬人的情況減少很多了。父親描述薩利姆不同的咬法，比如有時候是很熱情地咬，當薩利姆緊緊地抱住他，張開嘴好像要吞噬他：「你永遠不知道他是要親你，還是要咬你。」藉由我在家庭會談的觀察，以及我對父母配偶明顯的親密之反應，我說出我的疑問：孩子們是否痛苦地覺察到他們被排除在婚姻關係之外？我說出我的臆測：或許等待對他們是很困難的，因為他們害怕父母是如此全神貫注於彼此，以至於忘了孩子！他們笑笑地承認，接著父親描述薩利姆早晨是如何將他推開，要找母親。我猜想薩利姆是不是要讓父親經驗到最不受寵愛者的感受，整晚被排除在父母臥房外。他同意，但也尋求處理這種情形的建議——他該不該退讓或是叫母親過來？我說重要的是要給薩利姆時間，好克服他的失望與挫折。或許父親可以暫時離開，一會兒後回來，藉以清楚傳達他並沒有屈服於薩利姆的要求，而且，他仍然愛他，也會在他身邊陪伴他。薩利姆或許需要看到，他的父親並沒有被他拒絕的力量所摧毀。

此時，我們正在思考父母是否有足夠的瞭解，可以自行接續未來的挑戰。經過短暫但密集的介入，我在其中主要扮演「治療顧問」的角色，轉介時的症狀已經有些許改善。不過，母親表達了她對薩利姆的顧慮。母親描述當薩利姆的「主要工作人員」無預警缺席的時候，薩利姆如何驚駭地尖叫、恐懼被拋棄，使得母親不得不帶他回家。父母都同意我的

94

建議，這看起來像是對於崩潰的早期恐懼，彷彿他的內在沒有任何東西可以將他保持住、不讓他碎成片斷。這可能是理解他咬人行為的一種方式，藉由他在別人皮膚上咬出的洞，鮮活地溝通他的感受：他的皮膚涵容器（skin container）是有破洞、有缺陷的（Bick, 1968）。缺乏一種象徵的能力，無法在心裡留住一個不在的客體（主要的工作人員或母親），看來頗令人擔憂。這時候，我建議我們需要考慮讓薩利姆接受治療評估，評估他是否能在長期的心理治療中獲得幫助。

討論

我決定要聚焦和父母配偶工作，是因為我感受到他們可以好好利用這個機會，去探索孩子在場時他們不會仔細討論的範疇。他們可以思考母親的流產、父母懷有薩利姆時的反應，都可以拿來思考和當時薩利姆的咬人症狀之間有何關聯性。累積下來的效果，就是增進了他們對於父母配偶功能的瞭解。這個工作或許可以繼續琢磨，開展內在劇碼，同時和個別的兒童心理治療並行。

隨著父母工作的推動，進一步可能會探索父母自身的童年經驗。這樣一來可以澄清是否存在著隔代傳遞的情緒障礙，如果有，又是如何影響父母配偶的親職能力，尤其是關於分離焦慮。談到父母創傷性的失落經驗，貝洛（K. Barrows, 2000）建議：「當父母尚未能和他們自己的喪親之痛達成足夠的和解，孩子會感受到父母被一個死去的內在客體所占據」（pp. 69-70）。薩利姆創造了咬人的症狀，迫使父母為了防衛他的攻擊，捉住他、和他們的身體保持距離，或者在被咬之後將他

95

推開。這或許是薩利姆無意識地在溝通當母親懷著他時，是如何地和他保持距離；以及稍後的嬰兒時期，母親是如何被先前死去的胎兒、或她生命裡更早的失落所「占據」。貝洛接著描述「未充分地哀悼，可能導致自我（ego）認同「被拋棄的客體」（p. 70）。當薩利姆依附的客體突然消失的時候（母親在他斷乳期時住院，以及幼兒園的主要工作人員缺席），嬰兒覺得被拋棄、即將死掉的強度，使薩利姆整個崩潰。正因為如此程度的痛苦，所以需要持續和薩利姆進行個別的治療工作，以及和他的父母工作。

外在父母的戲碼：
治療師扮演治療的調節者

第三種介入的方式，聚焦在父母之間偶爾浮現極端的分化（splitting）和對立（polarization），及其對幼兒的影響。在這裡，孩子並不是眾所矚目的中心，其擁有的功能是凸顯主要的情節，也就是治療室裡顯現的父母關係。通常父母配偶的親職功能以及管教風格已經兩極化，所以治療師的角色就是去協助、調節對立的父母態度。在這樣的個案裡，父母一方可能體現了所謂（戲謔的說法）「父性」的功能，苛刻、死板、嚴屬懲處的；另一方可能是過渡溺愛、沒有界限的。無論父母的性別為何，都可能體現其中一方的功能。這可以連結到每一位父母都有意識或無意識地選擇去回應自身成長背景裡的親職經驗。比如說曾受虐的人，可能會認同於苛刻嚴懲的父母形象，或者反動地變成有困難設定牢靠的界限。親職的問題經常

潛藏著配偶／婚姻的困難，且可能顯得頑強難改。

我在這樣的劇碼裡，扮演的角色像是一個調節者，要去協助父母開始擔任涵容的親職配偶，並且去整合他們過往或是主動占據、或是被孩子的投射和分裂所驅使，而陷入的極端位置。我不同意李伯曼（Lieberman, 2004）的說法，他認為臨床上，只有當「父母雙方和孩子的關係都有困難的時候，才需要一起參與治療」。我的想法是：只要父母一方聲稱他和孩子有困難時，就有很多關於配偶的親職功能部分要去瞭解。在診療室裡，我也漸進地努力嘗試和父母雙方工作（參見十到十二章）。

以下是一個簡短的臨床片斷，說明在這類劇碼裡，父母親之間極端的分化，戲劇化地被緩解的例子。

兩歲大的葛瑞因為會發很大的脾氣、撞頭，以及語言發展遲緩等相關疑慮而被轉介。在等待區時，我就察覺到父母間的分裂，因為他們坐的位置離得很遠，讓人不會想到他們是一對夫妻。葛瑞則跑出治療室，獨自往反方向走去。父親狠狠地捉住他，把他帶進治療室。在房間裡，葛瑞坐在父親旁邊的沙發上，母親則示意要他坐在桌子前的小椅子上。我一開始就覺得他們彷彿往相反的方向拉扯。葛瑞煩躁而坐立不安，不管是拿起玩具或是打開筆蓋時，他一次也沒有尋求幫忙。他給我的印象是過於早熟的獨立，避免和我們任何人互動。母親不間斷地大聲說話，父親則淡定地安靜坐在一旁，只有在當我問到他的擔憂時，他重複說著「撞頭」。

很明顯地，他們的管教方式極為不同。父親看似比較拘謹，他的聲音顯露著一種壓低的、控制的暴力脅迫——「我

只要豎起我的指頭，他就會聽話」。母親似乎對葛瑞比較「鬆」，任由他翻搗她的的背包，把所有東西都傾倒在房間的地板上。她告訴我，她「不覺得常規有用，因為葛瑞往後的生活裡不乏常規」，所以葛瑞沒有固定的上床時間，也可能就在沙發上睡著了。當我阻止葛瑞用我的電腦時，他大發脾氣。他很生氣，狠狠地把他的頭撞向母親的雙腳和地板，變得非常苦惱。母親為了安慰他，拿出了一條半空的「乳液」給他抓著擠，就像一個柔軟、撫慰的乳房。母親告訴我，葛瑞會帶著它上床睡覺，一醒來就把它捏在手裡。他喜歡柔軟的布料和被子，到哪兒都不離身。他在公共場合發出嬰兒的聲響，幾乎不開口說話。父親則擔憂葛瑞在家裡穿母親的鞋、拿母親的包。我說這不太像是性別認同的問題，倒比較像是葛瑞以自己的方式「變成媽咪」，讓他能全然擁有母親。像兩條平行線一樣，葛瑞在自給自足的男孩和小嬰兒之間的分裂，就類似雙親之間的分裂。

　　除了上幼兒園，葛瑞還接受兩邊的祖父母及父親與母親輪替的照顧，每一個人都個別加諸於他很不同的期待。我猜測他被每一段時間應該如何表現的焦慮「搞瘋了」，他得調適從一種照顧換到另一種照顧的壓力，遠超過他能應付的程度。他變得過度警覺，行為「混亂」，無法預測下個鐘頭他會被期待要表現出什麼行為。我想藉著讓他的父母共同思考如何整合對他的照顧，他的挫折跟焦慮或許可以安定下來。接下來的會談裡，父母發現彼此很難接受對方管教葛瑞的原則。這很清楚和他們各自被虐待或被拋棄的困擾經歷有所關聯——兩個人各自選擇了一種相異的反應：母親決心不要再重蹈覆轍，覺得所有

的分離或界限都是殘忍的（她曾遭遇突然的失落）；父親則認同他早期生命的脅迫者。

父母親自己的內在困難，顯現在這個外在的戲碼：失能的、兩極化的親職，母親的極度缺乏界限（使得葛瑞可以完全地和她「融合」，連語言都被視為是不必要的），以及過於懲罰性的父親，如此失能的親職對他的生活帶來負面的影響。一段時間過後，隨著父親變得對葛瑞有較多的接納，還有母親對他變得比較有界限，事情稍微有些改變。葛瑞撞頭的情況減少了，儘管很清楚地，他和家人的問題很複雜，也需要更多的幫助。

在第十章裡，討論到育嬰室裡的「幽魂」（Fraiberg, Adelson, & Shapiro, 1975），保羅·貝洛主張和父母／夫妻進行「婚姻關係裡的親密」工作，是和有五歲以下小孩的家庭工作重要而有效的一部分，特別是父母關係的本質對嬰兒的心理發展是很重要的。他主張若在父母的出身背景裡，發現既存的、沒有被處理的創傷，和父母配偶的工作便需要發生在治療室裡的此時此地。因為從嬰兒的觀點來看，重點無關於「這幽魂是歸屬於誰，父親的或母親的」，而是隨之而來發生在父母間互動本質上的變化（Barrows, 2003, p. 297）。如果決定要和家庭做較長期的工作，且假設他們有意願並且能這麼做，配偶關係相關的工作將是五歲以下嬰幼兒心智健康服務很重要的一部分。

父性跟母性的功能，在雙親的兩種性別中都可以機會均等地顯現出來。相似於前述個案的另一案例，母親是專制、強勢的，在家庭的會談中，她嚴厲苛責先生的軟弱和溺愛孩子；然

而先生只是溫和地抗議她對四歲小孩的管制太嚴格了。在這個案例中，父母親能在他們的配偶／父母親職關係中做出重大的改變；他們的動機不僅是因為對四歲兒子的關切，也為了語言發展遲緩的十八個月大嬰兒。

結論

在這個章節中，藉著詳細的臨床個案，我試著傳達涵容的治療結構、觀察的技巧，以及治療師擅於接納的心智狀態，是如何促進治療室裡的材料「揭露開來」，使得有意義的瞭解模式能夠浮現，然後在相對短暫的時間框架中可以有改變發生。儘管就像這些案例所闡明的，短期介入的模式通常也作為進一步工作的評估階段：接下來或許是父母／配偶、家庭、孩子個別的治療，或是前述治療的組合。我曾闡述瓦提隆對於和五歲以下孩童一起工作的描述：必然以衝突為「改編腳本」，並且注意到三種不同型態的「戲劇化再現」（dramatic enactment）。而且每一種再現都導致不一樣的介入：不一樣的治療師角色、不一樣的治療結構，以及不一樣的工作「入口」（Stern, 1995）。不變的是，大部分的介入都是不同角色和不同方式的組合；但是基底的架構——包含觀察的技巧、精神分析取向的瞭解，以及關於嬰兒／幼兒觀察的知識，都是一貫不變的。

註解

這個章節是編改自先前發表的版本：L. Emanual, "A Slow Unfolding – At Double Speed: Reflections on Ways of Working with Parents and Their Young Children within the Tavistock Clinic's Under Five Service", *Journal of Child Psychotherapy*, Vol. 32, No. 1 (2006): 66-84.

第6章

沉降的心：誰的問題？在家醫科診所的五歲以下嬰幼兒心智健康服務

● 貝弗利‧泰德曼、吉妮‧史騰伯格

這個章節聚焦在如何將塔維斯托克的「五歲以下嬰幼兒臨床工作模式」，運用在社區中的家醫科診所。詳盡的素材是根據一個短期的工作，和一位四歲女孩以及她的大家庭所進行的四次會談。從這個特定的個案延伸，去彰顯應用「五歲以下嬰幼兒臨床工作模式」於社區環境時，會浮現的重要議題。

▌在家醫科診所診療環境工作的樂趣與問題

在提供第一線醫療的照顧時，隨著覺察到兒童心智健康方面需求的提高，早期介入也成為重要的一環。兒童心理治療師可以支持第一線的健康照顧團隊：包括家庭醫師、健康訪視員、護士，連同兒童心理師以及其他早期療育的專業人員。兒童心理治療師在家醫科提供的服務，可以是直接和幼兒的家庭工作，或者較間接地將焦點放在支持工作人員。這類間接的工作包含：提供訓練、督導或諮詢，藉此協助第一線照顧的團

隊，擴充他們在回應家庭時的廣度。帶著困擾去找家庭醫師的父母，可能從來沒有想過他們需要心理服務或醫院部門的轉介。塔維斯托克的「五歲以下嬰幼兒臨床工作模式」，特別符合第一線照顧的情境，提供家庭幫助，在社區裡給家庭一種容易親近的「思考空間」。

在第一線工作的心理治療師需要很有彈性的處理方式，以及迅速思考的能力（Tydeman & Kiernan, 2005）。關於第一線的照顧，心理治療師要學的很多，不亞於第一線照顧者所需的心理治療思維。家醫科的氛圍本身對於病人可能是有療效的，因為所有前來的人都會被診視，而且這個地方允許他們帶著痛楚而來，接納並且照料這些感受。許多家醫科的求診，有其精神健康和社會性的原因——在生命中的許多時刻，人們可能覺得孤單或遭遇貧苦，因而身體不適，這時他們真正需要的是歸屬感還有被瞭解。第一線的醫師可以給每一位病人幾分鐘的時間（Balint & Norrell, 1973），那幾分鐘的品質有很大的差異，從迅速而有效率的例行性照顧，到緊密地觸動情緒。相對地，兒童心理治療師預計會花上一小時和每個家庭見面，好創造機會讓許多塵封的事情能以不同的速度開展。

第一線的家醫科醫師、健康訪視員還有護理師都能做轉介，轉介後會儘速安排第一次的會談；因為考慮到幼小的孩子可能對身邊相關的人覺得絕望，因此快速的回應是這項服務裡很重要的一部分。當一個嬰兒吐得太厲害，或者無法入眠、無法餵食，或是一個幼兒幾天都沒有排便，父母也束手無策的時候，這項服務就像是危機介入，目的在於提供積極反應的非正式服務。也因為這個原因，由治療師致電給家庭安排第一次會

談，是常見的做法。這種做法除了實際上的優點以外，和即將見面的治療師說話，儘管簡短，也已能驅散父母的焦慮，讓服務變得更容易親近。通常家庭都會在聯繫後的幾週內見到治療師。

經常在臨床團隊的會議上，會提供給轉介者、醫師、健康訪視員，還有其他業務相關的人員回饋，進而分享經驗，以及進一步地交換資訊。團隊是遵守保密原則的，這也是在一開始跟病患接觸時就要解釋的。健康訪視員常常會決定去追蹤沒有出席第一次會面的家庭。回饋也促使團隊裡的專業人員瞭解並參與思考的過程。整個團隊的聆聽不只是注意到細節，也願意針對負面的感受和經驗，努力思考解決的方法。團隊裡的省思過程會幫忙每一位成員去識別自己對病人的情緒反應。

101

在一個治療階段結束後，這些家庭可能會因不同的需要回來，也許為了另一位家庭成員，或是原本來診的孩子隨著成長過程發展，需要進一步的訊息。這也反映著這個家庭使用家醫科診所的模式。

▌家醫科診療情境的氛圍

家醫科的等候區通常是擁擠而吵鬧的，工作人員因為要處理很多不同的要求而備感壓力。這裡的氣氛是忙碌、匆促、緊密而且不安的。等待的人們往往有迫切的需求；他們期待可以帶著某種讓他們覺得比較好過的東西離開。對一位心理治療師來說，相較於使用中性的治療空間，醫療的空間是個陌生的領域。在家醫科診所，我們通常運用醫師的診療室，那兒會有高

背的椅子、各種關於身高、體重、安全的表格、量血壓的工具、尖銳物的棄置筒，還有電腦——所有的這一切，加上一個有幼兒要照顧的家庭聚集在一起。相較於中性的治療室，治療師會覺得這樣的環境更不在掌握中。房間裡僅提供少數的玩具和足夠的畫圖工具。儘管描述我們所觀察到的，是我們試著和父母溝通我們對當下情境瞭解的一部分，然而我們仍認為規範孩子是父母的責任，所以關於什麼是可以碰觸的、可以攀爬的，我們採取不介入的態度。這相當有助於瞭解父母有多少能力設定界限和使用權威。

在這樣忙碌的氣氛下，治療師很有可能在事情還沒有機會展露之前，就得要對抗那迫使他盡早對問題提出看法的壓力。當被徵詢意見時，會有一種內在的趨力迫使他給予意見。這就像是醫師覺得他得開個處方，好讓病患離開的時候，覺得從這次看診裡有得到了些什麼。

在第一次見面的時候，家庭就被告知可能會有至多五次的會談。第一次的會談聚焦在家庭的期待，同時探索他們想從這樣的服務裡得到什麼。如果是有小孩一同前來的家庭，治療師也會和孩子一起探索他們認為自己為什麼要來，從一開始就強調讓孩子主動參與。儘管治療師會對某些議題特別感興趣，例如：懷孕、生產、早期的經驗，但並不是為了要蒐集過去的歷史，而是要給家庭機會述說他們的故事，同時把焦點放在他們的焦慮上。

案例

就像治療師在家庭醫師的診所工作時經常發生的，在一段

非正式的談話之後，由家庭醫師的一封短箋進行轉介。P 女士經常向她的家庭醫師請教關於她三歲小孩希塔的飲食和睡眠問題。家庭醫師說她覺得 P 女士「很困惑，彷彿她搞不懂她的小孩」，並說當他和母親在一起的時候，他有「心臟沉降下來的感覺」。而且他常常不知道當 P 女士為了瑣事來找他時，到底想要得到什麼。轉介時，P 女士正懷有第二個小孩。

第一次會談

第一次會面的時候，P 女士獨自前來。她是一位高挑、有魅力的女性，穿著高雅的西式風格服飾，因為懷孕而大腹便便。她態度客氣，但是清楚表達她很困惑，不了解為什麼她的家庭醫師建議她來見我。她想也許她的家庭醫師是擔憂她的女兒——希塔，對新生嬰兒的調適。我被告知希塔原本是獨生女，而且像公主一樣被對待，所以她有一點被寵壞了。P 女士以一種就事論事的態度，告訴我希塔拒絕吃任何她準備的食物，但是她會吃他父親或同住的爺爺奶奶給她的食物。P 女士很高興在他們遷居來倫敦後，P 先生的家人搬來跟他們一起住。

希塔以前習慣跟奶奶睡在同一張床上，她會睡在奶奶身上，讓奶奶很不舒服。P 女士不知道希塔為什麼要這樣做，但是 P 女士說她很確定希塔會適應得很好，因為希塔很高興將有另一個嬰兒。我指出有時候除了喜歡，希塔也可能有混雜的感覺。比如說希塔有時候可能會有擔心或生氣的感覺——過去她習慣自己是唯一的小孩，現在她得要輪流、分享她的母親。她不吃母親準備的食物，很有可能和她擔憂母親的心思在寶寶身

上、不再完全屬於她有關。

P 女士更熱衷地談到她離開自己原生國家的經驗，放棄她的家人和專業角色。她在印度完成了企業管理碩士學位，在懷孕前她熱愛工作。希塔在印度出生，在她十八個月大時，因為 P 先生的工作，他們搬到英格蘭北部的城市。不久前他們搬到倫敦，所以她又開始工作。她覺得她的公婆和他們一起住是很好的安排。她很確定自己絕對沒有任何和她婆婆競爭的感覺，強調她很習慣小孩和他們的爺爺奶奶親近，而且從小就很期待有一天會變成別人的媳婦。事實上，這很符合她的需要，因為她希望在育嬰假之後儘快回到工作崗位。

接近會談尾聲時，P 女士提到下一個寶寶是個男孩。她告訴我在她的文化裡，生兒子是多麼重要的一件事。她還強調 P 先生跟他的家庭有多開心。我和她一起思索：在她懷孕後，是否經驗到希塔的任何行為改變。之後她同意在她懷孕越來越明顯的同時，她覺得希塔也變得越來越頤使氣指。她覺得希塔逐漸疏離她，如果父親在，希塔就會轉向父親，或者轉向奶奶。當我指出這很有可能是希塔對新寶寶的反應時，P 女士顯得很疑惑。

我建議繼續思考這些議題，可能會很有幫助，更明確地提議希望有機會和父母一起思考關於希塔的部分。對於這個提議，P 女士沉默地接受，但是她覺得 P 先生在保險業的工作性質以及頻繁的出差，將使他很難撥出時間。

討論

第一次的會談讓我留下了很多絕望的想法。我面對的是一

位摩登、有專業背景的印度女性，她最近才離開她的文化來到倫敦。無論是我或她的家庭醫師，對她的背景或信仰有多少了解呢？她的家庭醫師已經臆測她是疏離型的母親。我的思緒因此受到多少影響？抑或我充分地敞開心胸、沒有心懷偏見？我自忖關於文化議題諸多層面的相關性，及其造成這位母親相對缺乏焦慮的程度。她的婆婆似乎扮演著主要操持家務的重要角色，這也符合 P 女士的需要。她很真誠地未感覺到被取代或嫉妒，因為婆婆在家裡的參與是文化背景裡習慣的一部分。文化模式跟家族傳統（例如關於睡覺的安排）需要被留意並尊重，同時我們也得留心關於兒童健康發展上的需要等議題。

跨文化的工作需要額外關照所謂意義的賦予。沉降的心（sinking heart, Krause, 1989）是描述某個印第安次（小）部落文化裡的某種感受狀態，在身理或心理上可以有很多種意義。心可以被視為全身生命力的調節器，所以當各式情緒經驗擾亂了規律心跳的平衡，這會造成痛苦或不適，而需要去看家醫科的醫生。包括遷徙這類讓人感到沮喪的生活事件、焦慮、混亂、激動和悲傷，都可能影響一個人「心理／裡」的幸福（健康）。

第一次會談裡的主要任務，是要和希塔的母親建立關係，即便她特殊的文化跟家庭背景，也要讓她覺得充分地被了解，同時企圖去彰顯她孩子內在世界的可能觀點。我覺得我需要等待，並觀察他們在一起的時候是怎麼互動的，然後我才會對他們的關係有比較完整的了解。我好奇在我們初次的會談裡，有什麼足以讓這位母親覺得有興趣或者吸引她再回來？

第二次會談

　　出乎我意料地，希塔、母親以及爺爺奶奶一起前來第二次會談。P 先生因為工作無法出席。希塔是個有著棕色大眼的高瘦女孩，穿著漂亮洋裝與褲襪，深色的長髮上裝飾著蝴蝶結和髮夾。奶奶穿著一件雅緻的紗麗。希塔在會談大部分的時間都坐在奶奶腿上。爺爺奶奶顯然很盡心照顧希塔，並以她為家庭生活的中心。P 女士在這一次的會談裡很安靜，呈現公婆才是家中的權力所在，特別是關於小孩的教養。雖然希塔大多待在房間裡母親座位的對側，我注意到母親會溫柔地看著她。還有，當希塔走向母親時，母親會張開雙臂歡迎她。

　　我們和希塔、她的爺爺奶奶一起探討見面的緣由。希塔避免和我有眼神的接觸。儘管一開始爺爺奶奶表達希塔並沒有讓他們操心的行為，後來他們仍談到她是個體重不足、我行我素的小孩。我們開始一起思考希塔到底發生了什麼事。奶奶認為希塔要睡在她身上的行為，可能暗示她希望變成在身體裡的小娃娃，就像她媽媽肚子裡的小嬰兒。除了表達她對希塔的了解，奶奶也說出這個情況如何造成她身體上的痛楚，以及多麼干擾她的睡眠。

　　希塔把拇指頭放到嘴裡，並把頭轉向媽媽，媽媽也伸手迎向她。希塔從奶奶腿上下來、走向媽媽，然後很滿足地坐在媽媽腿上，讓 P 女士撫摸著她的頭髮。我請大家注意剛才發生的情況，以及希塔好像對奶奶的話很有反應。我很欣慰地觀察到，母親在家裡顯然有個重要的位置，而且她和希塔能自在地連結。我對希塔說，看起來她仍保有母親身邊的位置，而且她

很幸運地能在母親跟奶奶之間移動。另外，根據我從母親那裡聽說的，她也可以轉向父親尋求照顧。我說在她母親即將有新寶寶、寶寶也會要坐在媽媽腿上的時刻，這樣的情況對她特別有用。

在這些互動中，希塔不發一語，但是她有注意在聽。空出了腿上位子的奶奶，也談到希塔在家中像「公主」般的地位，在新寶寶來臨後將有所限制。安靜但是慈祥的爺爺在一旁說，他的太太真的為背痛所苦，她需要讓希塔變得更獨立一些；也許希塔可以睡在 Ama（印度話裡的奶奶，雖然他們都用英語的 Mum 稱呼母親）旁邊。我和他們一起思考：希塔是不是擔憂自己的地位，以至於她的行為變得更像個公主，也更加操控。我提出她的睡眠跟飲食問題，可能透露她表現得像個小嬰孩，也許這跟她憂慮會失去「獨一無二的嬰兒」地位有關。我說奶奶直覺的看法，似乎顯示希塔想要變成嬰兒，然而她卻要變成姊姊了。藉由我的語調，我想要向希塔傳達：我們了解她或許正經驗到失落的恐懼，而且可以理解她為何會想要緊抓不放。

我說道：希塔對期待中的新生嬰兒有這樣的反應，是非常正常的，一點也不病態。家庭成員的增加創造了機會，也帶來適應上的困難。變成姊姊這件事，可能讓希塔有機會去發掘她內在的能力，促進她的情緒發展；在她充分內化她在家裡是多麼被疼愛與珍惜之後，她也許就能睡在奶奶旁邊，而不是奶奶身上。她並沒有失去她的母親；在這次的會談裡，她已經找到了媽媽。我們都同意在寶寶出生前再安排一次會談，以及在寶寶出生後進行最後一次會談。

討論

　　這段摘要彰顯了治療師如何運用觀察，了解家庭裡正在發生的局面。討論「此時-此地」治療室裡所發生的，比如當希塔從 Ama（奶奶）的腿上轉到母親腿上的時候，藉由賦予行為可能的意義來連結身體與心靈，或許幫忙這個家庭創造了往後改變的空間。這似乎是正向的一步，也變成了這次會談的焦點。

　　當對希塔症狀的描述跟母親的懷孕逐漸被連結在一起，工作的焦點就清楚浮現出來了。在其他的情況下，如果有機會長期地工作，治療師也許會想要了解母親的照顧方式、雙親配偶管教上的差異，或者更深入地去了解在大家庭中母親和公婆一起同住的壓力。我們這幾次會談的焦點，是藉著連結希塔對新寶寶的感覺，去賦予她的行為意義。她知道她的世界再也不會一樣了，自然感到畏懼，特別是在夜裡。在此一特別的情況下，希塔能向奶奶表現出來的，就不是一般核心家庭裡的孩子可及的。核心家庭裡的孩子得找到其他的方式處理同樣的衝突。

　　在第一次的會談裡，讓 P 女士能夠表達她變成母親、離開她的原生家庭和祖國，以及她掙扎著要兼顧母職跟專業角色的經驗，給了她空間與脈絡去思考她的童年經驗；儘管她的童年跟她孩子在倫敦的童年是很不一樣的。或許這就是把她、她的孩子跟公婆帶回診所的原因。了解到她在孩子的情感生活裡扮演如此重要的地位，也許幫助了她能從被拒絕的感受中退一步（因為她的女兒不吃她準備的食物），轉而更專注在希塔的情緒經驗上。

我以開放的態度談論希塔可能會有的失落與被取代的感覺，或許跟這個家庭本身流離到倫敦的感受產生共鳴，使得他們能同理希塔。奶奶也覺得她擁有足夠的自由，能夠表達她的感受和埋怨，也幫忙希塔向前走，在母親膝上找到她的位置。

第三次會談

　　P 女士跟希塔前來這次會談。她解釋說她的先生也想一起來，但是工作上的需求讓他無法成行，還有他確實是一個很投入的父親；她並沒有表現出覺得在親職方面未受支持的樣子。我將父親的缺席謹記在心，並詢問希塔她和父親跟母親一起活動的區別，鼓勵她告訴我她特別會和爸爸一起從事的活動，她也很坦然地回答。這時 P 女士加入談話，提醒希塔他們一起閱讀的特殊時光。

　　我從 P 女士那兒得知她的先生對他的父母而言，是一個多麼優秀的兒子。他們也有一個住在果亞（Goa）的女兒，最近結婚了。P 女士說她的公婆有可能得離開，去幫忙照顧他們女兒的第一個寶寶；這件事情讓她覺得很難過。我談到這些到來跟離去，以及這對所有的人是多麼困難。母親說了更多她初到英格蘭的情況，還有他們花了多少時間在機場，帶著生病、得要服用許多抗生素的希塔往返飛行。她很不安而且黏人，同時她也很跋扈，不讓母親離開她的視線。儘管這般，她還是被所有人所寵愛。

　　希塔站得離媽媽的椅子很近，她的身體碰著媽媽的手臂。她並沒有想要爬到挺著大肚子的母親膝上。母親開玩笑地說，也許希塔現在已經原諒她懷有另一個孩子，而且很期待變

108

成姊姊。雖然競爭的概念在這個家裡還無法被接受，但是和家庭做一些思考的工作，會協助他們準備面對往後混雜的感覺。當母親驕傲地報告希塔的進展時，她望著我微笑。我被告知她現在睡在奶奶身邊，已經停止睡在奶奶的身上了。

我們都意識到這是倒數第二次的會談，還有最後的一次是在寶寶出生之後。在這個時刻看似已經有所進展，但是在寶寶出生以及之後，仍然無法預測這個進展是否能夠繼續維持。當我在場的時候，希塔待在母親身邊，看似很害羞。但是她已經可以和我有多一些眼神的接觸。雖然她仍然沒有玩，但是她盯著、用指頭摸了摸我拿出來的農場動物玩具。

討論

很明顯地，雙親間的關係是讓母親感到被支持的。父親在她心中是優秀的、有用的男人。預期到她的公婆將要離開，P女士體貼地想到他們要回去印度，幫忙他們的女兒照顧將出生的第一個寶寶。她的公婆在希塔兩歲的時候搬來倫敦，和他們一起安頓下來。他們已經退休，依靠著他們的小孩，然而在孫子出生的時候，大家庭的協助是被接受的。有一些西方的家庭會利用專業的聯絡網，當作他們的準大家庭（quasi-extended family），特別是他們的健康訪視員和家庭醫師。希塔停止睡在奶奶身上的轉變，也許和前一次會談裡發生的情形有關。

第四次、最後一次會談

這次會談在新生寶寶拉祖八個禮拜大的時候舉行。爺爺奶奶再次陪同 P 女士跟希塔前來。拉祖看起來是個滿足的寶

寶。我被告知他吸奶瓶進食的情況良好；母親說明她並不偏好親餵母乳。拉祖坐在娃娃車裡，一直到會談尾聲才醒來。這時 P 女士很快地抱起他，然後把他抱在她的臂彎裡輕輕地搖著、安撫他。當母親這麼做的同時，希塔走向她的 Ama。Ama 從袋子裡拿出她的娃娃。希塔接過娃娃，抱在胸前搖著。她看起來長高、長大了，而且當她告訴我她弟弟的名字時，看起來顯然很自豪。他們告訴我希塔開始參加一個遊戲團體，她在夜裡仍然睡不安穩。母親看起來雖然疲倦，但是很高興。每一個人都顯露出滿意而有成就感的樣子。

一開始我們就注意到這是最後一次會談。所有人看似對這個想法覺得安心。在誇獎了寶寶以及聽到家庭的近況之後，爺爺告訴我：他們的女兒要他們回去印度，幫忙照顧幾個月後即將出生的第一個寶寶。雖然他們還是會在兒子倫敦的家裡保留一個房間，不過將來他們得要分配他們的時間跟精力。我點出他們失落（同時也是獲得）的感覺，不再是希塔跟拉祖每天生活中持續參與的一部分。P 女士加入，附和她也即將會有類似的失落。她說她也將在十二週的產假後復職。

奶奶說她不再感到身體的疼痛，健康狀況好多了，因為希塔現在都睡在奶奶房間裡的小床上。奶奶覺得她更能夠拒絕希塔的某些要求，因為知道她能夠忍受並處理輕微的失望。奶奶和希塔的心都變強壯了。母親提到希塔儘管還是「爸爸的小女孩」，她的舉止更能表達自己的感受。我和這個家庭分享我的想法，我覺得他們不需要繼續和我保持聯繫。他們想讓我見見拉祖，讓我知道他們過得很好，但是他們知道他們得往前邁進。就像我在診所工作經常會做的，我提醒他們，如果將來他

們想要回來見我，我會很歡迎他們。

討論

在最後一次會談裡，主要的溝通是他們愉快跟自豪的感覺。這個家庭已經擴展、增加了一個健康的男寶寶。這次的生產順利，而且 P 女士也在母職中找到更多信心。很不同於我第一次見到她的時候，P 女士變得更能夠表達她自己。她談到她即將失去公婆的支持以及實務協助，對此感到沮喪，但是她沒有表示準備好要在照顧兩個年幼孩子的期間，暫停自己的職業生活。她得要雇人來幫忙。她對親餵母乳感到不自在。他們睡覺的安排對全家人來說很合適，儘管在西方的家庭裡，這樣的安排可能被視為是不尋常的。

母親對希塔跟奶奶之間強大的連結感到安心以及真摯地開心。她擔憂奶奶去印度後，希塔會怎麼反應。雖然母親一開始不確定她為什麼被轉介，但她好像了解到這並不是對於她勝任母親能力的「否決票」；相反地，當她更主動地扮演母親角色時，她變得更活躍。跟希塔的工作相對是比較非主動的，因為她害羞、較難建立關係，但是她也能夠前進、改變。這四次以「五歲以下幼兒心智健康模式」為軸的會談，分散在好幾個月的期間。這樣的安排是因為這個家庭需要這麼長的時間去鬆動、改變。轉介的家庭醫師很高興她和母親的關係改變了，同時母親也較少因為輕微的身體不適而約診了。

我曾經很好奇，為什麼家庭醫師一開始和母親工作時會感覺到「沉降的心」並促使她做了轉介。這帶我們回到一個問題：當一個孩子被轉介的時候，到底是誰的問題？有可能是家

庭科醫師不知道怎麼幫忙母親跟女兒；有可能家庭醫師接收到
母親當時的心理狀態所要傳達的；也許母親藉著頻繁地看醫
生，想要溝通的是她在離家遙遠的異國、懷著另一個孩子的沉
重感覺。

█ 快速改變的事

　　在幾次會談後，這個家庭的動力就改變了，這樣的模式是
常見的。通常孩子的「症狀」呈現了家庭關係中的衝突。短期
的會晤創造了機會，聚焦在實際可行的目標上。在希塔的案例
裡，整個系統似乎都被解放，進而產生改變。希塔過去變成一
個暴君似地，用她的爺爺奶奶滿足那些她母親不想或者不能滿
足她的部分。希塔的父親看似也加入他的父母，一起寵愛希
塔，但或許父親是企圖要彌補那些母親覺得難以給予的溫暖與
親密的愛。

　　很可惜希塔的父親沒有參加任何一次會談。一般來說，
父親沒有前來的情況並不少見，因為孩子的照顧和教養主要
（如果不是絕對地）被當成母親的事。但在希塔的家庭裡並不
是這樣，母親在心裡覺得父親是有重大貢獻的——事實上，是
父親讓她袖手旁觀的（坐到後座）。說起來，母親在治療開
始時似乎很快就從孩子的教養一事上被邊緣化。在幾次會談
後，母親似乎能找到一個比較主動的位子，也讓她覺得獲得樂
趣。

　　不要忘記，有很多家庭的父親是不住在家裡的，心裡面有
一個會幫忙的父親形象存在，才是最重要的。最重要的並不是

111

孩子的親生父親，甚至不一定是另一位男性才算數，而是母親心裡面的內在伴侶，以及這個形象是怎麼傳達給孩子的。儘可能在一開始就鼓勵父母前來會談，表示雙方都是很重要的。有時候，治療工作會協助父親在家庭生活中找到一個更有力的角色。這創造了一起承擔分享的親職角色。在這個合作的關係裡，孩子可以從兩個不同但互補的觀點被思考。在希塔的家庭裡，這樣的觀點被延伸，也包含爺爺奶奶的看法。因為每一個成員都有屬於自己分配的角色，多種觀點也可以被接受。

▌找到焦點

　　短期的工作是相當緊湊且複雜的。治療師要有彈性地接近、輕巧地接觸，並用最少的介入來幫忙家庭克服當前的困難。了解短期介入的性質，意味著得要找到集結在主題週邊的幾個焦點。這也牽涉到治療師不會去探討家庭所提出、和他們共同選擇的核心焦點不相關的其他議題，儘管探索這些其他的議題，在長期的工作裡可能是有用的。雖然讓議題浮現要花一點時間，而且必須找到這個家庭同意的焦點。就如同會談裡細膩地觀察家庭的行為，以及此時此地的溝通，詳盡的事件報告也增添、說明為什麼特定的事件讓家庭這麼痛苦。前述三者都提供了線索，釐清問題可能在哪裡，以及可以如何解決。和五歲以下嬰幼兒工作的治療師，常鼓勵父母去思考孩子的出生、最初的幾個月，以及在這段時間裡，發生在大人的生活中可能會影響家庭情緒生活的事件。

　　在第二、第三次會談之後，通常已經釐清核心的主題，大

概也可以感受到這個家庭是不是能善用這種方式思考問題。家庭通常在和治療師分享了親密的生活細節之後，會對治療產生強烈的連結。從一開始，「結束」就被惦記在心裡，隨著治療師經常提到結束，家庭也都知道還剩下多少時間。結束是必要的，而且也經常是省思的機會；藉由不低估家庭承受的痛苦，同時向家庭展現他們是多麼有能力，治療師提供給家庭一幅改寫的圖像，讓他們在面對許多分離、繼續邁向新生活階段和成長時，能得到助益。許多家庭帶到「五歲以下嬰幼兒心智健康服務」的議題，很多都是因為只看到改變帶來的失落，而無法將改變視為新經驗發展的契機。

▌結論

　　治療師的任務是去思考孩子的行為或「症狀」的意義——當下這個孩子做了什麼？為什麼要這樣做？還有這讓父母如何反應或感覺？孩子所做的，很有可能是受到父母親無意識的期待以及孩子本身的性情所影響。和父母的工作裡，藉由連結他們的敘事裡不同的面向，或者連結父母的敘事和孩子在治療室中的遊戲等等方式，這些他們以前沒有想到過的串聯，讓無意識的期待能夠被意識到。

　　經由提問的問題，父母被鼓勵去思考為什麼、以及從什麼時候開始發生特定的行為。很多時候，用這樣的方式去思考，本身就已經是驚奇了，父母也透過這些了解獲得相當的樂趣。來見「五歲以下嬰幼兒心智健康服務」的治療師時，家庭處在一個情緒高張的狀態，很難替他們自己思考。他們需要治

療師幫他們思考。

提供第一線照顧的環境，本身就符合了治療性的目的。心理治療的存在，就是要協助所有壓力下的工作人員在工作時更能全然地做自己，擁有更多的能力可以動員他們自己的想法跟敏感度（Balint, 1993; Elder, 1996）。就像陶斯（Daws, 1995）所說的，「心理治療師也許能支持一般醫療照護的團隊，持續去辨識在其工作中情緒與身心向度的重要性，支持他們可以繼續年復一年地處理那些看見病人不確定的需要而累增的經驗」（p. 36）。我們相信用這樣的方式，治療師可以同時幫助病人跟工作人員。就如同沉降的心這樣的感受，當它可以被思考和了解，也就變得緩和了。

註解

文中描述的工作是由貝弗利‧泰德曼進行；由兩位作者一起討論。

跟嬰幼兒工作
常見的議題

挑戰與混亂行為

　　本書的第二部分與這本書的中心意旨相同，思考小孩、父母與專業人員共同關注的事情：如何處理心靈的痛苦。是誰的心靈在痛苦？心靈的痛苦能否透過無意識的投射機制，擺脫與轉移給別人，以減輕問題？小孩天生需要藉由發脾氣與混亂的行為，來排除無法處理的情緒經驗。在本書的這個部分，我們將透過實例來說明治療師在臨床工作中如何接收孩子的投射，並瞭解孩子想表達的。

　　接下來的三章探討嬰幼兒心智健康服務中，最常見的轉介原因：小孩在家中、幼稚園或日托環境裡，出現發脾氣、混亂與攻擊行為。作者們運用精神分析的架構，描述嬰兒早年的經驗，如何讓他發展出那些可能在未來成為困擾行為的特殊防衛模式；作者們也說明，如何幫助父母與專業人員從治療的角度思考這些問題。當然，本節的議題之間會有些重疊。混亂行為的潛在原因，通常和災難式分離與失落的焦慮有關。而這又跟本書最後一節探討的主題密切相關——家庭裡的分離焦慮，以及調適失落、改變與哀慟。這些都是構成嬰幼兒常見問題（例如睡眠和飲食障礙）的根源。

　　操控與全能自大（omnipotent）的行為，是一種經常用來抵擋無助感和依賴感的防衛機轉，其特質是性情暴躁，意謂小孩調適的能力瓦解，麗莎·米勒稱之為「小型崩潰」

（miniature breakdown）。尖叫、撞擊或撞頭等爆發行為，是一種強大的機制，以排空或擺脫無法思考與容忍的感覺，為了明白「到底是哪裡出錯了」，以及接收與涵容小孩和父母的痛苦。作者們描述米勒「解除迷惑」的治療效果，並嘗試瞭解這些爆發的意義。臨床介入著重在理解孩子的溝通與情緒障礙，這些障礙阻止父母肯定自己的權威，並對孩子設立清楚的界限。其技巧是嘗試用語言表達小孩的痛苦、害怕、興奮或焦慮，米勒稱之為「情緒經驗的命名」——說明「怎麼回事」。該技巧可促使孩子從排空經驗，邁向以象徵形成（symbol formation）作為心智倖存的方式。

麗莎‧米勒將在第七章介紹：我們皆渴望和自己的嬰／幼兒維持一份完美無瑕、沒有衝突的關係，但這不一定是有益的。透過避開衝突、否認分離或失落帶來的痛苦感受，父母可能會剝奪孩子經驗到有人（父母、照顧者或治療師）能承受他不舒服的感覺，並理解他的嬰兒情緒狀態（亦見 Hopkins, 1996）。米勒描述，面對嬰兒的痛苦，父母微笑、鎮定的臉部表情，可能被嬰兒視為拒絕或不想接收他的溝通。當孩子感覺他經驗到的是「無法穿透的障礙」，便可能用加倍的力氣和父母溝通，期望他的感覺能被註記、瞭解。在第八章，艾曼紐探討類似的爭議，一個嬰兒可能試圖奮力、尖叫、撞擊或撞頭，藉此引發憂鬱母親的回應，期望能在她身上造成影響。小孩內化早年建立關係的模式，並於日後反映在無法專心的問題上。即使新環境和過去無關，孩子也可能將他早期需要「用力」把自己塞進另一人心智的經驗，轉移到其他情境，例如關心孩子的保育員，以至於產生混亂行為。

在米勒撰寫的第七章，其中一個重要的面向是：她思考承受壓倒性情緒經驗的專業人員所面臨的困難，例如新生兒加護病房的工作人員。當需要進行侵入式介入，或面對嬰兒可能死亡，工作人員便難以持續親近父母或嬰兒。誠然如孟席斯（Menzies, 1960）所言，病房的環境設置旨在幫助工作人員避免焦慮與痛苦，然而，提供支持、幫助他們思考自己的經驗，可能會促使工作人員繼續和父母保持情感接觸。

米勒同時也暗示，照顧小孩的機構，其組織動力可能會使得已經遭忽略或受虐的孩子更感到被剝奪。當專業人員避免看見來自家庭的「謀殺威脅」與憤怒，藉由過度強調與家庭有關的「任何好事」，混淆了「安慰」與「共謀」，便可能無意識地和這些問題家庭一樣，用相同的防衛避免思考。「包括無意識地攻擊連結等等的防衛，會干擾專業人員清晰的思考能力，無法運用外在資源幫助自己處理沉重的個案量，導致再次重複那些孩子原始的忽略經驗」（Emanuel, 2002a）。社工與主管的支持可協助工作人員反思自己如何被捲入與施壓，以及共同否認暴力的嚴重性。

這一部分的三個章節都討論到有些小小孩與父母的暴力、控制和失控行為，全能控制、殘暴、混亂與攻擊的孩子，經常是反映和認同父母的恐嚇與掌控。對一位母親來說，如果兒子的行為與容貌酷似虐待她的父親，她可能很難去想兒子是個依賴的小男孩。許多嬰兒與小小孩歷經家庭暴力、忽視和虐待，而米勒在她最後一個案例中，談到要正視家中的暴力對孩子造成的嚴重傷害，是非常困難的。

米勒也強調暴力的「成癮」特性，舉例說明在長期缺乏

「友善的大人」之下成長、嚴重被剝奪的孩子，如何用興奮的危險與冒險行為來支撐自己。他們似乎很難仰賴生命中支持的內在與外在對象，可能需要長期的介入以及跨領域單位的投入。

在第九章中，凱西‧厄爾文清楚陳述小男孩常使用的防衛之一，是透過想像自己全能與掌控，來嘗試扮演大人的角色，艱難地發展出自我。她指出，這些孩子的暴怒是「全能認同（omnipotent identification）遭到挑戰」的反應，以及無法容忍性格中的無助感與依賴。當父母或大人設立堅實的界限，孩子的全能感被揭穿，因而需要排空其察覺到的「渺小」與脆弱的感覺。在較「一般」的暴怒中，小孩發覺他們的某些「意志」受到其他人「意志」的反對（Sully, 1895；被厄爾文引用），這與掌握感、自我的力量有關。一個自我和另一個相互「較量」，是正常發展的部分過程。而此類暴怒不同於源自原始的毀滅恐懼，造成極端的分裂、排除不想要的部分自我，導致極度破碎狀態的暴怒。父母前來求助，是因為注意到孩子的發怒似乎和「正常」孩子「不一樣」（如米勒所描述的）。

麗莎‧米勒探討「生氣」（anger）與「暴怒」（rage）的差異，她認為「生氣」是一種經過思考、處理以及命名的情緒，而「暴怒」則是未經處理、無法容忍的感覺，是挫折、嫉羨與謀殺衝動的混合，它遠超過小孩所能掌控，且除了排除之外，別無他法。通常治療工作的潛在目標，便是幫助孩子從無法控制地爆發脾氣，到能運用語言或象徵遊戲來表達生氣的感覺。

小孩與父母之間的生氣：
我們怎麼幫忙？

● 麗莎‧米勒

　　本章是關於生氣的人們。在照護專業中，我們受到痛苦與　　121
脆弱的人面質，結果這些帶有負面感覺的質疑，包括生氣、憎
恨、攻擊與敵意，影響著我們的工作，亦是專業生涯無可避免
的。我們目睹與見證家庭裡的敵對，明白勢必對小小孩造成傷
害，這令我們感到苦惱與生氣，我們的某些反應是無法避免
的。和有嬰幼兒的家庭一起工作，令人處在強烈與原始的焦慮
中。家庭的模樣有許多種，從單親父母與一個嬰兒，到包含嬰
兒或幼兒的複雜團體，皆處在變動的情緒狀態，因為嬰兒、
幼兒和兒童無法自給自足，他們的痛苦必須由身邊的大人處
理，且他們尚未學會獨立駕馭自己的感覺，因此他們請求父母
替他們承受感覺。

　　如果一個嬰兒感到痛苦，他會哭泣，而聽見哭聲的大人將
感到不安。父母會感覺擔憂，心想：哭聲和長牙齒的疼痛有關
係嗎？還是更複雜些，和嘴裡正在長出尖銳的東西，以及想啃　　122
咬的衝動所混合之焦慮有關？或者並非因為長牙，而是因為其
他原因不開心或不舒服？這些事情很常見，然而嬰兒的父母得
承擔焦慮的襲擊。父母如何回應，仰賴他們當下的資源：原來

這是嬰兒期諸多哭聲的其中一次，因而很快就克服或遺忘？或是父母覺得難以承受？衛生訪視員、家醫科醫師、日托工作人員或社工，將面臨對自己的嬰兒感到焦慮、不知所措而流淚的母親嗎？或是氣憤、覺得被迫害與煩躁的母親？工作人員有何感覺呢？倘若工作人員能夠接收這些痛苦，瞭解母親為何不安，並結合內含同理的沉思與經驗，幫助母親探索和思考，然後更能處理事情，母親便會感覺好些，嬰兒也會感覺好些，工作人員也覺得滿意。或者，事情並非如此。儘管工作人員做了一些很好的介入，卻開始覺得惱怒，並暗地裡想：「為何她（母親）無法瞭解嬰兒沒有問題？」或是：「如果我的媽媽這麼大驚小怪，我也會尖叫。」也許工作人員覺得自己高高在上，認為「我能照顧得比她好」，或是感到生氣，氣母親沒處理好事情、父親不支持、市政府不提供良好的房子、社會對母親施壓，也可能生氣嬰兒一直哭泣且難以理解。

從我們的角度來看，工作人員努力涵容自己不愉快的感覺，而我們皆有迴避困難感受的傾向，以及相對應的無意識信念：世上存在完美的父母，他們總是有耐心、隨時都在、任勞任怨；在親子關係中，摩擦是不存在的，總是順利、融洽，且避免衝突和不愉快的情緒。然而，從嬰幼兒心智健康服務以及嬰兒觀察的經驗，讓我們足以相信，生命從一開始就無法免於麻煩。我們甚至看見人們試圖免除嬰兒的痛苦，但實際上卻無法提供嬰兒所需的協助，幫忙其處理痛苦與衝突。

例如，人們期望斷奶順利完成、沒有問題，如廁訓練能不要有起伏變化，這是常見也可理解的。人們常以為，若延遲斷奶或訓練嬰兒，嬰兒便會自行斷奶、訓練自己。在做正確的

事情的時候，不需要生氣、難過或懷疑，如同常識告訴我們的，這時候不需要處理冒出來的強烈感覺。我們常見到父母一再閃躲，盡一切努力讓嬰兒不感到苦惱。保護小小孩免除不必要與有害的壞經驗，和無法忍受小孩對你生氣、而你也對小孩生氣，這兩者之間的界線在哪裡呢？

這裡我應簡略提及，前面那位想像的工作人員，可能贊同或不贊同母親對於嬰兒長牙的看法，在這個例子裡，她感到衝突。她的專業訓練和意識層面的動機，皆讓她覺得自己應該是個有耐性、隨時都在，且不埋怨的助人者。

這位工作人員內心充滿無法接受的感覺，我們假設是生氣、競爭與輕蔑。該如何瞭解這些呢？我們能運用這種不舒服的困境來促進理解嗎？還是認為我們應該是專家，不應該生氣？也許，我們有可能善用在工作中的情緒反應，以增加瞭解、減輕我們和個案不舒服的感覺。

在我繼續談這個概念之前，先簡短描述一個迴避困難感覺、麻煩接踵而至的案例。一位年輕的母親 A 太太，來到塔維斯托克診所尋求嬰幼兒心智健康服務，她對兩歲小兒子安東尼的壞脾氣非常擔心。當剛開始聽到孩子的過往，我感覺到全面的絕望感。他是個極早期早產的嬰兒，存活下來可說是奇蹟。A 太太描述孩子住在新生兒加護病房好多週，其中一件事特別引起我的注意：A 太太說，照顧單位的工作人員認為她是理想的母親（當然，也許我應該說，我不知道工作人員實際上怎麼想，但這位母親必定如此覺得，且感到興奮不已）。她總是確實執行工作人員要她做的，全心、熱切地投入照顧小兒子，並以護理人員為模仿對象。大家說她和護士一樣棒，而且

124

精熟各種照顧早產兒的必要技巧。她不曾絕望、總是在場、盡最大的努力，並獲得身邊所有人的溫暖讚許和認可。當安東尼出院時，大家替他們送行，她感到相當得意。然而自此之後，她覺得自己逐漸陷入困擾與憂鬱，終於，她告訴我，其實她極為擔心兒子的進展和成長。

我認為這位女人試圖成為理想的母親。然而，某種意義來說，她不覺得自己是這個小男孩的媽媽。她用自己的方式來保護自己免於真正察覺自己的處境：每位早產兒的母親都恐懼孩子的生命與生存能力，且勢必因為嬰兒很脆弱、不開心、得接受許多醫療行為，以及可能不慎失去孩子，而處在混亂之中。A太太不僅沒有任何生氣、罪惡感或懊悔的感覺，而且還成為完美的病人，但這麼做，她也失去了獲得工作人員安慰與瞭解的機會；她表現出她不需要這些。

當我和她進行討論，她逐漸覺得自己並非完美的母親，相反地，她深信她不適合為人母，並害怕自己會傷害安東尼，且總是懷疑安東尼指責與怨恨她。事實上，他是個憤怒的小孩，他欺壓A太太、要她全天候的關注，如果要求他忍耐一丁點挫折，他便會發脾氣。A太太努力維持的自我形象是她能為孩子做所有正確的事情。她無法理解，當事情不順時能得到旁人的協助，是每個嬰兒與孩子需要的重要經驗。

實質幫助——感覺像協助的幫助，並非建立在否認需求上。當出事時，聽見別人說：「你沒事。」沒有人會覺得好些。人們必須對聆聽者產生影響，才會覺得痛苦被接收到了。有時候聆聽者能夠注意與瞭解別人的痛苦，且處之泰然，不會亂了方寸；然而在攻擊與憤怒達到極致的案例中，我

們內心可能面臨困難的感受。例如，如果 A 太太不是「理想的病人母親」，她可能會在照護單位惹出麻煩；若她沒那麼渴望認同自己成為理想團隊成員之一的話，她可能會更不滿。她也可能陷入憂鬱、過度要求、生氣地抱怨；或簡而言之——成為每個人擔憂的對象。

我們曾問自己，為何 A 太太特別容易恐懼自己的憤怒？為什麼她似乎覺得護理與醫療人員不可能容忍這份憤怒？至少，我們必須思考這個可能性：也許護理與醫療人員無法容忍。曾有研究探討照顧早產兒的工作人員之情緒壓力，他們得應付生與死的問題，而且有時嬰兒真的會死亡，這帶給工作人員什麼感覺呢？我想諸多證據指出，在不利的情境中，如人力不足、工作人員鮮少彼此支持，以及沒有足夠的時間相互討論與思考個案，護理與醫療人員時常借助一些方式避免經驗自己的感覺。他們透過某些辦法不靠近嬰兒或父母，例如，當不瞭解他們正在做的事情，可能會打斷工作的連續性——這樣的連續性能幫助他們思考嬰兒、感覺親近、經歷希望與失望，以及若嬰兒無法為生命奮戰所帶來的哀傷和憤怒。我指的中斷工作的連續性，是一些簡單的事情：一位護士開始某項程序，由另一位接手完成；每次由不同的護士餵奶。或者，還有一些其他保護自己免於痛苦的方式。

我們無從得知，照顧安東尼的新生兒加護病房，其工作人員處在何種程度的高壓之下，但我們知道 A 太太表現得好像她不能帶來麻煩，否則工作人員將無法容忍她。對我而言，這意指 A 太太的內心深信：沒有人能忍受麻煩，而且她不相信若自己感到痛苦，會有人能容忍她、有足夠的彈性包容她的生

氣；且即使她拒絕安慰，也能被容忍。這裡我們似乎有個基本要素：「夠好的」（good-enough）母親照料，由溫尼考特提出的著名概念。當事情無法改正時，夠好的母親、父親或照顧者，具備忍受的能力，不僅是盡全力減輕痛楚，也能理解不完美的惱火。

A 太太的內在似乎有位要求很高的母親，不只要她提供最好的，而且好還要更好。這使得 A 太太與她真實的感受失去連結。她被工作人員理想化為理想病人，且返家後她還想繼續維持這形象。當然，安東尼並非超凡脫俗的小孩，而是個內在有不愉快經驗的嬰兒，打從他在尚未準備好便從母親肚子裡出生開始。

因此，當他覺得被整合得足夠後，便開始表達痛苦的徵象。A 太太試圖保持她認為好母親應該具備的模樣：有耐心、高興、隨時都在。但她也一直努力避免經驗自己那驚嚇的負面感覺：生氣安東尼不是完美的嬰兒（因為理想化是雙面刃）、氣周遭的人沒有再多幫她一些。這導致她無法幫助安東尼處理他嬰兒的感受。以下歷程是普遍常見的：嬰兒覺得害怕，於是哭泣。他的哭同時也散發害怕。媽媽的反應像是廣播的接收站，她感到他的害怕、標記它，且有意識或無意識地跟自己說：「嬰兒在害怕。」在這樣的認知之下，她安撫嬰兒。嬰兒覺得他的訊息已經被接收到，害怕也消失了。

當安東尼從醫院返家，散發這些害怕的感覺時，發生了什麼事呢？比如說，我認為 A 太太無法接收，其無意識裡無法處理，只是說：「喔，好可憐。」她沒有在一個更脆弱的模樣下，接收安東尼的訊息、感覺到害怕，並與之奮戰——感到

驚嚇但忍受驚嚇的感受，並繼續嘗試安撫他、瞭解問題。我想Ａ太太試圖表現得像個完美的護士，這是不切實際的想法。她的「理想護士」自我，鎮定、冷靜地用微笑的姿態回應安東尼的需要，判斷它們只是生理問題。安東尼感到困惑，且強烈覺得溝通遭到拒絕，於是用加倍的力氣表達他的害怕。Ａ太太遭受害怕被恐懼所淹沒的感覺驅迫，因此用加倍的力氣擊退安東尼的感受。安東尼感知到一堵關閉的門，一道無法穿越的障礙，因而用等同的力氣，害怕地怒吼，並猛然撲向它。我們可以推測，Ａ太太的嬰幼兒時期缺乏容忍負面感覺的能力，所以當她成為母親時，發現自己無法抵擋來自嬰兒的負面感覺，因為害怕那些感覺將再活化她內心無法忍受的嬰兒期脆弱。

我想轉而更深入地討論生氣，並區分生氣和暴怒。一位年輕的母親Ｊ太太，因擔心孩子的發展，帶著年幼兒子強納森前來診所求助。她表示兒子的父親在工作場所意外喪生，她只知道她對已故伴侶的公司感到生氣。她深信他們非常粗心與無情，而這令她感到激動與痛苦。她竭盡全力追究這件事，要求索賠與報復。強納森在學習上相當緩慢，且出現無意義的造反，例如，當要求他穿上厚外套或去上學，他會哭著說：「不要！不要！不要！」他尖叫、哭泣並踢咬媽媽，倒在地上大發脾氣。我稱這樣的情況為暴怒。

當孩子處理感覺的整個系統瓦解時，暴怒就會產生。其實，用他們正遭受一次小型的精神崩潰來描述，有時似乎是有幫助的。這樣的精神崩潰可能持續五到十分鐘，然後他們努力從中恢復過來。無論是小孩或成人，我們處理感覺所採取的正常方式稱之為思考。我們瞭解所湧現的情緒知覺之意義：我們

在脈絡中看見它，而且不需刻意的意識，便能夠予以命名。我們視它為邏輯系統的一部分：出現 A 因此接著 B，結果可能是 C 或 D？養育孩子的工作之一是情緒教育，我們不自覺地在執行它，透過自身的想法、行為和語言，幫助孩子思考他們的外在與內心發生了什麼事。我指的是無數次微不足道的事件，以及事情真正被討論的每個時刻。每一次當父母正確地捕捉住嬰兒的感覺本質，這些感覺便經過溝通、獲得穩固與意義。有時候父母有意識地做一件事，並且評論它，例如，「喔，你在生氣，不是嗎？」「我想那嚇著了他。」「喔，多麼可愛呀，不是嗎？」也許在小嬰兒出生後早期的幾個月裡，哺乳、換尿布與碰觸等的身體親密，也搭配上心智的親密，嬰兒式溝通被注意到且得到回應，可能是非語言的，甚或只是一個反應——餓到哭了之後得到哺乳、換掉髒尿布。

當孩子逐漸長大，他從不同的管道獲得瞭解與命名感覺的能力，並應知道是什麼原因造成這些感覺。找到一個方式思考令自己困擾的是什麼，令人如釋重負。我記得很久以前曾經見過，當時我在一所幼兒學校，和被剝奪的孩子組成的小團體工作。我曾帶一個三人小團體，他們痛苦地爭奪我的注意。我用回憶過程的方式，使他們開始明白發生什麼事。有一次，一位小女孩生氣地用力拉我。我跟她說：「我想妳可能有一點嫉羨，因為我那時在照顧其他人。」她直直地看著我，用一種明顯是在思考的方式說：「嫉羨。」我想她終於恍然大悟了，這是經過數週我嘗試處理三個競爭孩子的成果。這個小女孩曾抓我、爬到我身上、咬我的手錶（從此留下一個凹痕），以及在好幾次治療中出現一般人所認為的暴怒，我則擴大稱之為她思

考系統的瓦解。慢慢地，她偶爾開始看見自己怎麼了。然而這並不會使她較少生氣、嫉妒、嫉羨與競爭，也無法讓她較容易處理來自嚴重剝奪、缺乏資源的弱勢家庭之感受。這只是讓她明白：如果妳知道發生了什麼事、以及為什麼，妳比較不會覺得恐慌和絕望。這包括連結你的感受與正在發生的事，從簡單的因果關係（「我生氣和心煩是因為她和馬克在玩，我覺得被排除在外」），增加更複雜的能力並往前邁進，例如試著思考，當內心的感覺顯然和外在事件不符時，事情會怎樣？我們如何調和衝突、矛盾與模稜兩可，是複雜的情緒工作。

回到強納森的媽媽，J太太，她的伴侶死於意外。她的思考系統的任務，是去經驗狂怒、無能為力的絕望，以及報復雇用強納森父親的營建公司。然而，還有其他的東西存在於她與小孩之中，藉由強納森的暴怒發作表達出來。強納森的發脾氣看似無意義、隨機，和手邊正在做的事情無關，且可能發生在他被要求做一件預期他喜歡做、或至少不討厭的事情。而根據母親的說法，她對強納森相當有耐性。

這些發怒其中一項令人憂慮的特徵是：你會預期幼兒的不成熟自我無法支持內在的情緒風暴，而即使強納森逐漸長大到超過那樣的年紀，發怒卻未修正、改變或消退。這些發怒好像是用來大量排空混亂或暴怒：暴怒在此的功用是洗掉所有複雜或對立的情緒，因此失去了任何感知與經驗情緒痛苦元素的機會。在此案例中，可合理推測強納森的痛苦可能是：對父親死亡、對母親不知為何讓這一切發生的非理性生氣；哀悼失去父親，焦慮父親留下他和母親獨自奮戰；對他曾不喜歡與怨恨父親的時刻感到罪惡；以及面對這個災難時可怕的無助感。暴怒

129

可迫使每個痛苦的想法在成形之前，迅速地被驅趕於心智之外。每次當生活出現要緊的事──「你必須去上學」、「你應該穿外套」，強納森覺得被自己的幼小、脆弱和無力感所威脅，或者被無可避免必須思考自己的想法所威脅。因此，一次又一次地，他藉由打開他的心智和嘴巴，將它們全部清除，以減輕痛苦。這麼做雖讓他暫時徹底清空，但接下來卻無法仔細思考。

即使因為我們的原因而需要加以簡化，這仍是個值得我們思索的有用案例，因為強納森的不幸確實來自他自己，但也有來自母親的部分。她無意識地投射許多她未緩解的極度痛苦給強納森。我們很熟悉投射的機制，值得仔細思索，因為它幫助我們思考父母和小孩之間的生氣，以及個案們如何喚起我們的憤怒。我和另一位來自其他職系的同事，在塔維斯托克診所見強納森與母親好幾次。J 太太想知道強納森怎麼了。然而，詳列一份可能的問題清單，並期望能變出妙計，這並於事無補。在各種討論中，我們每次都會出發到未知的水域裡。關於情緒困擾可能發生的範圍，我們有一些想法，但是先調查、提出疑問，帶著不確定去理解短路在哪兒，並導致爆炸。治療持續進行，J 太太變得焦躁，直到她對我們生氣。她的不滿很明顯，她終於說出覺得我們很無能，且未能意識到她正在經歷的。我們缺乏專業能力，無法提供她支持或建議，沒有令她感覺好些。事實上，她認為我們讓事情變得更糟。這些話意謂著她不喜歡、怨恨、藐視我們，以及潛藏的沸騰憤怒。她說她考慮去投訴我們。

你一定注意到，J 太太對我們的感覺，和她對已故伴侶的

營建公司感覺有多麼類似。在治療之後，我和同事都感到焦慮，進行了好多次討論，並努力堅持下去，繼續對話，且試著瞭解。這並不容易。慢慢地，事情有了一點改善，我們不再聽到強納森頻繁發脾氣。簡而言之，事情逐漸明朗。就像我們想到失去的親人一樣，J太太對死去的男友非常生氣，他怎能這麼不小心生命？她也害怕無法處理孩子的生氣，這感受迫使她去碰觸自己的脆弱。

我希望討論之前提到的投射概念。強納森在第一年上學時，看似被要求忍受雙重的重擔，且超過一位小男孩的能力。他的母親迴避接收強納森的情緒負擔，且對自己也是如此。當他嘗試把痛苦投射給母親，讓她感覺他有多麼困擾，她（象徵上）卻將它們丟回給他。有時候，她用令人生氣的耐心或生氣的指責丟回給他。這導致強納森每次都得用雙倍的生氣，並格外覺得沒有人瞭解他、支持他，沒有辦法可以讓他感覺好一些。你會注意到，這些也正好是母親的感受，當她將這些感覺投射給我們，令我們覺得無能、缺乏同情心、沒在做事。當經驗到我們並沒有崩潰，她感覺稍微好些，可以繼續思考。她覺得有人試著照顧她，然後她便會覺得好一點，可以照顧兒子。

在我們結束討論投射的問題，及專業人員作為投射之倖存者的功能之前，我再舉一個父親缺席的離婚案例。C太太有好幾個女兒，她來找我們的時候，正處在一場辛苦的訴訟中，我的一位女性同事決定單獨見她。第一次會面非常困難，主要是因為她激起我同事的一些感覺。C太太滔滔不絕地講了一長串的抱怨，並揭露她來自非常貧困的社會階層。她無法找到信任

的保母、不知道如何支付學校的費用——這些埋怨令我的同事感到憤慨。身為在職的年輕母親，她發覺自己不喜歡這個抱怨全世界都虧欠她的女人。相反地，我的另一位同事 X 博士，則覺得自己雖一直在忍受她，但並不會感到緊張不安。她心裡認為，個案是位勢利、浪費她時間的人，不過既然她已經為個案與她的孩子預約數次治療時間，她必須專業地忍受、繼續見她。

到後來，X 博士才開始消化這一次的會面，並且明白圍繞在 C 太太心中的，是一些不願意幫忙與批評的客體——在意識與無意識心智的內心劇場，這些角色反覆地餵養她的夢境、記憶與想像：她是沒希望的。彷彿她的內心總是覺得：「妳這可悲的生物，看看妳多沒用！」好像一群自鳴得意與優越的人，坐在面前批評她，宣告她是低等、沒價值的人。這些感覺無意識地投射到 X 博士身上，她試著抓住不愉快的訊息（是誰覺得優越與輕蔑個案？），並開始想法子思考它。誘惑已經悄悄行動：「嗯，看來我沒辦法幫忙妳。」或者用不專業的方式結束治療。這可能使得 X 博士的生氣轉為憤怒，並驅逐這位不受歡迎的個案和感覺。

極度的生氣總伴隨著想擺脫某些事情的想法，「滾出去！走開！」不論是關於某人、某情境、某種感覺或念頭。重要的是，拒絕內心的誘惑行動化，並讓心智運作持續下去。接下來我要談談家庭中的暴力，再次思考 J 太太和強納森。J 太太在防衛抵抗些什麼呢？為何她無法吸收、感覺、認可與命名強納森的痛苦？為何她必須全部還給他，或擴大它？我認為她在防衛避免自己發脾氣，我稱之為小型的精神崩潰。我想，

J 太太害怕如果她分擔強納森承受的嬰兒期憤怒，她的整個行為系統將會瓦解——包括當個明理的人、夠好的平凡父母。她懷疑若她去經驗它們的話，她是否有能力控制。如果她感覺到自己在生氣，不是氣外面的人，而是氣強納森和他已故的父親，誰知道會發生什麼事？

嬰兒期的感覺既原始又全能。當面對痛苦時，隱藏的嬰兒期衝動說：「如果你不喜歡，就擺脫它！」但你不可能對自己的兒子這麼做，於是衝動轉變為謀殺。若站在 J 太太的立場，會發現她不僅對死去的伴侶感到強烈的憤慨與恨意，同時也對兒子感到敵意。當然，這是她生命中主要的兩個人。這碰觸到情緒生活的核心議題：矛盾。當我們發現：我們所愛的客體同時也是憎恨的對象，該怎麼辦呢？在日常生活裡，某些極端與兩極化的嬰兒期感覺，妥善地埋藏在表象之下，只有當壓力來臨時，它們才會開始出現在意識層面。

嬰兒期的生氣或暴怒的特徵之一，是無法區別暴力的感覺與行動。嬰兒感到恐慌和生氣時，不但會吼叫，也會踢腿與扭動。我們很清楚，當幼兒甚或年紀稍長的孩子處在這類情緒中時，接踵而來的便是暴力行為。當成人在同樣的嬰兒期影響下，結果亦相同。J 太太害怕她可能會開始在情緒與身體上猛烈攻擊強納森。我們的許多案主處在這個階段，他們的成人思考能力已經瓦解，嘮叨、責罵變成戰爭。這並非毫無憑據。邱吉爾說，動口總比動武好，他指的是國際關係；而家庭裡的關係，或家庭與社會之間的關係，同樣可能瓦解。國與國之間外交的協商原則，是用來涵容利益衝突的架構；同樣地，日常行為的規則，是設計來讓人們對話——在餐桌上比在會議桌上

【第7章】小孩與父母之間的生氣：我們怎麼幫忙？ ︱ 187

好，但前提是，保持暢通的溝通管道而不訴諸宣戰。在家庭暴力的案例中，謀殺衝動上演。當我們與他們一起工作，我們將面臨驚慌不安的行為，並深感困擾。

當我說「家庭暴力」，包括警察常見的案例，也包括沒有那麼公然虐待的例子，而且兒童虐待造成的傷害，經常延伸至下一代。我們如何維持思考系統的運作，而不至輕忽與否認呢？我曾和一個悲傷的家庭工作，父母都因重罪入獄，由於他們即將回到社區裡，為了規劃孩子的將來，當地警方希望評估他們分住在不同親戚家的三個小孩。應該嘗試社區的康復中心嗎？若這樣的話，那小孩該由父母哪一方照顧呢？父母不但遭監禁，他們之前還爭起爭執，兩人已分開。迄今為止，孩子在家裡的生活狀況令人氣餒，他們（史蒂芬七歲，達倫六歲，羅琳三歲）目睹無數的暴力景象，且過去是長時間疏忽的受害者，例如，他們被發現深夜在大馬路上溜躂。社福單位已投入龐大的資源。

小孩被安置在父親的親戚家，這是一個重要而複雜的區塊。來自社福單位的工作人員覺得他們需要以新的觀點審視這件事，剛開始我和同事提供諮詢。嚴重的問題陸續浮現：父母販毒、用藥、竊盜與家庭暴力，以及孩子目前和姑姑與奶奶的住所。同時，似乎總有一股暗潮將專業人員拉回，不去正視事情有多麼糟糕。根據描述，孩子們將父親理想化，等著他帶他們回家。大家都說父親是很有魅力的人。一位社工說：「他會對你猛施魔法。」然而這男人雖看似迷人，甚至曾影響他出庭的地院法官，但當孩子由他照顧時，他卻無法在最基本層面保護孩子。我們的討論似乎在原地打轉。當我的同事說：「好像

很難記住我們正在處理一個違法的家庭。」房間裡的人覺得鬆了一口氣。我們的討論逐漸轉向這個事實：父親可能產生極度的威脅。我們開始思考那潛藏在迷人背後的惡霸，並等著看若魅力失敗、不管用時，暴力的威脅將會出現。我們進一步思考專業人員想安撫父親和其他家族成員的衝動，以及難以區辨是在安撫某人、還是在與其共謀。

接下來在我們評估三個孩子的過程中，有足夠的機會觀察面對下列兩件事有多麼的困難：第一是謀殺威脅源自於這個家庭在表象之下的沸騰憤怒、敵意與暴力；第二是難以面對這三個孩子所受到的傷害。我們迴避去思考曾遭受驚嚇與疏忽的孩子有什麼感覺。我們說：「既無法想像，也無法去想。」在一次兒童保護的會議裡，我發覺一面倒地強調正向，例如，學校護士極力說服大家，與史蒂芬眼鏡有關的門診預約都能如期出席。似乎她期望透過找到某位負責與細心的人，來抵抗我們在這個會議中所談的赤裸事實。

我與同事（資深的心理學家）見孩子們和照顧者，然後她單獨見每個孩子兩次，進行心理評估，最後我們一起見三個孩子。我們措手不及地面對這個事實：這三個手足無法和兩位不陌生的友善大人，共同待在一個房間裡。我輕信所有得到的資訊；孩子們待了幾分鐘便極度焦慮，並引發攻擊、競爭與失控的行為。三歲的羅琳一直吸著奶嘴，她把小玩具都拿出來，發覺自己無法思考怎麼玩，於是將玩具放在地板，使它們在腳下嘎嘎作響。三個孩子生動地讓我們看到，他們的生活是多麼危險；他們想爬到不安全的東西上，或站在窗檯上面。史蒂芬一直跑出房間去玩咖啡機，它會噴出熱水，這令他覺得很興

134

【第7章】小孩與父母之間的生氣：我們怎麼幫忙？ | 189

奮；他無法離開咖啡機，看起來好像成癮患者。兩個男孩和我們玩起摔角，有時其中一人會嘗試「拯救」我們。且當他們問我們問題時，例如「妳幾歲？」「在妳臉上的是什麼東西（指痣）？」兩人對於我們的力量與持久皆顯示出焦慮。

這些孩子透過行為事件，戲劇性地陳述未被涵容的嬰兒期焦慮，即使是些微的不舒服（我們應該稱其為緊張不安），都必須擺脫、猛烈抨擊和驅逐。剛開始嬰兒投射普通的痛苦——嬰兒在溝通他不快樂——然後變成生氣與攻擊。當痛苦沒有人回應，便轉變為恐慌，就像在猛烈撞擊一道關閉的門，如我早先所提過的。若回應依然不足，來自痛苦的破壞與報復願望就加進來，並增加恐慌和攻擊性。

這些孩子是上一代剝奪與憤怒的繼承人。他們不但必須自己應付沒有回應的需求，還得遭受身邊大人的轟炸。長期以來，大人只是掛名，無法思考孩子受害與脆弱的感覺。大人把這些感受傳遞給小孩，自己卻沒有去經驗它們。在一個暴力家庭長大的孩子，被要求忍受過度的驚恐，這對他們而言不堪負荷，以至於沒辦法領會這個令人恐懼的事實——他們是幼小的、無法獨立的，並受制於無法自我控制的大人。與其說感覺像見證人，不如說像是參與者；他們覺得參與其中，而且也是攻擊者。暴力也會讓人成癮，看似生命的徵象。史蒂芬明白咖啡機裡的熱水很危險，會燙傷他，而且他也知道我們告訴他不可以去那裡，但他還是往那邊移動，好像有某樣東西能組織他破碎的自我，讓他不再感覺亂七八糟，就像是一塊磁鐵吸住他零散的感覺。比起被一位友善大人用直率的方式吸引注意力，史蒂芬覺得被禁止的機器更有吸引力。當他被帶離機

器，他對幫助他的人感到狂怒，覺得對方對他很壞。

　　作為情緒範疇的臨床工作者，我們發覺自己成為案主衝突感覺的客體；衝突感來自長期或暫時無法處理矛盾問題的人，以及無法承認我們經常憎恨自己所愛及給我們好東西的人。一方面，人們視我們為希望，知道他們有麻煩，尋求某人能夠忍受他們麻煩的自我，並容忍他們的困難。這可能引領他們發掘自己內在的資源、開始領悟哪裡出錯、從已經發生的事學習，以及計畫未來。另一方面，建立關係，亦即嘗試形成有用的工作同盟，將會帶來困惑與衝突的感覺；這位有助益的人也是被拒絕和不受喜歡的人。

　　專業人員發現，他們被個案無意識的投射所席捲，並影響其工作與思考的能力。我們發覺自己感到愚蠢、無助、對明顯的事視而不見，或充滿輕蔑、生氣或拒絕的不舒服反應。但是，如果我們持續嘗試思考，觀察自己與個案，並瞭解正在發生什麼事，我們可能會發現自己所能做的，遠超過我們所想像。的確，當我們越瞭解別人想跟我們溝通什麼，治療工作就可能越有效，也越有趣。

第 8 章

混亂與痛苦的幼兒：母親未被發現的憂鬱對嬰兒與幼兒之影響

●露薏絲・艾曼紐

　　在本章中，我將描述與因混亂行為、睡眠困難而轉介來的　136
幼兒進行臨床工作的歷程，它們揭示了母親與孩子之間的互動
模式，回溯地推論：當孩子在嬰兒時期，母親可能罹患未經診
斷的產後憂鬱症。這些假設後來在母親與我們的討論中獲得證
實。該臨床工作是在社區的健康中心進行，目標是那些不可能
自行找到兒童與青少年心理健康服務的家庭。

　　體認到母親和嬰兒在嬰兒期的不協調係源於產後憂鬱
（或可能造成母親的憂鬱），此不協調攸關嬰兒的認知與情緒
發展障礙（Murray & Cooper, 1997），因此在成人心理健康服
務中，強調及早為母親做診斷與介入的需求，以及透過兒童與
家庭心理健康服務，對父母和嬰兒進行介入。在本章中，首先
我將探討母親的產後憂鬱可能對嬰兒發展產生的影響，接著舉
臨床案例說明，父母和幼兒之間的關係模式（通常從嬰兒期起
就根深蒂固），如何透過嬰幼兒心智健康之社區服務中相當短
期的介入，就可開啟改變。

母親憂鬱對嬰兒發展的影響

在懷孕期，母親的憂鬱可能會影響發育中的胎兒。已經有研究證實，憂鬱的母親可能透過聲音的語調，傳遞她的情緒給胎兒。「和非憂鬱的母親相較，憂鬱母親的高興，其韻律較慢、音調較低（Maiello, 1997）。」而且這將會對胎兒造成負面影響。

研究顯示，嬰兒從出生就投入與照顧者的社交互動，且敏感於彼此溝通的品質（Kennel, Voos, & Klaus, 1979）。出生後二十四小時內，嬰兒對於母親聲音的回應，遠超過對其他人聲音的回應。長到六週大時，他們偏愛注視媽媽，並對她的臉微笑。產後憂鬱可能造成這個互動的過程中斷，並在關鍵時刻襲擊發展中的母嬰關係，因此時嬰兒很敏感於母嬰溝通間感覺與表情的細微差異。琳恩‧莫瑞（Lynne Murray, 1988）設計蓄意中斷正常的母嬰互動（「無表情的臉」以及「時機不當」的研究），研究結果顯示，母親缺乏協調的回應，會導致嬰兒在很短的時間內做出抗議與退縮的反應。

若母親正遭受產後憂鬱之苦，可能難以「專注在嬰兒的經驗」，而且將危及她在社交互動中對嬰兒的回應。另一方面，母親全神貫注在自己的感覺上，使得她「錯過嬰兒的線索與退縮的模樣……而且憂鬱有時和干擾甚至敵意的遊戲有關，當母親無法辨識嬰兒的不舒服，繼續嘗試要獲得嬰兒的注意時，可能會粗魯地戳他，或用其他過度刺激的方式（Murray, Cooper, & Hipwell, 2003）。」

此外，莫瑞等人（Murray, Cooper, & Hipwell, 2003）的研

究指出，和非憂鬱的母親相較，憂鬱母親更有可能提早放棄餵母奶；根據希利等人的研究（請見 Seeley, Murray, & Cooper, 1996；引自 Murray, Cooper, & Hipwell, 2003, p. 72），憂鬱母親較有可能反映「處理嬰兒的哭泣與需求」之困擾。母親可能覺得嬰兒「耗盡與阻礙她」（Cramer & Stern 1990, p. 254），且難以適應母親的新角色。

　　莫瑞（Murray, 1988）的研究顯示產後憂鬱的長期影響，他以安斯沃斯的陌生情境測驗（Ainsworth, Blehar, Waters, & Wall, 1978）施測，即使母親的憂鬱在當時已經減輕，這些母親的幼兒在十八個月大時，其安全依附仍比非憂鬱母親的孩子差。嬰兒的某些認知發展層面也有顯著影響，包括在物體恆存任務中（Hay, 1997, p. 91，引自莫瑞在劍橋的研究）明顯表現較差。這些缺陷本身的特徵，是一種「失調的注意力」（Hay, 1997, p. 98），莫瑞的研究也指出，憂鬱母親的語言較專注在自己身上，較少專注在嬰兒與其認知能力（Hay, 1997, p. 100）。

　　嬰兒本身也可能對母親的憂鬱起顯著的作用，莫瑞和庫柏（Murray and Cooper, 1997）描述「產後憂鬱中，嬰兒的角色與母親因素」（p. 111-135），兩人主張，上述的劍橋研究顯示，新生兒較差的肢體表現與易怒會「顯著提升母親憂鬱的危險」。我在嬰兒觀察與臨床介入的經驗，也支持這項發現。

　　並非所有的憂鬱母親都會出現上述的互動問題。一個容易滿足的嬰兒，可能使得輕微憂鬱的母親振奮起來，並除去潛在的焦慮情境。然而，在較極端的例子裡，這可能導致把嬰兒理想化為「完美的」，母親因而沒有看見嬰兒有正面和負面感覺

的真實模樣。這將使母親過度依賴她的孩子，照顧者的角色倒錯；孩子在某程度上覺得自己有責任讓母親振作起來，並將活力帶進關係中。然而某些脆弱的母親，因著孩子的天生氣質特別磨人與容易受挫，所以非常努力地專注在孩子身上，因而陷入憂鬱的狀態。對這些母親來說，小嬰兒對生與死的溝通，令她們感到驚恐和無法忍受。母親可能「關掉」開關，所以她們就不需要注意嬰兒強烈的溝通，「有些母親無法看見嬰兒的訊號，因為嬰兒使她想起當自己還是嬰兒時未被滿足的需求，而且看見太痛苦了，無法忍受」（Daws, 1996, p. 14）。

嬰兒抵擋母親憂鬱的防衛機制：精神分析導向

產後憂鬱超過一段期間的母親，可能會在不當的時機對嬰兒發出信號，嬰兒也可能造成這樣的不協調（Murray & Cooper, 1997）。因此，嬰兒的無意識發展出防衛的行為機制，以處理長期未受注意，或不一致而無法預期的反應。

比昂的涵容器-被涵容概念

嬰兒處理強大感受經驗的心智能力有限，例如痛苦、興奮、恐懼、飢餓、孤單或劇烈的快感，他們可能經驗到迫害、甚至是生命威脅，因此需要父母為他們忍受大部分的感覺。如果嬰兒感到疼痛或痛苦，他會嘗試在幻想中排除這些不愉快的知覺，並合併身體排泄、哭泣與過度活躍的運動。若他的痛苦被留心的母親接受與吸收，母親能接收嬰兒的溝通並思

考它們，而不會被自己的焦慮所淹沒，那麼嬰兒就會經驗到他的溝通已經被瞭解。

當母親能夠在一個「涵育」的狀態，留心地親近嬰兒，這個「涵容」的過程便形成（Bion, 1962a, 1962b）。當母親已經在她的心智中瞭解嬰兒的溝通，接著她就能適當地回應嬰兒與他的需要——例如為他換尿布、安慰他、餵他等等。然後嬰兒經驗到母親能夠思考、瞭解與處理他的感覺。慢慢地，嬰兒較少被不安的感覺淹沒，透過體貼的母親如何從他的經驗找出意義，學習如何瞭解自己的經驗，亦即思考他自己。一位細心傾聽的母親，能提供嬰兒發展出思考自己感受的模式。

缺乏涵容：對學習與思考的衝擊

當母親無法執行涵容的功能與「涵育」嬰兒時，會發生什麼事呢？嬰兒唯一的辦法就是加倍用力地排除威脅、淹沒他的迫害知覺，試圖更努力地進入母親的心智，那麼他的溝通就能被接收與瞭解。若得不到母親的回應，或母親和嬰兒的溝通反覆無常，嬰兒可能會更用力且帶敵意地嘗試進入母親的心智，也許用尖叫、踢打、抓傷，有時甚至用頭撞她這類的方式進入。

嬰兒可能無意識地將憂鬱母親無力接收與涵容他的感覺，解讀為母親不願意這麼做，或對他有敵意。如果母親仍未接收到他的迫害感，而且沒有在她的心智中找到一個「家」，這些感覺便從不可得的母親這端，未經修正地重新彈回給嬰兒，於是迫害感更加強烈。當嬰兒用力、帶敵意地將他的感覺推回給母親，試圖引發回應，可能就形成一個惡性循

環。這時常是干擾、尋求注意行為的來源，稱之為注意力不足過動症（ADHD）。這類行為的源頭，可追溯至嬰兒期生活剛開始的幾週與幾個月，小孩內化早年漫不經心的模式，並反映在之後的成長時期，出現專注或注意力困難，不利於孩子在學校的學習能力。

在某些情況之下，嬰兒仰賴他的天生氣質，放棄嘗試「接通」母親，並成為他有點憂鬱的母親。在教室裡，孩子看來呆滯、似乎空洞無反應，老師形容難以「接通」他。嬰兒內化對別人的溝通沒有反應的母親形象，並認同此內化的模式，時常導致老師認為這類使用「請勿進入」（Williams, 1997）防衛的小孩智力較差，但實際上可能並非如此。

除了因母親憂鬱而造成注意力缺失外，另一個可能的反應是嬰兒離開依賴她的狀態，轉而早熟地自給自足、控制與處理未被滿足的需求，看似僅僅需要大人一丁點安慰或滿足。這些嬰兒很早就能自己站起來，不用大人扶著；他們不用母親抱在膝上，傾向在六、七個月大就發展出有力的肌肉，用腳站得很好，偶爾可以行走。雖然看似提前許多，然而他們掌控的模式以及明顯缺乏弱點，可視為一種因應早期需求未被滿足的辦法——拒絕允許自己感覺有任何需要、失落感，或匱乏時的失望感。

精神分析師以斯帖・畢克（Esther Bick, 1968）描述嬰兒在缺乏母親涵容之下，發展出肌肉的「次級皮膚防衛」，以將自己整合在一起。憂鬱母親已經缺乏自信，嬰兒的「次級肌膚」防衛可能會增加她的負擔，接收嬰兒分裂與投射給她的脆弱、無助感。嬰兒用這種方式，避免碰觸無法忍受的失落或失

望感。母親不僅處在失能的感覺裡，而且接收嬰兒的投射之後，更加深憂鬱的重擔與無助感。處在這種狀態的嬰兒，因為給母親一種他不需要她的錯誤印象，甚至更使母親覺得無用和不適任。

這些早期、原初的無意識防衛，將造成孩子的學習問題，他們無法忍受接觸依賴的感覺，難以適應老師（像母親）可能擁有他沒有、可提供給他東西的事實。他們無法忍受知道自己內在並未擁有全部的知識與答案，且必須仰賴老師教給他們，這令他們感到渺小與焦慮，激起所有嬰兒期無法忍受的無助感；需要帶來的是挫折、而非滿足。通常當老師給予新任務或資訊時，孩子不是開始干擾，就是「消失」在白日夢中，幻想自己可以掌控所有資源，不需仰賴別人。

憂鬱的母親有時相當有限地回應嬰兒變動的溝通，而未區分它們，例如，在不同情境下，皆用餵食安慰嬰兒，然而嬰兒傳遞的訊息可能是需要別的接觸方式或作為。當嬰兒缺乏母親替他們分辨的經驗，就無法學會清楚區分自己不同的感覺狀態，這將導致受限、僵化的思考。年紀大一點的小孩，在教室裡可能不懂如何分辨什麼是重要的、要吸收進來，什麼不是；且可能掙扎著是否讓想像力全然天馬行空。孩子可能在所有的學習情境下，都採用完全相同的辦法，因而成為學習與思考的阻礙因子（R. Emanuel, 1998）。

臨床案例

我將舉一些在當地健康診所治療的父母與小孩之案例，他

們被轉介的理由不盡相同，然而，根據孩子的素材與父母的回憶，母親皆在孩子出生之後罹患產後憂鬱。當孩子在嬰兒時期，雖然大部分家庭皆曾前來診所或類似的健康中心，但出乎我意料之外，這些產後憂鬱的母親都沒有接受治療。許多預期會形成產後憂鬱的因子——先前流產、母親早年喪母、父親缺席或不支持，都將出現在這些案例中。

我在兒童及青少年心理健康服務（CAMHS）單位工作，每週到這個當地的健康中心一次，提供家訪護士支持與參與討論會議，並會見那些他們覺得需要更專業的人員協助、但無法到兒童及青少年心理健康服務單位的家庭。我提供每個家庭最多五次治療，並探索進一步工作的可能性，且經常與家訪護士一起見他們。雖然下列描述的家庭是由我單獨見他們，我仍會與家訪護士定期進行回饋會議，討論如何介入。

提米和道格拉斯都是三歲，母親回憶自己可能曾罹患產後憂鬱。孩子們的干擾行為和早期的母嬰互動模式有關，當時嬰兒難以被出神的母親所理解，且需要大聲「播放」他的痛苦（米勒，第二章與第七章），以獲得母親的回應。

提米

提米的父親在他出生兩個月後離家。母親的男友和提米關係良好，該男友現在入獄服刑。母親的兩任伴侶都曾對她施暴。第一次我和母親、提米以及六週大的嬰兒蘇珊見面，母親告訴我，她不想生提米。在他出生幾個月時，是因為有外婆幫忙，她才能照顧他。然而，母親和外婆的關係惡化，親戚們也不支持她。這個家庭被轉介的原因是因為提米攻擊母親，且她

似乎無法掌控孩子。在這次治療裡，嬰兒蘇珊從頭睡到尾；接下來的治療，她要不是睡著，就是眼神空洞地瞪著前方。提米則在房間橫衝直撞。母親證實蘇珊在家睡得非常多。母親非常緊張，忙著應付提米的需要、清理他製造的髒亂，似乎很長一段時間，她都忘了嬰兒的存在。很清楚地，母親覺得被提米恐嚇，他在家主掌一切，母親被他粗暴的憤怒與攻擊所驚嚇，覺得無法做任何事來安撫他。母親似乎完全被提米擊垮，在家中毫無權威，而且花了一段時間她才明白，她沒有什麼能給予這位又「好」、又「善解人意」的嬰兒。我對這造成的影響做了一些評論。

第二次治療，母親抱怨她整晚沒睡，孩子輪流讓她無法睡覺，小孩也都沒睡著。我指出，也許提米因白天的行為和攻擊而感到焦慮與害怕；蘇珊則健康地抗議，決心從母親那邊獲得一些個別關注。我們討論到很重要的是讓提米經驗到和妹妹分享母親，而且覺得母親能在心智中同時保有給兩個孩子的空間。下一次，母親描述孩子們半夜可安靜許多。

第三次治療，母親表示提米會大發脾氣，令她不知所措。當我看著提米突然爆發無法控制的怒氣，撲向她、攻擊與咬她，讓我想到一個嬰兒沒被處理的投射未曾被涵容。他試著用持續增強的力道擠進母親的心智中，並想在她的心智中為他難以忍受的感覺找一個位置。我可以想見，當他的憤怒引發母親生氣地回應時，他暴力的感覺如何升高；母親無法思考他暴怒的溝通，具破壞性質的惡性循環在我眼前呈現。而母親認為，當我們兩個一起在會談室時，提米平靜許多，我感覺他在回應清楚界限設定帶來的涵容，以及母親與我的思考，像配偶

一樣共同合作與負責，且不允許他完全掌控。因為他的生活中缺乏父親形象，這一切更加慘痛辛酸。

母親告訴我，提米六個月大時開始走路，而且「完全自給自足」，似乎不需要任何人。當母親講話時，他試圖離開房間，母親在我的幫助下制止他。他憤怒地站在箱子上，變成一個粗野的拳擊手，大喊著：「不要！不要！」並把小手握拳，像是具威脅性的拳擊手。對母親來說，他彷彿有六呎高，遠比母親還大還壯，因此她感覺被拒絕與沒信心。一會兒後，他從箱子滾下並跌倒，臉上閃過恐慌。我們談論他勉強想變成堅強的超人，因為嬰兒時期過得很糟，他想要擺脫他那需要與依賴的嬰兒部分。母親同意地表示，他一定對她很失望，因為她沒有在他身邊、滿足他嬰兒的需求。現在他需要確認他能夠掌控一切，並擺脫無助的感覺，且傳遞給母親。

第四次治療，提米粗暴地發脾氣，他暴跳如雷、咬母親，並把玩具像飛彈一樣扔向我。母親被生氣給淹沒，動手打他。他退縮，彷彿期待它發生，然後獨自坐著，哭得好似心碎了。這時他在我們面前展現另一面，不是粗野、威脅的拳擊男人，而是一個痛苦、不安、哭泣的嬰兒，需要母親抱著、能夠涵容與思考他不安的嬰兒感覺。先前的治療中，他發出嬰兒的聲音，咿咿呀呀說話，試圖戴上嬰兒娃娃的帽子並看向我們，彷彿現在他明白我們會注意與討論這件事。現在，他坐著哭泣，我大聲地說：不知母親在家通常怎麼辦？她說：「他不是個喜歡摟抱的小孩，如果我試著去抱他，他會把我推開。」我們可以看見，母親感到不適任與被拒絕，這些感覺很容易就推回給嬰兒，期望他能應付處理，尤其當母親感到不被

支持的時候。

經過鼓勵，母親相當猶豫地讓出一個空間，讓提米坐在她膝上。當他啜泣，我遞給他一張衛生紙，他搖頭拒絕，用眼淚在說：「我還沒哭夠。」我想，有那麼一會兒，當提米能忍受作個小男孩，坐在母親的膝上被她安慰時，他必須面對所有關於失落與擔憂的痛苦和不安。如同他所說，一旦他哭泣，他可能停不下來。當他的防衛出現裂痕，將他暴露在極大的心智痛苦中，會需要母親與我的涵容。幸運地，這個家庭能夠善用總共八次的短期治療，足以讓母親能夠瞭解提米較脆弱的一面，並想像他是個幼兒，而非粗野的「男人」（可能是暴力的父親），並回應他。提米的摧毀式攻擊減少了，母親變得能夠給予嬰兒更多關注。家訪護士繼續密切與這個家庭聯繫，並表示治療結束六個月後，進展依然維持著。

道格拉斯

道格拉斯也是有明顯無法控制的暴怒，且父母和我單獨見面時，表示他「絕對是個怪物」，親戚們稱他為「道格拉斯神經病」或「道格拉斯瘋子」。他相當好動，會用語言或行為攻擊母親。有一次在盛怒下，他把整個房門都拆了。他睡覺時常因惡夢驚醒。我應描述第一次與他的父母單獨會面時，我們討論教養他的一些困難。

雖然父親在家裡，但他覺得當他下班回家後，無法處理母親的惱怒與壞心情，而且夫妻關係岌岌可危。父親無法在此時涵容與支持母親，幫助她發揮對道格拉斯的權威。事實上，他似乎享受著兒子在他們之間造成的分裂；道格拉斯會服從父

親，卻不顧母親而一意孤行。就像提米，道格拉斯以變得早熟來處理嬰兒期可能的失望感覺。他會與母親一起在樓上臥室看成人電視節目，父親卻在客廳看運動節目。看起來道格拉斯似乎已成為母親的小伴侶，他的全能心智狀態，可能讓他以為自己已經取代父親的位置，成為母親的「丈夫」。母親表示，道格拉斯不准她叫他小男孩，而且很嫉羨她和伴侶彼此表露情感。

道格拉斯已經發展出對摩托車的熱情，他會帶著車子上床睡覺，而非可愛的玩偶。他似乎認同強壯的父親形象，用防禦的盔甲壯大自己，並保護他免於夜晚驚恐的危險。我們明白，道格拉斯對夜晚的恐懼，來自他已經取代父親、成為母親伴侶的全能幻想，以及隨之而來對於報復攻擊的被害焦慮。

母親描述，當她送他到托兒所，他會頭也不回地跑進去，而且衝去拿三輪腳踏車。騎坐在堅硬的腳踏車上，似乎能讓他遠離任何軟弱、擔憂離開父母的感覺，彷彿他已經內化了這樣的概念：對無助與虛弱感不屑一顧，人必須堅強地存活。這可能是嬰兒期經驗挫折與失望的反應。當時他缺乏一個適當的母親客體，涵容他投射的焦慮或恐懼，且內化相對強壯的父親。當我聽到他的童年經驗時，就更容易理解他的「倖存者」態度。

當他的父母提到，他殘忍地對待他們養的寵物貓，像足球一樣踢牠時，我感到擔心。我指出，因家裡沒有其他年幼的孩子或嬰兒，對道格拉斯而言，小貓咪不僅代表與他競爭、令他生起謀殺心的嬰兒，也是他內在脆弱的嬰兒部分。我詢問父母，他們是否想過再生一個孩子。母親表示，光是道格拉斯就

很難控制，她不想讓情況更惡化。看來他實際上已經阻止家裡有更多嬰兒的可能性。我說明道格拉斯製造父母之間生氣分裂的方式，以確保他們不相愛，也就不會製造可能取代他地位的嬰兒。我也說明這樣的掌控與權力感如何增加他的焦慮、激起破壞的攻擊。他越是覺得被迫害，越會迫害別人，且產生惡性循環。

這個論點得到證實，父母陳述道格拉斯有嚴重的蒼蠅、蜜蜂恐懼症，他痛恨它們嗡嗡叫的聲音，有時讓他不敢進入花園。我指出，他擔憂心裡面嗡嗡叫的聲音，穿越堅硬的盔甲折磨他；他可能也害怕小型的東西，如嬰兒或蒼蠅會來反擊他，報復他對母親或母親未出生的嬰兒所造成的傷害，以及所有他對父母的暴力與攻擊爆發。父母努力瞭解，若道格拉斯覺得他們無法阻止他攻擊與虐待母親、阻撓他們成為合作的父母配偶，他的焦慮就會增加。

透過這樣的討論，父母似乎覺得受到幫助，並告訴我他們經歷過「可怕的懷孕、分娩與出生」，以及覺得道格拉斯「不受歡迎」地來到這個世界。母親在懷孕期間覺得糟透了，且她的憂鬱呈現為易怒。父親陳述在漫長焦慮的分娩之後，小兒科醫師粗魯地將嬰兒推給他，唐突地說：「這是你的小孩。」從醫院返家之後，母親逐漸變得擔心憂鬱。雖然她計畫餵母乳，但生產卻令她筋疲力盡，以至於她改用奶瓶餵奶。在一般嬰兒會覺得安靜想睡覺的環境，例如車子裡或嬰兒車，道格拉斯卻不曾入睡，除非是在他自己的安全硬床上。我指出他似乎總是處在警戒狀態，而且從很早開始，他可能已經吸收周遭環境的緊張與恐慌，令他難以安全放手、逐漸睡著。

父母的極端反應與在脆弱時刻覺得被惡劣對待，並不符合我對一般婦產科的印象。直到接下來第二次會談，我聽到關於他們的背景，才瞭解他們自己被拒絕的感受，是如何投射至兒子的出生環境中（尤其是父親覺得他自己不被家庭歡迎），並且混淆它。

母親十六歲時，她自己的母親在久病後過世。她的憂鬱和深切失落，與遺憾自己的母親未到場見證道格拉斯出生並「溺愛」他有關。父親則略為虛張聲勢地描述從小在育幼院被帶大，他的手足一個個被送回親生父母家，但他是最後才被帶回去。在青春期時，他會生氣長達兩小時。我們可以看見，為何父親可能很難在母親憂鬱時提供支持與涵容。當他還是小孩時，他本身即缺乏內在支持或涵容的模範；也許他期望在婚姻中，太太能當他的母親，但這期盼卻被新生嬰兒的需求給擊碎。

父母告訴我道格拉斯對電池的強迫行為，父親描述他會打破玩具車、拿出電池，因為想看這些電池驅動的玩具是怎麼運作的。我說道格拉斯似乎就像顆電池，充飽電之後就往前衝，直到他崩潰為止。我告訴父母，道格拉斯很早便覺得他必須用精力充沛的活動，帶給母親活力、為她充電。母親悲傷地同意可能是這樣。我指出，道格拉斯好奇地想看物體裡面如何運作，可能是當他覺得母親的心不在他身上時，無意識中渴望進入母親的眼睛後面，彷彿想看看她內在的心智（與身體），有沒有東西能夠占據她、用別的想法填滿她？也許他想像有其他的嬰兒填滿她裡面，就像電池填滿空的玩具裡面。

我指出：道格拉斯扳開玩具的電池，象徵他的擾亂行為作

用在母親身上。他似乎從她身上脫離出來，然後破壞所有可以讓母親適當運作的良好特質，正如把玩具裡的電池拔出來，玩具就會停止運作。另外，他「拔除」母親設立清楚界限的能力，且表現得如同家長一樣權威（承擔父性的功能），令她感覺被擊倒與無用，就像沒電的電池。在此案例中，父親缺乏自己的資源可以為母親充電。

下次會談（第三次）回來，道格拉斯的父母告訴我，他變得平靜多了。母親說她發覺自己更能多加思索道格拉斯的脾氣爆發，並用語言說出他的感覺、為他處理它們，而不只是對他尖叫回去。父母認為，透過我提供母性的照顧、涵容他們作為父母與夫妻的角色，並給他們內心亟需關懷的小孩一些空間，我幫助他們充一些電，懷抱希望，並重新裝滿逐漸減少的庫存資源。

父親感動地告訴我，在育幼院時，他會坐著好幾個小時，拆開鬧鐘再裝回去，讓它們能運轉。同樣地，道格拉斯也會花好幾個小時蓋樂高積木與車庫。我想，他明顯想修復父母客體。在道格拉斯的出生創傷與父母內心被激起困擾的感受之後，父母顯然很主動積極地想將家庭再次組裝起來。

接下來三次會談，父母帶著道格拉斯一起參加。情況大幅進步，他們愉快地陳述家裡的朋友說「這孩子變了」。由於與父母的工作，現在道格拉斯能夠使用這幾次會談，用遊戲探索關於大與小、界限與限制的議題。他用玩具圍欄圈了一塊地，對大門顯示強烈興趣，堅持所有的動物從這兒進出。這和他之前猛擊家裡臥室的門正好相反。當我談到道格拉斯關注於用正確方式進出圍欄、允許誰去哪裡、何時去，他們很感興趣

149

地聆聽。父母描述道格拉斯「強迫地」建造屋頂，且將磚造的建築物都圍起來。我提醒他們先前討論過道格拉斯在嬰兒期的經驗，他感到生氣、挫折與痛苦淹沒他，導致在家爆發暴力。也許他仍然覺得，有時需要一個壓抑的蓋子，蓋住這些劇烈破壞的感受，接著在內心沸騰耗盡。當我在說話時，有些動物從道格拉斯幾乎已經裝滿的圍欄衝出來，父親跟著說：「轟隆！碰！」暗示爆發。接著父親談到他自己的憤怒，以及他在道格拉斯身上看見這項特質。

最後一次會談來臨。我誤稱道格拉斯為 Dougie，他說：「我不是 Dougie，我是道格拉斯·史密斯。」我說他覺得他是個大男孩，我不應該這樣叫他，好像他還很小。大家衷心同意這點。道格拉斯爬上一個很高的檔案櫃頂端，我說他覺得自己是國王，像個爸爸一樣掌控一切。他說：「我不是爸爸，但有一天我會是。」我說：「是的，他在想他適合哪兒。他不是嬰兒，他會成為一個大男孩，有一天他將是個大男人、一位父親，就像他的父親一樣──他將會長大。」安妮·阿瓦雷茲（Anne Alvarez）在她的著作《真實的陪伴》（*Live Company*, 1992）中談到，允許孩子表達對某位欣賞對象「預期的認同」，想像地推測將來長大會是什麼模樣，是重要的發展歷程。在安全與更能思考的氣氛之下，道格拉斯逐漸能做到這件事。同時父母也體認到仍有一些困難需要修通（work through），並持續思索他的行為意義，而不會覺得被絕望感淹沒。

▌結論

　　這些家庭被轉介的主要考量，並非是因母親可能在小孩出生時便罹患產後憂鬱；轉介主要是因幼兒難以處理的干擾行為。運用塔維斯托克診所之短期精神分析取向模式，我透過與母親討論，以及小孩的遊戲與溝通，逐漸瞭解母親和孩子之間形成的困難關係，以及孩子的內在問題，可能源自母親罹患產後憂鬱，導致早期母嬰關係的瓦解。

　　我希望這些案例突顯了罹患產後憂鬱的母親，極可能需要及早偵測與介入。在關鍵的嬰兒期，因產後憂鬱造成困擾的母嬰關係，對小孩產生相當大的影響，而且可能不利於孩子的情緒、認知以及社會發展。然而比較有希望的層面是：從我與這些罹患產後憂鬱母親的家庭工作經驗，短期、聚焦的工作，可以有效點出恢復他們自己充電能力的方式。

▌註解

本章是這篇早期文章的修正版：L. Emanuel, "The Effects of Postnatal Depression on a Child", *Psychoanalytic Psychotherapy in South Africa*, Vol.7, No. (1999): 50-67.

第9章

野獸在哪裡：兩名五歲以下男孩的暴怒與行為問題

● 凱西・厄爾文

在桑達克（Sendak, 1963）的經典兒童繪本《野獸國》 151
（*Where the Wild Things Are*）一書中，描述一位叫馬克斯的小
男孩，在某一天穿上他的野狼服裝，並且做盡壞事。他的媽媽
稱他為「野獸」，他威脅吃掉她，結果媽媽不給他吃晚餐就送
他上床睡覺。在馬克斯的想像裡，當他駕著帆船駛向「野獸所
在之處」，他的房間轉變成叢林，然後是開放的海。雖然野獸
們怒吼、咬牙切齒、滾動著眼珠子、張著爪子，馬克斯靠著瞪
視牠們的眼睛，馴服這些野獸。他變成牠們的國王，各種爭吵
隨即而來，終於馬克斯感到厭倦，他將那些生物送上床鋪，不
給牠們晚餐吃，然後他覺得很孤單，「想要去一個有人最愛他
的地方」。從遠處，他聞到香噴噴的食物，所以他放棄當國
王，回到小船，穿過世界航向家裡。他的晚餐正在房間等著
他，而且還是熱騰騰的。

如同拉斐爾莉芙（Raphael-Leff, 1989）所言，這個故事機
敏地捕捉了養育五歲以下孩子的某些挑戰。從插畫判斷，馬
克斯持續折磨狗、在牆上鑽洞、對著媽媽吼叫。在家中和學
校的行為問題，是五歲以下兒童轉介兒童與青少年心理健康

服務（CAMHS）最常見的理由。轉介來的孩子經常被描述為
「變身怪醫」（Jekyll and Hyde），前一分鐘很可愛，下一分
鐘就變成怪物。大眾與媒體關注暴力與犯罪根源的問題，可能
加深了爸媽和轉介者的警覺。有關注意力不足過動症的電視節
目，以及育兒節目「超級保母」，迫切強調早期介入對家庭和
孩子的好處。轉介兒童與青少年心理衛生服務者，溫和委婉地
指出，爸媽回應他們的無力與失控時，猛烈攻擊或傷害孩子的
危險性。這些轉介來的對象不只是男孩，但經常傾向是男孩。

　　基於這些轉介背後充滿高度焦慮，任何有效的服務一定會
盡可能迅速回應。精神分析取向的發展觀點能提供什麼？心理
動力取向的五歲以下嬰幼兒心智健康諮商又有何優勢？

　　精神分析取向的特色是辨識出令人不快的情緒，如占
有、嫉妒、攻擊和破壞行為，如果孩子能控制它們、而非受它
們所控制，便有助於發展出強健的人格。有效的教養能協助
情緒整合。至少在西方文化裡，兩到三歲的孩子發脾氣很常
見，長久以來被視為年幼孩子發覺自己有「主見」，能抵抗別
人的「主見」（Sully, 1895）。現今的神經科學指出，在這段
時期正在發展新的神經路徑，以及促進更清楚的自我感分化系
統（Schore, 2004）。然而，精神分析的思考也強調，孩子在
這個年紀仍然在修通斷奶以及和爸媽分離的餘波。雖然分離和
增加自主帶來好處，放棄當嬰兒的特權卻是痛苦的，適應失落
和成為自己，帶來了情緒和焦慮。包括更注意到競爭、媽媽關
注爸爸、對小孩來說無時不在被新嬰兒取代的可能性。這些不
愉快的感覺，引發孩子對所愛的爸媽感到敵意，接著激起更多
的情緒衝突。

克萊恩（Klein, 1935）描述孩子掙扎於對爸媽的矛盾感受，當足以克服他們的敵意和嫉妒，於是體認到爸媽需要投入其他關係的自由（包括夫妻關係，意味著必須排除孩子）。這有助於分離和獨立。克萊恩（Klein, 1935）將此時的心智稱之為「憂鬱心理位置」（depressive position），小孩變得特別關切他們對別人的攻擊念頭和行為的負面影響，這樣的警覺也增強孩子區別想像裡發生的和外在現實之間的不同（Segal, 1973）。伴隨新發現的關切、想導正事情，克萊恩（1935）和溫尼考特（Winnicott, 1963）指出，出於讚賞、愛和關心，以及渴望取悅爸媽，而非出於恐懼，促使孩子內化一個比較不嚴厲、不具懲罰性的超我，並且更體認實際的成人價值觀。爸媽是共同合作的一對，以及爸爸支持媽媽的威信，提供所謂「父性的功能」，這樣的新認識，是這個過程的一部分（Emanuel, 2002b）。

153

然而，上述情狀發生之前，爸媽要先體認到，要求小孩行為獨立和負責任，仰賴爸媽明白孩子是一個人，有他自己的權利、好惡，以及不同意某人等感受。在小孩這邊，變得更獨立，與發覺、鞏固認同、了解自己的限制等發展挑戰相關，而其中一個重要的層面在於：孩子發覺在他或她獨特的家庭裡，成為一位男孩或女孩是什麼意義。

發展認同與自我感是分離過程的關鍵，而且和年幼孩子處理變得更獨立的情緒痛苦之獨特方式有關，這些包括使用「躁狂」（manic）防衛，如年幼孩子不睡覺，否認他們的脆弱、休息和分離的需要。這和特殊的全能想法及行為有關，而小孩透過認同或模仿大人來達成這些想法及行為。藉由成為媽

媽或爸爸，年幼的兒童相信他們如想像中的大人一樣超級強大，可以橫跨大人和小孩之間的區別，免除了體認到渺小、脆弱、仍然依賴別人的指導與保護。

爸媽的挑戰是支持孩子成為大人的願望，但不去共謀，否認脆弱和依賴，包括仰賴向別人學習。然而，年幼孩子無法永遠幻想自己是最好的。他們暴怒經常是因為不被允許想要的而感到挫折，他們無法想出超出當前狀況的替代辦法，因而無法控制接著而來的情緒騷動。暴怒也可能反映全能認同的失敗，也許是崩解了，或大人挑戰成功。米勒（Miller, 2004）指出，因為大人看似巨大，小孩膨脹自己，讓自己看起來很大。認同的崩解將令人擔憂或驚恐，小孩的生氣表達在發脾氣裡，阻止焦慮接近，這樣的生氣如皮膚般將小孩面對崩解的害怕兜攏在一起，如同畢克（Bick, 1968）所定義的，一種稱為「次級皮膚」的防衛方式。

這個過程的某些事也許出現在桑達克的故事裡，馬克斯穿上野狼服裝、邁入認同野獸的心智狀態，他被他製造的惡作劇給帶走了。修復也是核心的主題。馬克斯首先發現一種降低焦慮的辦法，透過將他生氣的感受投射到野獸國裡，以掌控他被生氣控制的恐懼，接著驅逐它們。一旦以這種方式減少焦慮，馬克斯便能想念他的媽媽、打開悔恨的門，最後能夠修復。

馬克斯的媽媽似乎度過風暴的難關，這是成功養育年幼孩子不可或缺的。在某些情況下，這會更加艱難。比昂（Bion, 1962a, 1962b）認為有效的教養仰賴感同身受的過程，它促使爸媽能認同與回應嬰兒及年幼孩子所傳達的情緒經驗。爸媽

容忍嬰兒溝通的能力——當他們沉思、迷惑、試著瞭解嬰兒的感受以及行為的意義——最後孩子從而透過認同會思考而非誇大的爸媽，獲得一種調和感，以及在行動之前思考後果的能力。也許馬克斯的媽媽藉由這個方式在修通。例如，嬰兒害怕或憤怒的感受極為強大，且能迅速激起爸媽類似的心智狀態，並暫時癱瘓他們。在極端的情況下，強烈的情緒會喚醒爸媽自己童年的受虐或創傷。佛雷伯格等人（Fraiberg, Adelson, & Shapiro, 1975）描述這些是「育嬰室的幽魂」。混淆自己和孩子的情況，有時可能導致爸媽重演受虐經驗。對小孩來說，重複這樣的經驗將會製造恐懼、逃避行為，最後形成混亂的依附類型（Main and Solomon, 1990），以及（或）比昂（Bion, 1962a, 1962b）所描述，當孩子接收到爸媽無意識的溝通，他們的強烈情緒令人難以容忍，於是形成了一個極度殘酷和批判的超我，這強化了孩子的罪惡感。克萊恩（Klein, 1934）和溫尼考特（Winnicott, 1956）皆注意到，挑釁和反社會行為是透過誘發外在世界的處罰，來降低內心折磨的強度，至少外在處罰有時間限制且可商量。

155

　　小孩現在的困難，可以放在發展過程中的各種關係來理解，並影響治療師的處理方式。例如，孩子呈現符合年齡的暴怒，可用相對較少次的治療，幫助爸媽體認需要一致的限制和更堅定的界限。當孩子成長、問題多著墨於處理分離時，協助父母思考角色的轉變，可能也是工作的一部分。

　　更持久、無法處理的行為，可能顯示一種更廣泛的發展性困難模式。嬰幼兒心智健康服務是一種家庭介入的形式，將爸媽和治療師們納入，共同來瞭解、思考小孩試圖藉由遊戲修通

發展困境的意義，此工作有時包括辨識與處理父母童年的未竟事務。遊戲可能在治療師和爸媽開放溝通強烈情緒和焦慮的脈絡之中產生。治療師透過監控自己的感受，觀察治療室裡的情緒溫度是否升高。當孩子的行為顯示焦慮增加，爸媽的焦慮可能也急遽升高，這可能表示小孩正在努力控制的，和父母一方或雙方未解決的領域互相重疊。例如，小孩驚嚇於他的攻擊感受的後果，可能碰上媽媽意識或無意識被喚起自己童年家庭暴力的回憶，因而增加警覺性，這樣的警覺傳達回去給孩子，將加劇而非降低孩子對於自己感受之危險性的恐懼。

另一方面，如果升高的焦慮能被護持與處理，小孩就可以在遊戲中表徵這個經驗。爸媽將會經驗到無法思考的焦慮和情緒痛苦可以被處理，如同某件可以被想到的事情。這提供深層的情緒溝通經驗，爸媽能感知與享受和小孩的關係，小孩就是小孩，而非令人恐懼的野獸。更甚者，此時父母更容易顯得高度受激勵且具接收性，這個方法也是他們和孩子能改變的媒介。

本章描述和兩名因無法處理的行為而被轉介來的孩子進行治療工作。第一個案例說明，激烈的暴怒可能和分離的困難、全能自大崩解交織在一起。如上所述，這對孩子是種警訊，因為他的自我感消失了。這樣的表現和過去母親的產後憂鬱有密切關係。在第二個案例中，家裡的情況似乎影響了孩子對嬰兒期焦慮的涵容。在治療中，一旦焦慮被涵容，我們可以觀察到孩子能表徵他的攻擊感受和恐懼，而不是行動化（acting out），如此一來，困擾與無法處理的行為會降低，而且他的畫作顯示出更強有力的界限、更清楚的自我概念。

提摩西

提摩西四歲時，因為破壞行為、攻擊以及拒絕接受「不」這個字，而被家庭醫師轉介來，他有個兩歲的弟弟史帝夫，和七歲的哥哥丹尼爾。

在這個短期工作模式裡，我通常將前兩、三次的晤談安排在一到兩週之內，之後如果爸媽的焦慮降低，覺得更能掌握，晤談的間隔通常會拉長。我邀請爸媽選擇接下來會談的時間，這會加強他們有進展的感覺，並幫助他們慢慢走向會談工作的結束。

在這個案例，整個家庭參加第一次晤談，提摩西的爸爸 P 先生取消工作，但接下來的五次晤談他無法這麼做，但他仍保持參與。第一次見面時我得知：當提摩西只有九個月大時，他的媽媽 P 太太已經懷有史帝夫。她親餵提摩西一小段時間，並同時哺乳史帝夫。爸媽的家人給予的支持很少；史帝夫出生後的前三個月，當時 P 太太感到憂鬱和孤單，因此 P 先生暫停工作。提摩西和爸爸相當親近，P 太太覺得當爸爸回去上班時，提摩西會想念爸爸。提摩西仍和爸媽一起睡，而且依然無法一覺到天亮，夜晚會因為分離焦慮而吵醒媽媽。然而，他也可以看似極其獨立，例如，早晨他會堅持自己穿衣服、自己吃早餐，這非常耗時間，如果媽媽試著催促他，提摩西會非常驚人地持續暴力抗議。媽媽覺得他的暴怒和丹尼爾以前不一樣，爸媽擔心他六個月後入學的第一年該怎麼適應。

提摩西堅持像大人的模樣，顯示其全能自大，以及強烈認同他的父親。也許提摩西出於關心母親，因而頂替父親來支

157

持她，且／或是在處理爸爸缺席的痛苦；透過變成爸爸，他就不會想念他。他的暴怒似乎是其全能認同受到挑戰時的反應。在晤談裡，父母沉思回答問題、做觀察，適切地涵容了提摩西。晤談結束時，父母同意我們所描述的提摩西有不同面向，有時他想要成為大人，有時他是個嬰兒。

這給了爸媽一個瞭解提摩西的架構，在接下來的晤談裡，我們可以看見，家庭中的角色如何移動。顯然男孩提摩西能認同爸爸以及認同嬰兒弟弟的空間非常小。在第一次晤談裡，他特別喜歡「桶子裡的比利」，它是由數個不同顏色、一個套著一個的桶子組成，像俄羅斯娃娃，最後一個桶子內有個男孩玩偶固定在裡面。現在他爬到媽媽的膝蓋上玩這個玩具，彷彿他是年紀最小的小孩或嬰兒。他把桶子們分開、找到藏在裡面的男孩，秀給媽媽看他記得這個玩具。特別的是，他指著這個男孩說在「下面」，而不是在「裡面」。同時，史帝夫拿起一個男性人偶，說他是「爹地」，好像在指出爸爸的缺席。

我指出就像史帝夫上次一樣，提摩西今天爬到媽媽的膝蓋上，而且嬰兒正像是個「大男孩」一樣在探索。P太太笑著說，她現在覺得提摩西的問題主要是想要獲得她的注意，那是當史帝夫出生時，他便失去的。

P太太直覺認為，提摩西想找到桶子裡的比利，顯示他需要重新發現自己的嬰兒期自我，這是在認同嬰兒弟弟時所失去的。她覺得有時候提摩西需要她幫忙處理被弟弟替代的那些感受。我指出他可能也需要大人幫忙他發現適合他年紀的自我。我注意到一箱磚頭，外面有一個男孩的圖樣，我說：

「我在想裡面可以是什麼？」提摩西熱切地說：「磚頭！」我補充：「我在想它們可以做什麼？」「做一架飛機！」他說，然後爬下媽媽的膝蓋。提摩西認同玩具箱上的男孩，啟動他更多內在有能力的「大男孩」部分，因此他能爬下媽媽的膝蓋，運用飛機這個形象建造分離。

分離的困難清楚呈現在對於睡眠的討論中。P 太太說，在家裡有些狀況好多了。P 先生對待提摩西比較堅定，而且支持她。但是提摩西夜晚仍然起起伏伏，即使他現在自己睡一張床，最後爸爸仍必須去陪他睡。在討論這件事時，提摩西移動到離我們遠一些的位置，躲在他的夾克裡，彷彿他相信我們看不到他，然而他有在聽。他拿了一個裝動物的箱子，選了一隻羊，說牠很傷心。我問為什麼傷心，提摩西說：「因為牠在睡覺。」

為了探索「睡覺」和「傷心」之間的關聯，我放了一組人偶家庭和一個娃娃屋的床在桌上。提摩西為自己選了一個男性人偶，以及用一個男孩人偶當爸爸，嬰兒人偶被丟開。我問這兩個人睡覺時發生了什麼事情。提摩西站起來，將男孩人偶放在男性人偶的肩膀上，試著讓爸爸、也就是男孩人偶變得更高，然後試著把小的人偶放進大的裡面。接著提摩西縮進他的夾克裡，試圖讓自己變得更高，他似乎相信他是爸爸，或者為了分離、恢復家裡的秩序感，他必須變成爸爸。他變得更焦慮，並說：「爸爸現在必須去上班。」他給男孩人偶一輛車，載他離開娃娃屋的家。

P 太太被提摩西指派錯誤的父子角色給困住，她也問提摩西為什麼他說睡覺的羊在傷心，她無法解釋這部分。我說，當

爸媽在睡覺的時候，對小孩而言是一種分離，這可能是痛苦的。也許提摩西覺得他必須在半夜叫醒爸媽。P太太說，提摩西需要確定爸媽愛他，即使他知道這是真的。我說，提摩西可能不確定他生氣的後果，例如當他暴怒的時候。P太太舉出當天稍早的一次爭吵，提摩西本來不想吃披薩，最後他吃掉它，但事後她覺得罪惡與憂鬱。我恭喜她能管教提摩西，並詢問提摩西是否讓媽媽為他的行為感到罪惡，強調他對於自己非常強大、無法制止感到困惑。再一次地，他的爸爸支持媽媽很重要。

我們談到有時提摩西可能真的相信他是父親大人。P太太體認到，當提摩西年紀很小、他倆獨自和嬰兒在一起時，她有時將提摩西視為大人。這一點很重要，促使提摩西體認與接受他在家中是提摩西男孩的認同。

提摩西仰賴畢克（Bick, 1968）所說的「次級皮膚」防衛，也就是認同父親的角色，抵擋瓦解、失去自我的恐懼。這表現在他把自己藏在外套裡面，從一個地方移動到另一個地方，以及試著把一個人偶的身體套在另一個裡面，還有混淆「下面」和「裡面」兩個字。丹尼爾的暴怒，就像那些典型的兩、三歲幼兒，可能和外在事件的挫折有關；提摩西的暴怒則是牽涉到受困在這樣的認同裡，以及恐懼這個防衛被挑戰甚至瓦解而完全崩壞。

下一次預約是四週後，也就是復活節假期之後，P太太再次覺得事情又好轉一些，意識到提摩西「當」父親以及受到爸爸的支持這兩者間的差異。這次晤談提摩西似乎更友善、更有互動。他告訴我，爸爸的一位朋友騎著摩托車來訪，他脫下裝

備，「底下就只是普通的衣服！」

對底下有什麼的興趣，顯示他開始脫掉次級皮膚的防衛，有利於較完整體認和享受他是個小男孩。這個可能性在三週後獲得支持。在診療室裡，提摩西直直走向「桶子裡的比利」，把它們分開，並宣稱：「他在這裡！他剛才躲起來！」這段期間提摩西睡得很好，P太太覺得他的行為不如上次好，但是提摩西更察覺到家庭關係以及大人與小孩的階級。她認為提摩西現在的暴怒比較像丹尼爾小時候，而且較不令人擔憂。

再次預約之後，提摩西開始上學。有了老師們仔細的關懷，他適應良好。兩個月和八個月後的回顧約談，他持續進步。他的媽媽感覺有足夠的信心結束晤談。

凱爾西

就像提摩西，凱爾西覺得被年幼的手足取代，且難以建立個人界限。凱爾西可能是個天生氣質脆弱的嬰兒，而當時爸媽必須處理他們自己的失落。我的工作假設是，這些因素導致他經歷涵容焦慮的困難，使得凱爾西受到野蠻、原始超我的折磨──如比昂（Bion, 1962a, 1962b）在簡介中所描述與提及的。也就是說，凱爾西無法處理的行為，部分是來自於過多的罪惡感所激起的嚴重焦慮。晤談主要的目標，是幫助爸媽和學校重新形塑凱爾西行為的意義。

凱爾西的媽媽，L太太，是位英國白人，爸爸L先生則是來自牙買加家庭的非裔英國人。一週前，四歲的凱爾西用椅子砸老師，被送回家，之後學校轉介他到診所。他的妹妹潔絲

米妮二十個月大。L 先生的工作是司機，一週有幾個晚上不在家，他無法前來晤談。L 太太和孩子們共來晤談五次，接著再來五次，以及一次追蹤回顧。

和轉介來源描述的怪獸相反，第一次晤談時，凱爾西表現得像個臉皮很薄、對批評極度敏感的小孩。我發覺用正向角度看事情，對凱爾西和媽媽來說很重要。L 太太的第一個小孩胎死腹中，且她懷凱爾西時受流產威脅，懷潔絲米妮的時候則沒有這個擔憂。在第一次晤談，一個活潑的嬰兒被穩固地放在嬰兒車裡。L 太太明顯擔心事情會失控。

凱爾西感謝我替他找一把椅子，為他創造一個空間，但他遊戲時需要幫忙。他感興趣的是一個會彈出來的玩具，它有四個木樁，上面是臉孔。他將木樁猛烈發射出去，攻擊力驚人。他完全不覺得找桶子裡的比利好玩，以年幼的小孩來說，這很不尋常。我對他的印象是一個害怕批評、害怕什麼東西會出現的小孩。

L 太太解釋，凱爾西困惑為什麼他不在學校，以及他是否做錯事情。他發覺自己難以適應學校的規矩。他真的很愛放假的時候去媽媽在鄉間的房子，在那兒他可以盡情奔跑。我說全家能享受在一起的時光很棒。當 L 太太放鬆時，凱爾西也變得更自在。L 太太擔心凱爾西變得太緊張，但譴責他只是使事情更糟糕。當我們在討論凱爾西時，他逐漸變得不安，彷彿有人在後面追趕他。他把一袋積木拉下來，並搶占顯然是給更年幼小孩的玩具。他說：「嬰兒已經拿走其中一個。」彷彿這使得這個玩具更吸引人。有時，他專注在超出界限的事情，例如強力插座，這行為不容易涵容。為了避免引發戰爭，如果沒有

傷害自己的風險，我就容忍他。

L 太太形容凱爾西是個「好」嬰兒，睡眠時間很長。那段時期，L 太太的哥哥突然過世，令她非常傷心。她覺得凱爾西兩歲時變了，當時她已經懷有潔絲米妮。在學校，凱爾西最初被送到托兒所，但他的老師因為產假離開，於是接下來的學期他必須換班級和老師。

我指出家裡的失落，以及凱爾西在學校的諸多變動。L 太太觀察，這段期間她懷著潔絲米妮，對凱爾西一定很艱難。在這段相當具有反思的討論之際，凱爾西走過來並坐在桌子上。

L 太太告訴我，他們正在學校使用一種貼紙制度，鼓勵他完成作業。我說我覺得這是個好主意，凱爾西需要知道他能把事情做好，而且大人會很高興他這麼做。現在他聽到很多「不行」，我覺得凱爾西是個敏感的小孩，媽媽也同意。他早晨喜歡要求抱抱，爸爸晚回家時，他會關心爸爸、問爸爸是不是很累、揉一揉爸爸疼痛的背。L 先生會說他何時出門以及何時回家。我同意，知道將發生什麼，對凱爾西很重要。我說凱爾西發覺要分離很困難，這可能令他非常生氣。這時候他感覺被了解，拿先前拒絕玩的桶子裡的比利給我，請我示範怎麼打開它。

最後一次晤談時，凱爾西很難離開。他堅持要畫畫，又將桌子翻倒過來、丟掉玩具。體認到他感覺一直被批評，我說凱爾西多麼想要畫畫，並讓我知道他能做什麼。這麼說有幫助，他將紙還給我，說他下次再來畫。

不幸地，因為潔絲米妮生病，這個家庭取消下一次晤談。我從學校那邊聽說凱爾西的困難到了令人擔憂的程度。接

162

下來一週全家出席，凱爾西高興見到我。他要潔絲米妮離開嬰兒車，但媽媽不准。他拉開櫥櫃的門，並走向燈的開關，而且鱷魚非常暴力，嬰兒獅子墜落在櫥櫃後面。

然而，凱爾西在學校有個愉快的一天。他的媽媽描述第一週事情很順利，但之後開始走下坡。我注意到那是在取消晤談之後。凱爾西開始關燈、開燈，「不要這麼做，凱爾西。」媽媽威脅要賞他一巴掌。凱爾西快速穿越房間，敲打嬰兒椅，作勢將它扔出去，事情變得更糟糕。

我想，凱爾西明白他違反我的診療室界限，也許是因為取消晤談的緣故。問題不在於他缺乏罪惡感，而是他受到罪惡感的折磨。他用撒野增加賭注，想被賞一巴掌或受到制裁，從這個壓力中獲得釋放。他媽媽的生氣和焦慮升高，當他認同媽媽時，便強化他的生氣和焦慮。我說我想一旦情況搞砸了，凱爾西不知道怎麼恢復它，以便重新獲得正向的注意和讚賞。L 太太很開心我和學校見面，我向學校人員說明這個思考路徑，以及凱爾西需要「重新接觸」的策略，並需要誇獎他的成功。

接下來這週，L 太太描述在學校和在家狀況都很好。當凱爾西闖禍，父母會拿走他的機動人（Action Man）玩具，告訴他當他是一個「乖男孩」時，才可以拿回它。用這樣的方式，凱爾西能導正錯誤，獲得正向的結果。這次晤談，他安頓下來，花了一點時間畫記號。他無法畫任何類似人的圖，顯示他有困難抓住自我以及在自我周圍建立界限。凱爾西對 L 太太和我之間發生的事很感興趣，某一刻他給媽媽一隻老虎、給我一隻鱷魚，興奮地說：「來吧，互相打起來！」我想，相對於像前一次晤談立即認同生氣的怪獸父母，凱爾西在尋找一個

163

能觀察自己思考與焦慮的位置。這個片段可能也表示，凱爾西焦慮父母配偶之間的性關係，以及可能產生的東西。

兩週後的學校會議裡，凱爾西的老師描述許多進展。凱爾西對獎勵制度反應良好。當他感興趣時，學習快速。這期間的晤談，他非常明顯在想關於取代嬰兒這件事。第一次晤談時，他拒絕瞭解任何事物的裡面。現在他享受玩「躲貓貓」，藏了一隻玩具兔子在他的水手服裡，把自己變胖，然後告訴我們他即將有一個嬰兒。

這是頭一次 L 太太讓我知道，凱爾西仍然很難睡在自己的床，但她沒有擔心到堅持這件事。我想凱爾西可能被父母的性活動喚醒，因為太害怕他對嬰兒妹妹的敵意，他拒絕晚上分開，不允許父母在他的心智中在一起，因為這些想法會產生新的嬰兒。這樣的焦慮變得更強烈，因為媽媽無法幫他處理。家裡已經失去一個嬰兒，且媽媽曾幾乎失去凱爾西。有趣的是，這是第一次嬰兒在整個晤談中都醒著。下一次晤談時她被放在嬰兒車裡，而 L 太太顯得更有信心能處理他們之間的事。

但並非所有的問題都立即解決了。凱爾西在下一次晤談抵達時高喊：「我沒那個心情！」學期結束，下學期他將會有一位新老師。凱爾西說他不喜歡她，也不喜歡我。他丟了一個玩具到房間另一端，媽媽警告他。凱爾西還丟了其他東西，並開始破壞房間。

凱爾西很清楚地表達，他害怕被自己的感覺掌控，當他投射他的感覺給老師、父母和治療師，他們變得更加恐懼，然後凱爾西再次認同他們，他變得更像怪物，找不到出路。我強調放假期間我將離開的事實，並評論當學校和晤談接近放假

時，他覺得別人不要他，然後他變成「丟出去的怪獸」，惹更多麻煩。

　　在我們的工作中，現在 L 太太能夠意識到我對凱爾西說的話所造成的衝擊，並涵容它，而且致力於降低凱爾西的焦慮。她用一種沉思的語氣說：凱西將會回來。凱爾西以前上過這位新老師的課，他真心喜歡這個人。凱爾西平靜下來，聽從媽媽的指示，把原子筆的筆蓋蓋好，並「安靜地坐五分鐘」。在家裡媽媽會讓他這麼做。媽媽更能接納凱爾西努力處理自己強烈的情緒，當他說對不起時，她會鼓勵他，雖然這沒有使他停止再次闖禍，但她會讓事情到此為止。如同桑達克故事裡的媽媽和馬克斯，L 太太會給凱爾西晚餐，並且在那晚剩下的時間能重新開始。

　　在暑假之後，證實了 L 太太更能掌管局面。假期後的第一次晤談時，我感覺凱爾西更克制了，但他的遊戲顯示假期有些失序，例如他試著用套杯做一個高塔，一開始用最小的杯子做底部，最大的放在頂端，令人擔心是否會倒塌。他拿起一隻玩具老虎問：「為什麼這隻老虎沒有小孩？」我猜：牠是一隻公老虎還是母老虎呢？凱爾西說牠是一隻男孩老虎，而且母鱷魚兇猛地攻擊牠。我對他說，我想他非常生氣我假期期間缺席這麼久。

　　之後凱爾西走過來坐在我旁邊，和我一起整理一組俄羅斯娃娃，我們很快找到方法將娃娃套進彼此裡面。我評論他很專心。媽媽說她覺得凱爾西長大了，現在他對書籍感興趣，自己從學校的圖書館選一本書，內容是關於家庭裡的新生兒。

　　這時凱爾西變得不受控制，借助桌子爬上椅子，扯我的桌

燈。「下來，凱爾西，不要開始亂來！」L 太太插話。「對不起，我很抱歉。」凱爾西發出吱吱聲。我覺得如同往常，為了得到來自外在機構的懲罰，凱爾西似乎被迫做某件被禁止的事，以釋放他內心的指控者。我說，凱爾西非常氣我、覺得我很壞。他故意被我絆到，然後大吼，搓揉著自己，彷彿血液即將流出來。他開始畫畫，圖的內容到處是一塊塊沒有清楚邊界的顏色。我們互看一眼，接著圖畫被撕成兩半。

雖然痛苦的行為令人苦惱，凱爾西也試著製造一點平靜。媽媽在跟我說話時，有一度我看見他取下一件禁止拿的物品，檢查它，然後放回去。晤談快結束時，他也會開始收拾玩具。L 太太解釋，雖然凱爾西仍然怕黑，當他睡著時，她開始把他帶回自己的床鋪。他正在接受這件事。他走過來坐在我旁邊，玩彈出來的玩具，他指出木樁有一面有臉孔，另一面則沒有。雖然焦慮那些臉孔上的嘴巴，他正清楚地分辨前面和後面。媽媽說比較不擔心他了，其中一個原因，可能是我們一起在晤談室裡忍受「狂野的」行為，試著處理焦慮，以及接收潛在的意義。看見凱爾西變得更平靜、更能接受，L 太太覺得有所回報。

凱爾西的問題：「為什麼這隻老虎沒有小孩？」可能是表達他這個年紀適切的好奇心，關於誰能成為媽媽、誰不能，以及為什麼男孩沒有這個選項。但我想這也可能表示媽媽心智裡失去的嬰兒，在幻想中，他可能已經取代了這個嬰兒。下一次的晤談中，凱爾西畫了一隻簡單的蝌蚪，周圍有邊界，他說這是他自己。三週後他畫了一隻有腳和笑臉的蟲。一個月後他畫一張臉，有眼睛、耳朵、嘴巴和長長的身體。最後，在他五

歲生日過後不久的會面，妹妹在一旁很活躍，他則畫了一張畫，裡面有兩個小孩和父母，這代表他認同了能夠涵容兩個孩子感覺的母親。凱爾西在學校與在家適應良好，現在睡在他自己的床上。

▌討論

佛洛伊德（Freud, 1900a）首次談到伊底帕斯情結（Oedipus complex），是在討論《伊底帕斯王》（*Oedipus Rex*）偉大悲劇的永恆影響。他認為這些戲劇之所以感動我們，並非因為它們現在產生影響，相反地，它們和我們早就有的經驗、希望和幻想產生共鳴，即使已經被壓制或我們未曾察覺到它們。

166

同樣地，本章一開頭提及桑達克的經典兒童繪本，之所以吸引孩子和父母，是因為他捕捉了年幼孩子在某個年紀，當全能自大與奇蹟式思考達到高峰時，就算不是普遍的，起碼也很常見的情緒和社會發展。這個故事和孩子自己的興奮經驗產生共鳴，當他們發現新的力量挑戰了大人設立的限制，有時甚至顛覆它們，也害怕這頭怪獸的渴望和幻想將會完全淹沒他們，並造成無法回復的傷害。這個故事喚起了父母的嬰兒期幻想，以及恐懼他們眼中的怪獸小孩將會永遠如此，可能也同樣強烈吸引父母。

在本章中，我描述了嬰幼兒心智健康服務如何涵容父母關於孩子暴力的焦慮，透過提供比昂（Bion, 1997）所講述的脈絡，「狂野的想法」可以表達出來、有一個家，以及受到理

解。這兩個案例說明脾氣爆發與行為問題，可能是受到相當不同的焦慮或情緒經驗所驅使，視發展程度與主導的防衛而定。在第一個案例中，脾氣爆發是全能自大瓦解的反應或是次級皮膚的防衛，導致失去認同感。在這個案例中的工作，在於協助孩子處理和母親分離，以及促進在嬰兒和成長中男孩之間的自我層面，更自由地流動、整合。第二個案例說明認同暴力與密集入侵的迫害者或殘暴超我，造成了孩子的狂野行為。當他開始思考他的情緒經驗，而非回應它時，遊戲與表徵形成特別重要，給予了孩子更清楚的自我感。

在兩個案例中，治療工作促使父母保有他們的親職能力，設立和維持合理的界限，享受和孩子在一起，並以幽默回應，調整他們的需要，且給予孩子空間重新接觸。這顯然對家庭產生了立即的益處。我們也推測長期的成效，可能來自於透過父母積極投入的過程，介紹給他們深入溝通的新可能性，繼而提升孩子的象徵形成。

父母配偶及伊底帕斯議題

在接下來的章節，我們將著重討論父母關係的品質如何影響幼兒發展，包括幼兒應對父母的伊底帕斯情結（oedipal feelings，戀父／戀母情感）之能力。在本書中可見，伊底帕斯情結指的是幼兒感覺被排除在父母配偶之外，並產生了許多適應困難，包括分離焦慮、睡眠障礙與問題行為。

在嬰幼兒心智健康服務模式中，和父母一起工作是相當關鍵的部分。我們已經越來越清楚，若臨床治療者想要整個家庭有顯著的進展，通常需要著重探討父母的親職功能和夫妻關係。此意味在培養新手治療師時，他們可能需要額外的夫妻心理治療訓練。此外，這也是為什麼我們的服務通常會選擇與全家人一起工作（這也反映在我們如何決定要和家庭中的哪些成員一起工作）。舉例而言，李伯曼（Lieberman, 2004）強調在親子心理治療當中，「如果父母共同經驗到與孩子相處的困難，父母雙方應盡可能共同出席參與。」但這並非本書作者們都同意的觀點，因為臨床上越來越清楚的是「當父母有一方感到與孩子相處有困難時，我們便有必要去瞭解更多父母配偶間的親職功能。」所以，在可能的情形下，我們會盡量與父母雙方一起工作。與單親家庭工作時，我們亦會強調「父母配偶」的概念，這亦是這章節很重要的特點。

保羅・貝洛（第十章作者）引用佛雷伯格「育嬰室中的幽

魂」的概念，指出探索父母成長經驗中的「幽魂」是「治療的核心工作」，將有助於臨床治療者去理解跨世代傳遞的關係模式，是如何影響夫妻／配偶關係的品質。他提出重要且具爭議性的發展學觀點，攸關嬰兒是否在生命的一開始「就和許多不同的人連結建立關係，而不是只和母親連結」。他主張「嬰兒從出生開始便已具有處理數種關係的能力，而且……嬰兒經驗到（他的）父母關係的本質，更是影響嬰兒未來心理健康最重要的因素。」

他的臨床經驗指出經由家庭會談（parent and family intervention）探索雙方父母的「幽魂」，將使工作的複雜性更被重視，也提醒處理的過程需要更多的彈性。

貝洛在論述佛洛伊德與克萊恩的超我發展概念時，將心理分析觀點與依附理論做了有趣的連結。他指出來自祖父母的「超我」，父母若未經任何修正，「他們便會負責將『價值判斷』再度傳遞給下一世代。」他指出「未經同化的『外來物』（foreign body）」——亦即上一代傳遞給父母，父母又「完封不動地」傳給孩子們——與「混亂的依附型態」（disorganized attachment）有關，並與父母過去未處理的創傷有關。在嬰幼兒心智健康服務中，可觀察到許多的家暴案例，父母間的暴力通常和兒童受虐、情緒被忽略有關。曾目睹父母家暴可怕景象（如緬因和黑塞〔Main & Hesse, 1990〕所描述）的兒童，當他們自己面臨衝突時，將產生「混亂」反應，因為他們擺盪在矛盾的衝動之間，可能是要逃脫駭人的父母，或是認同駭人的父母以求安撫（亦即很有可能變成父母其中之一的形象，成為加害人或受害人，以尋求安慰）。

露薏絲‧艾曼紐（第十一章作者）延續並發展貝洛的核心議題，她認為當單親家庭的孩童因問題行為被轉介治療時，臨床工作更須強調家庭介入。在臨床實例中可發現，當母親心中過度地充斥著父親總是缺席、父親不可信賴的想法時，孩童經常會覺得沒有被涵容，因為母親沒有空間去接收兒童的溝通。所以，嬰幼兒心智健康服務的治療目標之一，便是協助單親的父母去內化「父性」及「母性」的兩種功能，發展其內在父母合作的涵容空間。

在五歲以下的嬰幼兒心智健康服務群體中，通常可以發現問題多根源於潛在的伊底帕斯願望及被害的焦慮。但是要探索來自單親或父母關係不穩定的幼兒之伊底帕斯情結，並不容易。艾曼紐和古里安的章節裡，以臨床範例強調治療師會注意幼兒在父母面前的語言、非語言溝通，同時也在觀察被引發的反移情反應，以提供有效的介入。

第十二章中，米契‧古里安認為嬰兒與照顧者會歷經一段漫長而艱辛的任務，先是與母親形成一個排他的配對，再面臨與母親分離，並朝向與他人發展連結關係。這與先前貝洛的觀點相當不同，意味著嬰兒打從一出生就已預備好涉入父母雙親的關係中。古里安用三次的會談治療，來詳細說明當幼兒感覺被排除、感受到伊底帕斯競爭時，將會破壞家庭關係，尤其是在半夜的時間。在該章節中，將會結構化地說明治療師如何運用反移情反應以及家庭互動觀察，來處理治療室裡的困境。

貝洛所提出的問題，同樣也在這三章中隱隱浮現：在治療室中如果採用不同取向與有幼兒、嬰兒的家庭工作，是否都一樣有效？或者有特定的一種取向能有效地開啟對話大門

169

（Stern, 1995）。例如：有人認為某些臨床上呈現的特定困難，最好是和父母一起工作最有效果。目前雖然仍未有定論，但我們仍期待在這部分的章節能提供更多臨床與理論上的素材，豐富未來關於治療的思考。

【第 10 章】

找尋育嬰室中的幽魂：
父母配偶的重要性

● 保羅・貝洛

　　本書中的許多作者，同時也是塔維斯托克診所嬰幼兒心 171
智健康服務的臨床治療者，他們大多深受克萊恩的「客體關
係」理論影響。在此典範中，新進的思考傾向強調嬰幼兒所內
化的父母本質，是影響嬰幼兒心理健康發展的核心；這對父
母配偶及他們的創造力等等，形塑了（兒童）人格特質的核
心。不令人意外地，什麼樣的父母就有什麼樣的小孩。

　　當與父母及其嬰幼兒一起工作時，特別需要關注夫妻關
係。但在許多文獻中，這部分的資料仍相當匱乏。我過去曾
指出（Barrows, 1999b）五歲以下嬰幼兒心智健康的臨床工作
中，太常見到過度強調「母親的『幽魂』」，因而將父親對孩
子的影響置於育嬰室外（儘管佛雷伯格非常重視父親的重要
性），這會損害潛在的治療影響力。此類對父親的忽視，在過 172
去發展心理學家及臨床醫生執行的研究中比比可見：大多數的
研究仍然強調母嬰的互動。

　　雖然我想要確定父親不會在嬰幼兒發展歷程中被排除，但
同樣地，我也要避免重蹈覆轍──過度強調父親與嬰幼兒的
互動。我的核心假設是父親（與母親）是父母配偶的要角之

一，所以和父母工作、處理他們的關係，將是我們治療的重點。

　　近來有許多研究者試著矯正（過去單一強調母嬰關係），以平衡父親的貢獻在家庭系統中的重要性。菲瓦和科博茲（Fivaz-Depeursinge and Corboz-Warnery）所著的《初始三角》（*The Primary Triangle*, 1999）一書，以及馮・克利青等人（von Klitzing, Simoni, Amsler, & Burgin, 1999; von Klitzing, Simoni, & Burgin, 1999）與科文（Cowan & Cowan, 2001, 2002）的著作，都是很值得注意的例子。麥克海爾的重點稍有不同，他強調與夫妻共親職（co-parenting, McHale & Cowan, 1996; McHale & Fivaz-Depeursinge, 1999）的重要性。另外，也有越來越多治療師嘗試把父親拉入親子治療。

　　這樣的轉變是必然的，因為事實上，除了在極端病態的情況下，嬰兒無法僅在兩人組合中成長。人的最初始就是廣大社會網絡的一部分。如科博茲等人（Corboz-Warnery, Fivaz-Depeursinge, Bettens, and Favez, 1993）所說：「縱使在三人關係中，每個配偶的貢獻皆是重要的，但僅僅只是描述他們，並無法充分傳達嬰兒完整的發展脈絡。因此『必須超越原本習慣的思考取向，進而捕捉在家庭中的小團體運作方式』（Parke, 1990, p. 182）。」（p. 299）。

　　到底嬰兒的生活一開始就是跟許多人連結，還是只跟母親連結，之後才漸漸擴大他的生活圈？要去評論這些觀點往往異常困難且頗富爭議。但對我而言，這是不證自明的事。二十多年前法國籍分析師科利特・奇蘭（Colette Chiland, 1982）曾寫道：

要說母嬰兩人組合的關係是所謂正常的自閉階段，這樣的概念已經無法被接受。[p. 377]

同樣地，吸引我注意的一本著作《父親的重要性》（*The Importance of Fathers: Trowell and Etchegoyen*, 2002），書中有一位作者寫道：

從發展角度來說，嬰兒與外在母親的互動優先於任一其他客體，母親是嬰兒內在世界的初始客體，而父親是第二個。[Fakhry Davids, 2002, p. 83]

此即是我想討論的議題，我認為事實上，嬰兒自出生時已經得要處理數種關係。而且在這複雜的關係網絡中，嬰兒所面臨到父母配偶的本質，無庸置疑地將成為（嬰兒）未來心智健康的重要基礎。即便被單親家庭撫養長大的嬰兒同樣也是如此。因此我同意塔吉特和馮納基所說的：

父親具體的存在與否，並非構成三角關係的充分或必要條件。最重要的是孩子的心中，**能否形成另外一段兩人關係（兩個情感上具有特殊連結的人物）**。[Target & Fonagy, 2002, p. 57，粗體為作者所加]

換句話說，即便父親不存在，嬰兒同樣會經驗到伊底帕斯情境，即母親心中存有一個具有情感特殊性的重要他人。更確切地說，嬰兒特別容易受到單親父親或母親內心的配偶本質所影

響。這將在艾曼紐著述的章節有更多的討論。

　　如前所述，現代英國客體關係理論的學者特別強調，父母（配偶）是影響嬰幼兒情緒發展的首要因素。他們認為心智發展的核心，是孩子如何去交涉處理自己與父母的關係，這也是一種衡量心理健康的方法。也就是孩子有能力容忍伊底帕斯情境所帶來的痛苦，允許父母在心理與生理層次有創造性地結合在一起，也藉此為自己將來成為父母時的認同感打下基礎。此一認同歷程將使他成為一位夠好的（good-enough）父母，同時也促成了發展其他領域的創造能力。就像布里頓寫下：

　　　　在正常發展中，孩子知覺到父母是在一起的，獨立於他，這個覺察將促成他心智世界的和諧。[Britton, 2002, p. 116]

　　所以，伊底帕斯情境不必然是悲劇的結果。事實上有連結的父母配偶存在，更能夠確保嬰幼兒日後良好的情緒發展。相對地，當父母不和諧時，經常使孩子誤認為自己有（全能自大的想像）能力分離父母，戰勝並取代其中一位。

　　以下呈現一段臨床案例來說明：

　　　　莎拉因為大便失禁的問題而被轉介接受治療。一開始莎拉和父母是在嬰幼兒心智健康服務診所接受短暫的治療。之後莎拉被轉介接受長期的個別心理治療。

　　　　以下截錄當時的治療臨床片段：四歲的莎拉似乎不能忍受現實中她在伊底帕斯情境中的位置。某一次治療中，她一邊玩著兩個嬰兒娃娃，一邊想說他們是怎麼來的呢？我描述她很想

知道一個真正的嬰兒是如何而來？她很肯定地說媽媽生了嬰兒，我同意她，並說這事情是媽媽可以做的，而小孩不行。後來我修正了一下，改為說：有些事情是媽媽**跟爸爸**可以做的。但她很堅持爸爸並不會生小嬰兒，爸爸跟小嬰兒出生這件事一點關係也沒有，然後又接著說小孩可以生小嬰兒。接下來莎拉宣稱自己有個五歲的哥哥（實際上她有一個很小的弟弟），並說她可以照顧好他，比治療師照顧得還要好。

從這個例子，我們不僅可以看見父親的角色完全被廢除，隨之而來的是對母親角色的短暫認同，但她又很快地用小孩可以有嬰兒的主張來削弱。正是因為莎拉無法忍受父母是配偶關係的事實，使得她展現出困難。在她心中，她藉著佯裝她可以控制父母及他們的親職功能，這樣的控制也延伸至她的大便問題，她試圖以保留大便在她的體內來控制。當這種控制無可避免地失靈時，便產生了大便失禁的問題。

　　然而，當時我與好幾個大便失禁的小孩一起工作，從經驗指出，問題的根源不僅是孩子無法忍受父母是一對的事實，在外在現實中，父母也沒能展現夠多的良好親職經驗，讓孩子去學習忍受並且因應現實做調適（更多的討論請見 Barrows, 1996）。涵容經驗的缺乏，使得孩子心中內化的是一個「有漏洞」的容器，然後表現出小便或大便失禁。

　　在不同領域的若干研究結果，也支持父母的關係是核心因素，其中一些在我所發表的文章（Barrows, 1996b）裡有提到，但現在我想要把注意力放到最近發現的兩種結果。

　　第一，在布里斯托爾大學（Bristol University）經濟社會

175

研究中心（Economic and Social Research Council, ESRC）所執行的「年輕男性成為父親的過渡經驗」（The Transition to Fatherhood in Young Men）研究計畫，其初始報告指出影響這些年輕父親持續參與孩子事物的因素，並非家庭或個人因素（在後續的追蹤研究並無法預測男性的參與度），然而

在此階段最重要的……卻是「與配偶關係的品質」[Quinton, Pollock, & Golding, 2002, p. 16]

另一個是科文（Cowan and Cowan, 2001）在柏克萊大學，研究影響夫妻成為父母之過渡期，以及接下來兒童進入幼兒園適應的因素。此長期的研究結果明顯指出，配偶功能的品質是最關鍵的原因，所以他們預防性的介入計畫就是提供夫妻的團體療程。同時他們也注意到配偶之間依附型態的「契合度」（fit），將顯著地牽動父親角色的重要性以及影響的方向性。最引人注目的影響是「男性與其配偶的互動是否具創造性，並無關乎她（配偶）的依附類型，而是他是否具有安全的依附運作模式（working model），即他如何描述自己與父母的關係……（p. 72）。」有趣的是，當條件相反過來時，這個結論並不成立，「不安全依附型態的男性與其安全依附型態的配偶之組合，卻是最負向和不穩定的（p. 72）。」他們結論道：「我們無法不強調父親對良好的家庭關係與兒童成長有多重要。」

另一個研究更有力地支持類似的結果。在一團體計劃中，有一些團體的領導者被引導聚焦於討論作為伴侶的關

176

係，其他人則被引導去強調親職教養。雖然這只是稍微地改變治療師強調的重點，結果卻顯示聚焦在夫妻關係的組別有較佳的效果，不僅配偶關係有所改善，同時也增強了他們的教養功能（Cowan & Cowan, 2002）。

對我們這些臨床治療者而言，了解父母配偶的角色具有重要的應用性。我將舉例說明我的觀點，以及講解尋找「育嬰室中的幽魂」是什麼意思，還有這跟和父親、母親及家庭工作時，會產生何種性質變化之關聯。

臨床案例

兩歲半的約翰因為侵略行為而被轉介，包括攻擊他的母親及妹妹、罵髒話和發脾氣。當初轉介的家訪護士描述約翰艱苦的家庭背景：約翰的母親（A 女士）在懷孕前即有憂鬱病史；在約翰出生後，她曾經歷產後憂鬱，隨後在懷妹妹的期間也曾急性憂鬱發作，但當時她拒絕接受精神科住院治療。約翰的父親（A 先生）顯然也是一位憂鬱患者。該家訪護士曾經提供這個家庭許多協助及正面的鼓勵，然而 A 女士覺得並沒有什麼改善。

當我第一次見他們全家的時候（雖然他們沒有帶妹妹來），約翰表現得像個模範生，他安靜、有禮貌，玩的遊戲相當具建設性。然而，他的母親描述了一大堆他的糟糕行為，這與約翰當天的行為表現顯得相當矛盾。母親把這現象歸因於妹妹不在場。同時，他的父親試著提升約翰的正面形象，他提醒母親說日間托嬰中心的照顧員曾經報告約翰的良好表現，她形容約翰是個「明星兒童」（star child）。母親雖然同意，但

她很快又說，她所知道的是這位照顧員對每一位孩子都如此正向。

我安排了幾次單獨見父母的療程，過程中浮現了相當悲傷的畫面。A 女士的家庭有著家暴的歷史，她曾目睹自己的父親毆打母親，儘管她與手足並沒有被直接攻擊。她的母親現在仍和父親在一起，而且偶然還是會被打，但她大多否認這件事。她的哥哥也相當暴力與不負責任，並曾經偷過她的東西（為此他被父親毆打）。外祖父母就住在附近，也會照顧這些孩子們，然而約翰的父親卻不滿外祖父母經常在孩子面前說髒話。A 女士認為自己很容易發脾氣，雖然不會有暴力行為，但會突然暴怒。她形容歷次憂鬱發作時是相當嚴重、無法抗拒的。她對於過去所接受的「幫助」顯得不滿，尤其最近她到精神科門診，每次看的醫生都不同。照理說，接受我們機構的服務，應當要有一位固定的看診醫師。從 A 女士這邊來看，已經看到夠多的幽魂了，因此我們並不訝異她很難去處理一個正常兩歲幼兒會有的狂烈情緒與專橫行為。實際上，轉介者也已經先讓我們看到主要問題在於母親與兒子的關係。父親雖然嘗試改變，但仍無法有效改善現況。

過去 A 先生對於妻子的暴怒情緒，感到備受威脅與難以忍受。目前夫妻間的情況稍有好轉，可能因為約翰的母親目前將憤怒焦點轉移到兒子身上。這使得 A 先生不得不去思考怎麼幫助約翰，他被母親攻擊的經驗是什麼樣的感受。經過幾次的療程，終於打開了 A 先生成長故事的章節。約翰的祖父本來想在急診室工作，但祖母認為這樣的工作風險太大，因此祖父轉而成為貨車司機。但不幸的是，在第一份工作中，他被滑

落的鋼樑擊中頭部，傷得很重並且留下癲癇的後遺症。除此以外，Ａ先生滿腦盡是與父親的甜蜜回憶。父親在他十二歲時因癲癇過世。自此之後，Ａ先生覺得自己的媽媽給了他很大的壓力，尤其當他與朋友外出時，母親會讓他很有罪惡感；雖然如此，他還是盡量滿足母親的要求，幫忙家中的事務。隨後媽媽二度結婚，繼父便把Ａ先生趕出家門。至今他都未再與媽媽聯繫。

除此之外，Ａ先生與哥哥的關係亦相當緊張：當哥哥無業時，有時候會寄宿約翰家中，一旦離開了就是無消無息。哥哥似乎比較喜愛別的親戚的小孩，對於約翰家的孩子沒什麼興趣。Ａ先生相當自責自己無法提供孩子任何延伸的親族關係，他深信自己讓孩子們相當失望。至此，已經可以看到Ａ先生心中有一幅溫暖家庭生活的圖像，而他認為自己無法提供這些。Ａ先生接著說起相當辛酸的經驗：有次在全家人的短途旅遊出發前，約翰的母親對於約翰實在太生氣，於是把Ａ先生和兩個孩子打發走。但是半小時後，他接到約翰的母親打電話來詢問他們在哪裡，此時已經無法再回頭去接她了。

178

約翰的父親傳達出明顯的憂鬱情緒，感到被孤立，並有許多未解決的個人議題。他曾接受針灸來處理這一類的困擾，但就像約翰的母親，他對醫師等專業人士亦感到失望，認為他們沒有幫上任何忙。當約翰的母親接受每週諮商滿一年後，他提議也一起參與療程，想要確保約翰的母親確實有告訴諮商師該說的所有事情。很顯然地，約翰的父親認為自己的需求也跟約翰的母親一樣多。約翰的父親實際上是一位武術老師，但當他首次來到治療室的時候，那蒼白黯淡的臉色與不太強韌的感覺

讓人印象深刻。

討論

我將就以上的素材提出一些觀點。我想相當顯而易見地，一開始與此個案接觸時，多數的焦點都會放在他們母子的衝突上。於此脈絡下，主要因素就是母親來自一個家暴家庭。母親是否帶著暴力父親（甚至哥哥）之內在象徵的偏頗眼光來看待這個男孩？以至於約翰日常的氣憤表現，使她的反應像是大難臨頭？另一個相關的因素是母親的憂鬱發作，此意味著母親在這個時候並沒有足夠的情緒資源，去涵容約翰侵略性的感覺，並幫助他管理情緒。

當然，我相信這些都是事實，但我相信這只是故事的其中一半。我想最終約翰的實際經驗，是取決於父親和母親之間交互作用的結果。舉例來說，當約翰的父親表現出無法從妻子的暴怒中保護約翰，就如同他沒有能力保護他自己。原因是父親自己也受到成長史中的幽魂所影響。另有一些證據指出，約翰的父親很努力地處理自己的攻擊性，使他傾向成為受害者的角色。例如，他被自己母親強加許多其他手足未承受的壓力；後來我才得知他與其中一位武術老師有著受虐特質的關係。這些情境也重現在他和 A 女士的關係裡：一段感覺被欺壓與脅迫的關係。他的攻擊性（目前表現並不明顯，除了學習武術這件事）剛好對上約翰的母親，恰如其分成為 A 女士的投射目標。

在這段交互的關係中，兩個當事人都發現自己越來越處於兩極端的位置。這在稍後的療程中更清楚地發生了。

我曾經讚揚過約翰的父親總是傾向扮演和事佬的角色，以

確保每個人都沒事（他在每次療程開始時，都會照例詢問許多關於我過去一週過得好不好的問題）。我們曾討論過他在家中也做類似的事情，以緩和約翰與妻子的關係，這有一部分的原因來自他對表達攻擊性的焦慮，另外，他想為約翰提供他自己心中認定美好的家庭生活。然而當他變成了和事佬，約翰的母親卻經驗到她的先生並無法處理兒子的憤怒情緒（在某種程度上她想得沒錯）。因此，這引發了母親覺得約翰的情緒隨時就要失控的焦慮，並促使她成為一個更嚴厲、苛刻的母親，也推波助瀾地使父親更努力想要平息事情，以避免讓約翰與妻子皆雙雙失控。

就某種程度來說，儘管個別的原因不一樣，這對夫妻都共同缺少了一個內在父親的象徵：夠堅定、能容忍與承認攻擊性的感覺。約翰的外祖父無法自我管理攻擊的情緒，甚至將之行動化；約翰的祖父則是一位脆弱並有生理缺損的人，使得約翰的父親假設自己在處理情緒這部分有障礙，並因此任由妻子擺佈。

於此案例中父親一角的缺乏，已突顯父親功能的重要性，不過我想要特別強調的是父母間的互動才是關鍵。交互作用下的產物，決定了孩子所感受到的情緒氛圍。

然而，我們要知道的是，在一般情況下，當父母因為孩子問題感到教養困難時，他們很少會想到需要在夫妻關係的問題上多加琢磨；如同此案例，經常是因為要他們去面對這些議題，實在是太痛苦與恐懼。事實上 A 先生和 A 女士剛中斷與我的療程。後續，家訪護士報告約翰的行為持續改善中，但仍然有許多潛在的緊張。

180

定位幽魂的臨床應用

我借用佛雷伯格等人（Fraiberg, Adelson, & Shapiro, 1975）的經典論文為文章標題，以定義臨床治療者對嬰兒心智健康的工作任務。接著說明育嬰室中「幽魂」之本質，這將要追溯到父母本身的童年經驗，使父母能夠從經驗中復原，並允許自己成為孩子的保護者。依據這樣的論點，育嬰室中的幽魂說的是：父母從自己的成長經驗中形成了對嬰兒的移情反應，於是扭曲了自己孩子真實的樣貌，也影響了父母教養能力的發揮。

引用霍普金斯（Hopkins, 1992）的話，治療任務便是「將過去表徵與目前現實脫勾」，使父母能夠將嬰兒視為有自我權力的個體來看待。但「過去表徵」或「幽魂」實際上又是什麼？存在於何處呢？

讓我從佛洛伊德評論關係模式的跨世代傳遞談起，他寫道：

> 一般的父母……會依循內在的道德超我來教育孩子們……因此實際上，**孩子的超我是建立於父母的超我原型，而非父母原型**。這些被填充的內容物是一樣的，而形成了傳統的媒介，歷時不變的價值觀便因此一代傳一代。[Freud, 1933a, pp. 98-99，粗體為作者所加]

我的理解是要區分「父母」與「父母的超我」，佛洛伊德很清楚指出超我應該是另外獨立的建構，並非實際上屬於父母

181

本身，它是父母的父母之內在象徵，或用客體關係的術語來說，它是一種特定的「內在客體」（internal object）。關鍵的是，這仍是新經驗未觸及、也持續未被修正的議題。這便是當我們認清自己時，當下辨識到我們正在複製與重播童年劇本的那種經驗；即便我們的意識極力抗拒這麼做。為了找尋這持續跨世代影響著我們的不變本質之源頭，我想寶拉‧海曼（Paula Heimann，梅蘭妮‧克萊恩〔Melanie Klein〕的同事）所提出的觀點是相當有幫助的。在她的一篇論文中（Heimann, 1942），她新創了「同化作用」（assimilation）這個詞，來描述內在象徵被吸收至自我（ego）的歷程，她寫道：

> 我稱這個歷程為內在客體的「同化」，此過程中，主體獲取並吸收他內在父母所提供合適與足量的品質。如同歌德（Goethe，德國作家）所言：「當你自父親身上遺傳到什麼，你會努力獲得以擁有它。」[Heiman, 1942, p. 42]

客體已被同化為自我（self）的一部分，再經由「內攝認同」（introjective identification）歷程，使客體的特質能夠獲得統整。當它發生時，便意味著這些特質是可以被擁有與承認的，也就是它們被允許用來挑戰外在現實。此類的「現實檢驗」（reality testing）使得人格可以持續成長，並可被新的經驗塑形。相對而言，當同化歷程沒有發生，被內化的客體將持續未被同化、未被整合，所以將不會被任何的經驗改變。

然而，有一部分的客體會被同化並成為自我的一部分，有些則未被同化，仍然是「外來物」。如同佛洛伊德的概念，這

些未經修正、未被同化的外來客體恰好成為了超我，亦形成了跨世代傳遞的「價值判斷」。

在親子工作中，我想我們經常見到「未經同化的客體」（unassimilated object）同時存在於不同的世代。這「外來物」類似於佛雷伯格所說的「育嬰室的幽魂」。其實它就象徵著某部分的父母，以及父母成長過程中未經整合的經驗。更準確地說，因為它未經整合，便有一種要被表現出來以及化身某處的內在傾向，就像是內在心理衝突伴隨而生的替代品。通常它會被投射到嬰兒身上。

有許多的原因可以解釋為什麼未整合，其中一個原因，有可能像海曼說的，因為個體本身否認自己對於客體存有敵意的投射，而導致克瑞莫（Cramer, 1995）所形容的情境：困難的核心往往並非特定存在於父母與孩子間的衝突，而是父母把部分的自我投射到小孩身上。在這樣的情境下，只有長期個人心理治療才有可能處理問題，並產生有效的改變，使得個體移除投射。雖然我相當贊同這樣的觀點，但是我想我們還是要考慮另一半的角色，在這歷程中可能會減緩（衝突），亦有可能是共謀而加重關係惡化。

另一方面，也有可能客體本身就具有難以被消化或創傷性的內在特性，因此阻礙了整合的發生。就如同佛洛伊德所暗示的，有時候父母擁有著遺傳自原生父母的未消化部分，接著他們又將這些完封不動地傳遞給他們的孩子。緬因和黑塞（Main and Hesse, 1990）研究所謂的「混亂型依附」，便和此有很大的相關。在他們的論文中，討論到嬰兒的混亂型依附與父母受驚（frightened）或令人恐懼（frightening）的行為之間

的關聯性。他們發現後者往往是父母成長背景中未經處理的創傷產物，通常與對依附對象未解決的失落相關。

凱特‧貝洛（Kate Barrows, 2000）也曾提出相似的論點。以下節錄了一段她討論薛摩斯‧狄因（Seamus Deane）的小說《在黑暗中閱讀》（*Reading in the dark*）之內容，一段有關於母親被在家中樓梯現身的昔日幽魂所追殺，她寫道：

> 我認為當父母未能好好處理喪親之痛時，小孩便會經驗到父母被死亡的客體所占據。這便是陰影或幽魂所象徵的意涵；孩子會認同一種具體的想像，但它會阻礙孩子發展成獨特的個體，並且不允許孩子擁有自己的生活與性格。這個幽魂的存在意味著，當孩子面臨分離與情感發展時，並沒有空間涵容孩子必定會經驗到的矛盾情緒。本質上，孩子認同的不是客體**本身**，而是客體未被哀悼的內在客體；結果，這種對於哀悼的無能（incapacity），將導致下一代備受失落的陰影籠罩。佛洛伊德（1917e〔1915〕）曾描述過：「無法哀悼，將使得個體病態性地認同被遺棄的客體（p. 70）。因此客體失落的陰影便會籠罩自我⋯⋯」在這樣的情節中，我應該這麼說：是客體的**內在**客體陰影籠罩在自我之上。[p. 70]

更確切地說，以上所意指的便是客體未經同化的內在客體（object's unassimilated internal object）。

總結來說，當我們遇到以下情況的父母諮詢時，可以這樣概念化：所謂存在於嬰兒的「症狀」或問題，很顯然是在提醒我們去面對現實當中，很可能有一個未經同化的內在客體正在

發揮著廣大的動力，驅使著現況，而這個客體可能存在於父母的其中一人，甚或兩人皆是。無論出於什麼原因，這個客體在此家庭中，都曾被與孩子相關的特定情境或特質所喚起。當「外來客體」（指父母超我的要素之一）從未被處理過，當它被孩子所認同並內化為自己的超我時，又再次未經同化……如此代代相傳下去（Freud, 1933a）。

如果此概念化是正確的，我想這對我們介入個案的方式有著相當重要的意涵。既然是要終止代間傳遞的客體，便需要使父母能夠質疑客體啟動同化歷程，更好的情況是能夠在此客體奠基於嬰兒心智發展前便發生。

此篇論文一共有三個重要的結論。第一，當我們要處理的是「外來客體」或「幽魂」的本質，長期而持續的療程是比較有可能達到的。也就是說，我們需要努力使它浮上意識檯面，使父母能夠表達並同化它。這便是佛雷伯格在他著名的文章中的個案報告，動人地描述她與她的同事在臨床工作中所致力達到的目標。「同化歷程」的實現，某部分需要使父母能夠將自己的早期經驗，發展出連貫性（coherent）的敘事，或用馮納基的話來說，即是發展父母「自我反思」的能力（Fonagy et al., 1993）。即便有些人可能不同意，爭辯著不同取向的治療也能達到相等的效果，我想這個部分仍需要我們持續的思辨。

第二個結論與我們治療介入的核心有關。當父母帶來有問題的嬰兒時，我會假設有個「外來客體」被投射在嬰兒身上。初生嬰兒會是最原始的目標，伴隨著先前描述過的一些結果，都會發生在嬰兒心智發展的過程中。也正是這樣的投射強

烈地影響症狀的發生，而導致他們必須尋求專業諮詢的協助。

在臨床的真實情境中，很有可能這「外來客體」也會被投射給治療師，因而當治療師能夠接收並思考這無意識的溝通，這個歷程也提供了涵容。短期內，這已足以將嬰兒從投射當中解救出來，導致原本的問題大有改善，然而，卻不太可能對這外來客體的本質有長遠改變的影響力。除非治療師能夠將此與父母自己的成長經驗連結，才比較有可能維持改善的效果，「外來客體」也能夠永遠地與問題中的嬰兒分離；不過這不太能改變那些曾被激發的內在象徵本身。

當孩子從父母幽魂沉重的投射當中被解救出來時，我們會仔細地思考是不是已經盡力做了一切能做的。不過，問題當然不會輕易就消失殆盡了。「外來客體」仍會存在於個體的心智當中，就算不再出現於與嬰兒的關係中，仍可能會重新現身於他處（或可能會在往後新的危機中出現）。

我的印象是，外來客體最有可能在婚姻的親密關係中重新出現。實際上，我通常會預期它無論如何都會在某種程度使人感受到它的存在，特別是當孩子不再是問題的焦點，或者因為孩子而引發其他的主題時，它會以新的面貌顯現。我想我們在與父母-嬰幼兒工作時，一定要經常地思考到這將會揭露（或甚至是可以說製造）婚姻關係當中的困局。

我想在此特別強調一個觀點：當有機會能進一步與個案工作時，從孩子的觀點來說，重點不是去分辨這個鬼魂是屬於誰的，是父親的或母親的，而是父母之間的互動本質是怎麼回事。當遇到良性的個案時，一方父母有可能足以彌補或抵消另一方「幽魂」的影響力；其他的情況是，雙方父母紛紛陷入了

185

彼此的困局，以至於彼此的立場越來越兩極化，甚至阻礙了他們一起去思考解決問題。

第三個結論則與治療師的角色有關。這裡至少有兩種觀點：第一，也是最顯著的，當父親看似難以發揮父性的功能時，我們務必不要變得太主動，以免取代了他的角色，然後我們要去幫助父親在家庭中能取得／恢復他適當的位置。這對男性治療師來說，尤其是相當挑戰的一件事，但其實對於女性治療師而言，也是等同的難度。主要的關鍵是治療師具有父性的功能，而不是其生理性別。治療師需要在治療處遇中調節母性與父性的功能之平衡。

第二，我認為這對思考治療師的角色相當有幫助。用布里頓（Britton, 1989）的話來說，治療師所提供的便是「第三位置」（third position）。他曾寫下關於克服伊底帕斯情境的「成功」結果：

第三位置因而萌生，而能從此位置去觀察客體關係。這讓我們有能力可以在和他人互動時觀察自己，或者在採納其他人觀點的同時，還可以保有自我，在做自己時還能自省。[Britton, 1989, p. 87]

這對於身為治療師的我們而言，即是在不侵入的情況下，我們要能找到一個可以觀察父母之間正在發生什麼事的位置，同時又要與正在發生的情感產生共鳴。就我們能力所及，我們希望父母在此過程中，可以認同這種「觀察」的功能，從而比較能夠反思他們的關係，最終可以在離開治療後，還能保有反

思的能力，以應付未來的問題。陶斯曾在 1999 年《精神分析研究》（*Psychoanalytic Inquiry*）的文章裡寫了更多。在塔維斯托克婚姻研究單位工作的摩根（Morgan, 2001），也曾經描述過相似的概念，她稱之為「配偶心智狀態」（couple state of mind），是治療師需要去探討的議題。

我注意到這會引發治療師性別的相關爭議，以及與夫妻工作時，是不是最好能有兩位治療師的疑問。但礙於篇幅限制，我沒能再多加著墨於此。我希望呈現的是，為什麼我認為身為嬰幼兒心智健康的臨床治療者，在治療當中應盡最大的努力，試著與父母雙方一起工作。這不僅是要強調婚姻關係特有的互動，更廣泛的影響是，我認為嬰兒的心智健康將深受他所面臨的父母關係本質所影響，並且會將其內化。我們必須要在夫妻關係裡呈現出來的片斷、零碎的腳本中，仔細地尋找到育嬰室中的幽魂。我們要處理的是三角關係，這是一個艱鉅的任務，複雜程度遠遠大於雙人關係。然而，這就是嬰兒一生下來便受其影響的成長環境。

然而，我知道很多時候，父母因為嬰兒的困難來尋求諮詢時，他們未必一開始就能接受或意識到這與夫妻關係有關聯，但這不意味我們就不探索這個議題，這反而是我們要和個案溝通協調的。我認為這是身為臨床治療者的任務之一，我們要向父母展示的不僅是父親角色有多重要，更重要的是夫妻結合起來的雙親角色，將是形塑孩子未來心智健康的關鍵。

註解

本章是修改自一篇早期的文章：P. Barrows, "Father and Families: Locating the Ghost in the Nursery", *Infant Mental Health Journal*, Vol. 25, No. 5 (2004): 408-423.

第 11 章

父親「在與不在」：在不穩定伴侶關係中的「聯合配偶」概念

• 露蕙絲・艾曼紐

　　本章節改編自臨床工作，此工作為塔維斯托克診所嬰幼兒心智健康服務的一部分。如同此工作的短期性質，意味著需要聚焦在少數被選擇的問題向度上，並且指出一些在父母的關係中有困難的地方，這往往能夠讓孩子鬆一口氣，並且減緩他們的症狀。工作焦點往往著重在協助父母親增加洞察力與力量，使他們能夠作為一對良善的父母配偶而共同運作——儘管孩子時常有意識或無意識地分裂這對配偶。

　　幾乎所有嬰幼兒心智健康服務的工作都在父母親（一方或雙方）的出席下完成，可能是和孩子共同出席，或是父母自己出席。治療工作可能也要集中在協助「單親」的父母去瞭解，孩子需要她同時發揮父性與母性的功能：將能夠良好運作的「父母配偶」概念，在她的心智中留下來，也在孩子的心智中建立起來。在此取向下與父母和兒童工作的理念是：每一位父母親都在自己身上同時擁有父性與母性的功能——一個聯合的內在父母配偶。這可連結到比昂（Bion, 1962a, 1962b）的涵

容／涵容器此一概念。比昂對於涵容器的概念，同時包含著母
性的擅於接納和父性的「擅於規劃安排、有介入能力」（一個
新的想法，或是將接收的進行轉換）兩種角色。因此，這是
「象徵性思考」能力發展的基礎，即孩子能夠內化一個同時具
有父性與母性之功能的父母親客體（parental object）。

　　「父性的功能」的特徵是仁慈，但有堅定的原則並能設
定界限，以及具有穿透力的洞見（新的想法和主導性）。而
「母性的功能」的特徵則是能夠溫柔地接納孩子的溝通表
達，無論是愉悅的或痛苦的。結合堅定與接納這兩種特性，將
能提供孩子一個涵容的架構，不論孩子處在單親或雙親的家
庭，都將能茁壯成長。

　　在功能較弱的父母配偶身上，這些功能時常分化得過於
兩極，父母其中一方會表現出極端、甚或惡搞的「父性的功
能」，亦即過度的懲罰與苛刻，限制而非設定界限；或是極端
的「母性的功能」，也就是過度溺愛與寬容，缺乏任何設立界
限的能力。在某些單親家庭中，單親的家長可能會從兩極的一
端擺盪至另一端，只體現一項「父性的功能」或「母性的功
能」，但往往很難將父性的功能與母性的功能整合或結合。

　　本章節將聚焦在父親缺席的情境，無論是以良善或是毫無
幫助的方式，它如同「幽靈伴侶」般，強烈的「存在」於其單
親伴侶或孩子的心智中。缺席的父母一旦過度占據心智，就可
能阻礙思考，或干擾剩下的單親父母去接觸孩子情緒上的溝通
之能力。在移情關係中，治療師（或治療師配偶）可被單親父
母視為期盼已久的伴侶，可能是一個涵容的父母形象，或是個
挑剔、迫害性的角色。

以下兩個案例片段，父母皆分居，對這兩個家庭來說，父親的存在都是不可靠且難以預測的，有時甚至會消失好幾個月。擔心著父親的缺席與不穩定對孩子造成的影響，母親的心思同時也被這段過去的關係侵襲、占滿。這干擾著她們關照女兒情緒需求的能力，也因而降低了她們的可及性。孩子便經驗到母親情緒上的缺席，如同父親消失一般。

在第一個案例中，我的同事與我聚焦在孩子的遊戲中，傳達出對父親可靠與否的焦慮與不確定。當我們把母親的注意力拉到這兒時，幫助我們向母親呈現：她對丈夫無益的依賴和因此引發的擔憂，使得她無法去注意到女兒的需求。和平常不同的是，同事與我需幫助母親去面對她單親生涯的現實（意識到她所處現況的真相，Bion, 1962a, 1962b），在她能夠開始內化父性與母性的功能之前，在情感與實際的獨立上有些進展，這將讓她能用一個更統合的方式來養育女兒。

譚雅

四歲的譚雅因為攻擊與破壞性的行為，被她的健康訪視員轉介至嬰幼兒心智健康服務，我及我的同事與他們全家一起工作。在第一次約診時，母親告訴我雖然父親有答應會出席，但通常他們都不知道他會在哪裡。她的態度愉悅，卻缺乏情緒深度，彷彿她正努力使自己保持平穩。譚雅則顯得憂慮，她不斷地看向窗外、尋找父親，並用玩具電話不斷地打電話給父親。我們與母親很難進行談話，因為譚雅一直在拉扯我們的衣服、打斷對話。於是我們很快被拆成兩組，我和我的同事分別「屬於」譚雅及母親，因為她們倆個似乎都很難容忍自己被

排除在外的感受。譚雅父親在我們結束面談前的五分鐘出現了，譚雅興奮地回應著一派輕鬆的父親。

第二次會談，父親遲到了半小時，母親並沒有表現出焦慮，但顯然她很仔細聽外頭是否有傳來父親車子的聲音，並且早在我們知道父親到達前就已知曉他的來到。當譚雅開始玩剪紙與黏貼的遊戲時，我們聽到了母親描述過去她非預期懷孕、譚雅兩歲大時她與譚雅的父親如何平和地分開，以及母親的全職工作與複雜的小孩安置照顧等安排。我們也聽到了關於父親未遵守對譚雅的承諾和他的不可靠，雖然這些都不是在父親面前提及。父親認為自己與譚雅的相處沒有問題，她是個快樂的孩子，最近幼兒園還寫了份報告讚許她。當時我們不確定他們是否想更進一步接受幫助；當我們準備結束時，母親提及譚雅於團體中和同儕相處有困難，因此我們提供他們三人另一次的會談。

第三次會談，父親未出席。因為母親平常沒有開車，因此必須依賴父親接送譚雅回學校，父親的令人失望讓母親感到焦慮。譚雅問我同事叫什麼名字，並接著說「妳不記得我的名字。妳不記得我的爸爸。」似乎這次她沒有那麼堅持要打斷大人的談話。我們談論到母親與女兒共有的假設：當人們分開的時候，就不會把對方記在心裡。譚雅對於父親的缺席相當困擾，用玩具電話打給他，說的太急而不清不楚，好像是想告訴他要快一點。我們假設譚雅很需要把父親放在一個理想化的位置，覺得無法讓父親知道她對他有多生氣，因為擔心父親會就此消失。

我們從母親那兒聽到關於譚雅在團體中的困難，她的占

有慾會變得很強，緊黏著一個最喜歡的同學，因此，當她被拒絕時，會變得具有攻擊性甚至崩潰。我們將此連結到譚雅如何在治療中使用膠水，並且點出譚雅可能覺得她需要把自己「黏」在別人身上，好讓他們和她在一起。對某些同學來說，可能壓力過大，因而導致痛苦的拒絕。母親變得好奇譚雅如何透過遊戲來表達感覺。譚雅做了一個心型橡皮章，中間有「愛」（love）的字樣，當橡皮章用力蓋在紙上時，愛的字樣會亮起來。當她在一張覆滿膠水的紙上蓋印時，印章的中間部位掉了出來，她變得沮喪與憤怒。我們說出她多想在紙上好好地蓋上「愛」的印跡，當她沒有好好地讓它留在想要的位置時，就會很憂慮，就好像無法讓自己想愛的人好好地留在身邊，無法像發光的玩具般，用愛點亮她。

當我們談到父親的缺席時，譚雅正用膠帶纏住我們的手錶。彷彿她也同意，她正試著想停住時間，以期望能夠等到父親出現，並在我們說話時，試圖蓋過我們的聲音。接著譚雅試著用膠帶把我同事綁在椅子上，用上大量的膠帶，企圖將她緊緊地黏在她的位置上。我們提出譚雅試著確保我們哪兒都不能去，因此便不會忘記她的這個想法，並且提到她有多渴望主控一切、讓爸爸待在一個地方與她緊緊相連。她生氣地說著電話，接著需要去上廁所。

在下一次會談中，母親向我們表示她所見到譚雅的行為與遊戲，在她自己身上造成了深刻的影響。她說她已經開始更深入思考，長期困在不確定感和父親總不能守諾出現的失望感中，可能會讓譚雅有什麼感受。她感覺到譚雅在有人可以了解她的感受後，大大地鬆了口氣。母親也告訴我們，她曾向父親

191

描述譚雅的遊戲與我們的觀察。她向父親解釋，透過用膠帶將我的同事黏在她的椅子上，譚雅表達的是想留住爸爸的期望，去確保他不會離開她，尤其是當她對於控制住父親的來來去去感到相當無助時。母親獲得「洞見」的真誠，並能對孩子的行為創造不同的新意義，在我們心裡留下深刻的印象。

母親描述著譚雅和她在車上時發了脾氣，並抱怨媽媽對她說話「打斷她唱歌」。譚雅咆哮著說到她想要像《白雪公主與七個小矮人》（*Snow White and the Seven Dwarves*）故事裡那個獵人，拿著斧頭殺死媽媽和爸爸。我將此連結到我們的治療過程也常被譚雅持續性的焦慮與檢查父親出現與否所干擾，而這些也在整個療程中打斷她的遊戲和與我們的連結。或許譚雅的思路甚至會在沒有實際的外在前置因子之下被干擾，所以她在團體活動時會突然變得很焦慮，特別是在等待輪到她時。等待可能會變得難以忍受，導致她去擾亂其他人，好讓他們經驗她所感受到的，才能卸除這排山倒海而來的感覺。

我們指出，要去面對譚雅的父親就是這個樣子，而且他不一定會改變，這對母親來說有多不容易。這意味著她被留下來面對全部的責任，作為唯一一個要提供譚雅父母功能的人。

在討論下次約診時，母親思索著如何安排，她試著請求父親在交通上協助接送譚雅往返學校。我們指出，我們不認為邀請父親參與下次會談會有助益，如同我們在過去的經驗裡學到的，這將會是相當干擾的事情。我們覺得若是在診療室中創造一個複製家庭狀況的情境，將會是一件殘忍的事情。我們必須要接受我們和父親相處的經驗，是他並未帶來改變的希望，而我們期待向母親示範如何思考分離、獨立與改變，以面對這種

情況。

　　我們協助母親去思考如何做一些安排，能單獨前來會
談，而毋需仰賴譚雅的父親。她相當焦慮，尋求指示，並思考
著自己是否有勇氣能夠單獨開車到診所來。我們也提醒她，我
們的會面正邁向終點，下一次將會是第五次會談。

　　我們探索著母親對父親的柔性反應（「我被惹惱了，但是
我疏離我自己」），傳達出一種她需要壓抑、控制好自己情緒
反應的感受。我們提出了這個假設，譚雅的暴怒也許有一部分
是在傳達母親的憤怒。我們建議，在我們的支持下，作為有功
能的父母形象（她曾描述她在原生家庭備受孤立），也許她有
可能更直接、開放地對父親與譚雅表達她的感受。

　　下一次會談，他們遲到了，而且是由媽媽的姊妹送她們
來診所。母親處在焦慮狀態中，談論著是否要辭去白天的工
作，改成晚上上班。我感到相當震驚，母親正在思量這麼極端
的決定。我思索著我們註定要在移情中去經驗她所感受到的驚
嚇感——那是來自上次會談中，當我們建議她在關於譚雅父親
的作風上做出重大改變。母親繼續說著：「譚雅不會知道我在
不在，因為她會是睡著的。」此刻譚雅開始玩起了躲貓貓遊
戲，也就是母親得消失又出現，我們指出，譚雅正在聽、也了
解媽媽的話代表什麼。

　　我們額外提供三次的會談以完成本次的工作，也就是讓母
親越來越能勝任開車帶她們到診所，也設法安排較好的托兒安
置。我們聚焦在幫助母親找到一個方法，讓她能夠自己同時兼
具一個堅定的父性的角色與一個具包容的母性的角色。母親說
以前當譚雅畫出一幅被媽媽稱讚的美麗圖畫後，她會將之丟進

垃圾桶中，而母親時常被搞糊塗且感到挫折。我們認為，譚雅想要讓母親經驗到當有一個美好的東西被破壞時，她所感覺到的感受，一如她心中對完美家庭的嚮往，而且譚雅是如此需要她的母親為她接納並涵容這些感覺。當事情不完美的時候，譚雅的憂傷是令人難以忍受的，就如同她丟棄的圖畫，並且會在母親心中激起「廢物」與不適任的感受，甚至會擊潰母親已經很脆弱的自尊，使她更難去維持父母的界限。

由於安排了譚雅要早點睡覺，我們聽說了傍晚時的匆忙。母親似乎以設定一些較沒有彈性的規則來因應，彷彿她不允許自己對事情放鬆一點。我們說出在譚雅心中那個無益的、極端的父母形象——一邊是不可靠卻又被理想化的父親，另一邊是嚴格的規範者。我們思考著是否能夠找到一個方法，好把一段溫柔相聚的時光放入傍晚相處的時間裡，如同就寢時間的堅定限制，好促使譚雅內化一個較和諧的父母功能模式，這能夠幫助她穩定下來。當我們談到設定堅定卻有彈性之界限的兩難時，譚雅對她的母親變得越來越跋扈且輕蔑，為了很小的事情，用非常貶低的方式責怪她。她在房間內大步行進，對著電話咆哮：「別再談這些垃圾！」我們認為譚雅正抗議著這些改變。或許在無意識裡，她認為母親正在接受的協助，會讓她有能力真正與父親分開，而留出空間，讓另一個人來和母親形成一對成人配偶。譚雅的伊底帕斯焦慮也在她變得越來越控制的同時顯現，承認著無意識裡需要去「放棄單一且永久占據母親的想法，會導致深深的失落感，這樣的失落感如果不能被忍受，便可能會變成一種迫害的感覺。」（Britton, 1989, p. 84）。

此外，母親脫離對父親的「嬰兒式」依賴，可以較具希望地避免她在和父親有關的事務上，回復到那個只能懇求協助的幼兒角色。這似乎已激起譚雅心中殘酷的蔑視，蓋住了她對於自己處於具影響力位置的焦慮。隨著我們談到她需要掌控事情時，她帶著一些已整平的黏土靠近我們，想要我們感覺一下它平滑的表面。她似乎要傳達，她希望能弭平那些我們所提到關於分離、界限和改變的想法，好讓事情繼續下去，沒有變化。當母親說到要準時把譚雅送上床時，譚雅繼續說：「我不想要聽這些垃圾。」我們說明譚雅正在傳達她的感受，在一天將結束的時候，沒有一個「和睦的」相處時光，她沒有辦法就這樣「收拾好」一切；「和睦的」相處時光包含她被一對（在父親缺席下，由母親來體現的）聯合的父母親配偶「涵容」的感覺。

母親報告譚雅在許多方面已經改善。在學校適應得比較好，雖然仍然會情緒爆炸。然而，她覺得譚雅不論在家或幼兒園都已經很好。父親也變得比較可靠，提供她們經濟上的協助。我們聽到她的雇主也較能給予支持。我們認為這些予以母親協助的成人們在態度上的轉變，亦反映著在譚雅的同儕關係上有相似的進展。也許就像譚雅一樣，母親不再需要用一種過度依賴的方式，緊緊地「黏著」她的朋友與同事。所以，他們也許覺得不再傾向去推開她，取而代之的是提供協助。

194

在最後一次會談中，譚雅用嬰兒車推著一個娃娃進來，並且要求要去做功課，讓我們看到一個長大、適應良好的女孩。她不時發出「噴噴」聲，說我們很調皮。接著在治療室的牆上黏了一張圖畫，並且承認她希望我們在她離開以後，還會

繼續想著她。她帶著兩個嬰兒玩偶到治療室的中央，彷彿要再次確定我們都專注於她的遊戲，並且用玩具電話打給醫師，好像要提醒我們，她還有一些困難需要被處理。她玩一個假扮媽咪的遊戲，安撫著「臭嬰兒們」，他們剛「大完大便，得要媽咪們清理。」她突然生氣地嘲弄了其中一個嬰兒，說著他太調皮搗蛋了。

我們察覺到母親比較能清理譚雅混亂的情緒，也較能將譚雅放在心中了。我認為譚雅在無意識層次上，也意識到母親提升了自信，可能會造成另一對配偶和更多「調皮的小嬰兒們」，因為母親是一位具吸引力的年輕女性。我們覺得母親已經將一個功能運作良好的父母親配偶納入她之內，同時兼具了「父性的功能」與「母性的功能」，讓她相信自己能夠記得、並且可以提供這樣的涵容給她的女兒。

莫佳

在第二個案例中，父親的缺席也是主要特徵。相較於上述案例，這個家庭中瀰漫著不確定感，母親執意認為父親的不可靠才是孩子情緒問題的肇因，這似乎干擾了她去理解孩子情緒狀態的能力。我的同事與我能夠幫助母親辨明：和父親有關的過度武斷立場，正阻礙著她與孩子的溝通，因此也可能增加她的困難。

四歲的莫佳，因為睡眠問題與母親兩人被轉介到診所來。莫佳的母親是塞爾維亞人，父親是科索沃人。我的一個同事曾單獨見母親數次，會談的內容主要聚焦在處理母親對前夫的不滿，她滿腦子都是關於他無法穩定和莫佳保持聯繫。我的

同事覺得，莫佳可能會需要個別兒童心理治療的介入，這也是為什麼後來會談妥，由我來加入她和母親與莫佳的一次會談，作為評估歷程的起始點。

在我們的第一次聯合會談中，我們都對莫佳和玩具產生感情的速度印象深刻（相較於譚雅的焦躁不安）。莫佳坐在桌子旁，背對著母親，在探索玩具箱時不停地喃喃自語。母親評論著這些玩具「太有趣了」，並且似乎感覺到自己被排除在外。她好幾次提到莫佳很難過見不到父親，並且將她大部分的問題歸因於和父親有關的事件。當下的氣氛相當緊張，我覺得我清楚地意識到自己侵入了我同事與母親親密的配偶關係，這對直到此刻才被一起會見的「具排他性的」配偶。這侵入的感覺不單只是因為我的物理性存在，也與我漸增的覺察力有關。作為一個外人，我有潛力以不同的視角來看待家庭的處境，並且質疑那些固著的想法，因此使她帶著疑心看待我。我在思考父親是否也經歷過相似的被排除感，這可能會讓他很難維持穩定的聯繫，因此增強了父母間的敵意與不信任的循環。

莫佳將我們的注意力引到她帶來的童書上的一幅圖，上頭有一個漂亮的金髮公主站在兩個（從頭到腳都被塗黑的）人中間，她形容這些是「壞蛋」。我說，莫佳對於她內在的感覺，以及她想像其他人怎麼看她（包括她父親），可能有各式各樣的焦慮。不知道他們是認為她是漂亮公主還是壞蛋？她點點頭，似乎對於我們能如此細緻地去注意這幅畫而感到開心。

第二次與她們兩人的聯合會談中，隨著莫佳心安下來畫畫，母親告訴我們，她的女兒曾對於被帶來診所這件事發怒。此時，莫佳轉過頭來，大大地張開嘴，讓我看一塊黏在

舌尖上的口香糖。我說，這聽起來好像她今天本來感覺很複雜。她沒有表現地非常「無禮」，反而以這個小小的動作取代，對我吐舌頭／扮鬼臉。莫佳似乎對這個想法感到興奮，並且挑釁地對我吐出舌頭來。我說這可能是她想試試看能夠對我們多無禮，因為她希望我們能注意到「壞蛋」那部分的她（在公主旁的兩個人形），並且想知道我們會怎麼想這件事。

196　　莫佳提到在家裡她會撞自己的頭，因此就可以有一個「受傷的地方」，媽媽才會抱抱她並讓傷口好一些。母親描述莫佳在跟爸爸通完電話後有多麼沮喪。此時，莫佳走近母親，並試著遮住她的嘴巴阻止她說話，接著她對著母親的側臉甩了一巴掌。母親嚇了一跳，我們也是，她似乎不太確定要做何反應。母親平靜地用成人的方式向莫佳解釋，有事情要用說的，比用打人的好。莫佳跨坐在母親身上，並試圖親吻她的嘴，彷彿是以一種過度情色的方式尋求安撫。接著她走過來，躺到地上，對我的腿搔癢，而我阻止了她。

　　母親重申，她認為這個行為和莫佳與父親的電話聯繫有關，因為母親覺得那些對話讓莫佳心中充滿了無法處理的情緒。我們承認這極有可能是事實；然而，我開始思考母親總是堅持莫佳的苦惱與父親有關，這是否也干擾了她更去注意莫佳各種情緒的能力，這些情緒並不總是和父親有關。透過觀察莫佳有時會變得過度情色的行為，我認為她對於人的成長與維持親密關係感到困惑。我也在思考莫佳對於她帶來的圖畫中好與壞形象鮮明對比的擔心，也許這關係到她擔心如果表達出她的敵意──表現得像「壞蛋」、呈現她的攻擊面向，就會被拒絕。

此刻，莫佳對著母親翹起屁股，觸摸它，用輕蔑的姿勢說「便便」，似乎是存心想要表現出自己不討人喜歡的那一面（就像吐出含著口香糖的舌頭那樣）。這看起來好像是她漸進式地在要求能被認識與接納。她的混亂、憂傷讓她覺得自己是「便便」小孩，應當被拒絕（如同父親未依約前來時，她所感受到的）。她在之前那段時間裡，必須表現得像個世故的美麗公主，並將自己無法被接納的那面深藏。這些所形成的壓力，令她難以承受。我與同事認為，莫佳在幻想裡也許感覺到如果她表現出這些相較之下令人難以接受的她時，可能會導致被遺棄，這讓她需要不斷充分地測試。診療室中，她對母親與我們的無禮與時常出現的霸道行為，讓我開始思考，是否在某個程度上，莫佳認為自己就是「那個壞蛋」，需要為父母親的分離負責，這也許也導致了她自大全能的控制感逐漸增加。她對於自己破壞力越感到焦慮，就需要越多的控制，以逃避她對於被報復的被害式恐懼。

相較於上一回，莫佳背對著母親坐在桌邊，再轉過頭來。這次會談，我們調整了椅子的方向，好讓莫佳直接面對母親。現在，隨著她們兩人全然地面對彼此，她們的互動就顯得具侵略性且過度緊密了。不同於有父親形象在母女之間的協調，在兩人之間創造出一些距離，以改善分離的困難，並調整互動的張力；缺席的父親似乎用一種相似的侵入，強占了母親的思緒。對於父親缺席的成見，讓母親更難以寬廣的角度去察覺她女兒的擔憂，也干擾了她提供理解與涵容她的能力，而造成了她們兩人之間親密接觸的屏障。

在一次與母親回饋面談中，我們所有人之間才顯現一段較

197

溫暖、也較信任的關係。在她抱怨她的伴侶和他的行為對莫佳造成的影響時，我的同事和我談到這些埋怨似乎有一個功能，就是讓她們母女都持續忿忿不平，也因此可以防止她們被分離與失落所帶來的憂鬱感淹沒。當我們提出母親固著的預設立場，可能會讓她無法看見莫佳多樣且多元的需求時，母親似乎鬆了一口氣。

我們談論我們感覺莫佳這個混亂的小女孩掙扎著與母親溝通，卻又遭遇阻礙。母親認同這點，但卻繼續描述就寢時間到來時，莫佳如何緊巴著她不放，說著「她因為爸比而很難過」。我說明這種緊緊黏著，也許是莫佳確保母親在她身邊的一種方式，尤其是當她知道母親即將有一些她不能參與的私人傍晚時刻。莫佳給了母親一個小小的提醒——爸比很「壞」，只是為了確保有裝一些東西到母親傍晚（也許是和男性約會）時的腦袋裡。母親進一步說，這似乎是在她和莫佳有一段美好的相處時光時發生的事。我提出我們都記得在剛開始工作的某一刻，當時母親對我多麼提防，好像我是闖入她和我同事親密治療關係中的入侵者。接著我指出，去回憶起這樣的感受，也許能幫助母親去理解，當任何人要進入母親的生活，並擾動這對親密的配偶時，莫佳可能會感覺到什麼：如果她讓母親離開，另一個父親形象的人物可能就會侵入，並形成有性關係的配偶，生更多小孩，而造成她被排除在外。由於莫佳在她們渡假期間對配偶的執念，讓母親認為這可能是真的。

我們向母親說明，我們認為她是莫佳主要的依附對象，若是她能夠對莫佳維持一個兼備母性與父性的角色，會有多麼的重要。我們同意繼續一起工作，並輪流進行家庭會談及單獨和

母親會談，藉著她女兒帶來會談中的素材，幫助她去思考她的父母親角色。

討論

在上述案例中，令人印象深刻的是，母親與孩子所理解的父母配偶關係，是此工作的核心。在一些單親家庭或不穩定的父母伴侶中的特殊動力與情勢，可能會因為很多原因，使得正常的伊底帕斯情結修通變得難以達成。父親的缺席或不穩定，可能會增強一個小小孩的自大幻想，也就是他已經把父親「驅逐」出去，現在全然地擁有母親；在功能良好的雙親家庭中，原本會發生的一般性「現實檢測」變得遙不可及──亦即當幼兒在日常的證據中，面對他們的伊底帕斯願望並未成真（伴隨著無可避免的失落與被排除感，也伴隨著鬆一口氣）。事實上，若一個單親父母開始一連串的短期關係，孩子可能會覺得他那具破壞性的全能感重複地被增強，並伴隨著升高的焦慮。單親母親需要一段時間來哀悼關係結束的失落、先前的生活模式，以及她曾希望擁有的嬰兒模樣，都將使她難以將一對有創意且良善的配偶形象記在心上。有時候她會允許孩子睡在父親位置上，以這種具體的形式來填補床上的空缺。

布里頓（Britton, 1989）用「三角空間」（triangular space）來形容「存在」於母親心智中「缺席」父親的狀況。就像譚雅與莫佳的案例，要幼兒處理正常的伊底帕斯衝突，以及對存在於父母之間的連結（就定義而言，需要排除孩子）保持覺察是非常困難的。父親的「在與不在」創造了一個更加模糊的外在現實，可能使孩子更困惑於自己是否真如幻想般擁有

破壞性的能力，可以將父母「分開」，以及是否真有能力保護父母、並讓餘下的父母存活。

布里頓寫下：

原初的家庭三角，提供孩子兩個分別與父母親的連結，並且以父母之間排除他的連結來挑戰他……如果孩子能將父母親之間被視為愛與恨的連結容忍在心中，這將提供他第三類的客體關係原型，也就是他是見證者，而非參與者。接著，一個第三位置會從可觀察到的客體關係中形成。因此，我們也可以想像正在*被*觀察。這讓我們有能力在與他人的互動當中看見自己，在取悅他人的同時，還能保有自我；在做自己的時候，同時還能自我省思。[1989, p. 178]

我希望在本章節中所舉出的案例能夠說明，我們的工作時常導向協助父母（單親或雙親）以不同的觀點去觀察他們自己與孩子。這經常讓他們能夠開始內化良善的父母親配偶功能，以協助孩子發展。與同事聯合工作的經驗，或是找到方法與其中一個父母結盟，作為診療室中的「父母配偶」，在這類型的工作中是很有幫助的，因而能更深入探索與界限設立、分離及個體化（individuation）有關的議題。

仔細觀察在治療室當中關係的發展，以及偵測反移情，是進行這份工作的基本工具。

註解

本章是修改自一篇早期的文章：L. Emanuel, "Parents United: Addressing Parental Issues in Working with Infants and Young Children", *International Journal of Infant Observation*, Vol.5, No.2 (2002): 103-117.

第 12 章

嬰幼兒心智健康服務的伊底帕斯議題：創造一個思考的空間

● 米契‧古里安

本章節將討論幼兒離開和主要照顧者（通常是母親）的獨占關係，並且朝向三角關係發展——尤其是父親，但有時是其他手足——這常常讓新生兒體驗到「被排除在外」與「分離」的感覺。我將要描述和一個充滿衝突、焦慮與防衛的家庭之治療歷程，這些衝突源自母親、父親與孩子之間所形成的三角關係，亦即伊底帕斯的處境。兒童及（或）父母親為了要避免與這段過程有關的焦慮與痛苦等原始感受，可能會讓整個家庭陷入一種無力感之中。我希望能詳細說明這些防衛的本質，並且指出一種減輕這種無力感的方法：藉由一個可以提供「第三位置」（Britton, 1989）的治療師所創造出來的「三角空間」，來觀察和反映出許多家庭內的觀點。這是一個以伊底帕斯位置內的三個人和他們潛在關係為界限的空間，因此，它包括了「參與一段關係的可能性，並由作為觀察員的第三人，來觀察兩個人之間的關係」（Britton, 1989, p. 86）。這個「思考的空間」，讓新的想法有可能在治療室中被創造出來。

　　嬰兒與照顧者（通常是母親）之間的關係占滿了生命的第一年。嬰兒生命初始時，完全需要依賴這段關係才得以存活。如果一切順利，寶寶在生理上與情緒上的基本需求也都能滿足，他就可以內化這個提供他力量並能涵容他的形象。第一年後半的斷奶經驗亦相當重要，不能獨占乳房的現實挑戰著嬰兒。鬆開哺乳關係的緊密與獨占性，可能對嬰兒與母親來說都是痛苦的，並且逐漸調整到能夠接受父母親之間的關係是充滿衝突與焦慮的。

　　兒童不僅開始意識到他的父母親是一對配偶，而且他可能被排除在這段關係之外，他也認清漢娜·席格（Hanna Segal）所說的：「父母親之間連結的本質，與兒童和父母親的關係是不同的，尤其是在他無法獲得的那一刻……他們不只是交換了生殖器的滿足，事實上，是父母親的交流才創造出了這個新的嬰兒。」（Segal, 1989, p. 8）。對父母親之間的性關係與伴侶關係的領悟，就好比他逐漸體認到成人與兒童之間的差異，必然會讓他產生非常強烈的失落、羨慕與嫉妒感。這樣的體認常常導致兒童為了得到父親或母親的注意，而與另一方對抗。然而，這可能也會鼓勵他到別的關係或活動中找一個舒服的位置，往往是靠向他的父親。如果兒童的心智世界中有內化的父母配偶作為安全堡壘，那麼就會比較容易能修通這些常見卻相當痛苦的焦慮與衝突。缺乏「團結的」父母配偶，會讓兒童更難建立一個伊底帕斯三角。父母親自己沒有解決的伊底帕斯衝突，可能會讓他們過度認同他們的小孩，因而阻礙了分離與成長。下一個新生兒的出生可能會喚起兒童被取代的感覺，而這種被取代的感受，也可能使父母感到內疚而不願去設

立常規。每個孩子總是有自己的特質，並以他獨特的方式去接收和解釋父母親與手足的行為。

藉著鬆開對母親的獨占，並接受父母親的關係，就可以解決伊底帕斯情境，進而創造出隆納・布里頓（Ronald Britton）所說的「三角空間」。

在這段我與這個家庭工作的描述之中，我將詳細說明在會談過程中我被喚起的感覺與想法，並指出如何運用移情與反移情來協助家庭成員的認同困難。

▎伊底帕斯競爭

這個案例說明一個家庭中常見的問題：一個兩歲的兒童，在手足出生後感到被排除在外。在這個案例中，小女孩為了讓自己感覺好受一些，因而轉向她的父親，如同其他小女孩一般；但在她心裡，這呈現了一種獨特的比重，如同她所想像的，她重新安排家庭結構，組合出一對新的配偶：她和她的父親一邊，母親和弟弟是另一邊。這是她否認父母親之間擁有親密配偶關係的方法。

A太太兩歲半的女兒瑪莉亞，時常在夜裡醒來，白天不願獨自玩耍，並且需要占據母親的關注。母親因而向當地的兒童諮詢服務中心尋求協助。他們被轉介過來時，整個家庭正因外祖母受癌症所苦而處在緊張的氛圍之下。另外，家裡也正在重新裝修，一團混亂。

雖然第一次的晤談邀請了全家人一起前來，但母親選擇獨自前來，好像她對「這種服務」感到懷疑，並且希望前來確認

這裡提供些什麼。在第一次會談中，她藉由直接詢問許多這個診所的工作來攻擊我，她也要求想知道我到底在這裡做些什麼，好像我隱藏了許多邪惡的事。

（我認為她可能在害怕我會問她問題，而把位置顛倒過來，讓我成為對話的焦點，好保護她不被了解）。我試著回答一些她的問題，雖然我很快了解到我的答案本身並不是重點。更重要的是，我如何承擔這些問題，並穿過那些伴隨而來的感受。（以這種方式成為焦點，讓我直接經驗到她的焦慮與被淹沒的感受。這也暗示她的女兒對於母親存在的經驗，可能正接收到極大的焦慮。）

當談到她的重擔時，A 太太變得淚眼汪汪。她要照顧兩個孩子瑪莉亞和丹尼爾（十一個月大），還有她的父母，尤其是她重病的母親。她說她和她的先生都對瑪莉亞的改變相當困惑。在弟弟出生前，她是個好小孩，但最近幾個月卻變得日夜都相當苛求與黏人，使父母雙方都瀕臨崩潰。弟弟卻似乎非常平靜與滿足，並且可以一覺到天明。

在這次會談快結束時，A 太太平靜多了，並且有能力思考瑪莉亞的困難與家裡緊張情境的關係，同時她還得與剛來到這個家庭的新弟弟競爭。我們談到 A 太太對於失去她母親的恐懼，以及母親與女兒共有一種被拋棄的恐懼。

A 太太認為她的先生不會想要來參與會談，她說「他不會相信這種東西」。（我認為 A 太太前來時，並不抱著可以得到幫助的想法，甚至認為可能會被責備，或是被告知她的反應是錯誤或不正常的。在會談的最後，她感到較為平靜與統整。我認為她或許會希望她的先生可以一起前來參與會談。也

許她現在把自己的懷疑推往先生那裡。）

　　我感覺到許多的懷疑與疑問在我的腦海裡（和 A 太太一樣）：為什麼 A 太太對這項服務如此懷疑？為什麼我這麼熱切地要再向她做保證？她能否說服她先生來參加下一次的會談？在他們審視的眼光下，我是否能不負所望呢？

　　（這種不確定他人是否有幫忙能力的心智狀態並非少見，特別是前來接受嬰幼兒心智健康服務的家庭。這類型的父母常常會有無助感與〔或〕覺得自己不適任；需要向他人求助，也常讓他們覺得丟臉或是羞愧，在某些文化中更為嚴重。事實上，將這樣的感覺投射到治療師身上，能讓父母親感到放鬆些，並且拾回更多做父母的信心。）

公主

　　在某個下班後的時間，母親在上次治療後似乎放鬆了些，進而讓整個家庭能夠來參與第二次的會談。一開始，母親描述她的女兒焦慮而敏感，這讓我對接下來所見到的景像毫無準備。瑪莉亞看起來像個有自信而跋扈的「公主」，她的長髮如同面紗般優雅地垂在她臉上，並且藏住了她的雙眼。毫無疑問地，她的存在是治療室的中心。相較之下，她的弟弟丹尼爾則顯得相當不吸引人。一開始 A 先生很沉默，但是並未如同他太太所預期般，對這樣的治療模式有所猜疑。

　　瑪莉亞筆直地走向放了一些畫畫工具的桌子，並且持續站在桌邊，我猜測她是為了要隨時保持她的高度。我也覺得她並不是真的需要這裡提供的任何東西，就好像她只是經過這裡，或者是正要去某個更有趣的地方。她開始在紙上一個接著

204

一個地畫圓圈。接著她用一種誇張、像老師一樣的方式把圓圈分配給每一個人。媽媽為她解釋，瑪莉亞正在學習三角形、正方形與圓形，「不過圓形是她的最愛。」（我認為，她需要成為中心——圓形的中心，而不是三角形或正方形。形狀可能與兩種以上的原因有關。三角形有著尖銳的角，可能與被排除的感覺有關，而不尖銳的邊所強調的孤獨感，是與柔軟、無盡的圓形完全相反的。）在完成這項活動後，她發現自己無事可做（就像是需要去面對在角落當個孩子這個事實般）。當她開始從微弱抗議著的弟弟那裡奪取東西時，房間裡的氣氛緊張了起來。她的父母親似乎有些無助，並沒有干預。

　　瑪莉亞繼續侵入丹尼爾的領域（將她的不安與不舒服投射到他身上），很快地，氣氛更加白熱化。丹尼爾接著變得更加激動，最後終於哭了。當父母對這個狀況說了幾句話，儘管口氣很輕，瑪莉亞立刻轉向那個媽媽「用來以防萬一」的包包，其中裝滿了「用來賄賂的東西」。（我認為媽媽需要隨時準備好安撫瑪莉亞，好減輕自己的罪惡或憤怒的痛苦感受。）母親似乎期待瑪莉亞成為她口中那個「對弟弟很壞」的姐姐，並且已經準備好給瑪莉亞一些糖來安撫她（就好像母親無法從她的女兒眼中感受到意義。這使我想起上一次會談時 A 太太的焦慮，和她對瑪莉亞的描述——敏感而無助的女孩，與瑪莉亞表現出完全控制與占有父母的樣子，這樣的落差使我相當困惑）。

　　我提到瑪莉亞需要感覺一切都很好，剛好父母親也希望能取悅她。父親將這個想法連結到他自己小時候，說他以前是個總是很焦慮的孩子。他想起有一次，當鄰居的孩子都在爬樹

時，他選擇待在樹下撿蘋果。瑪莉亞在這時一定覺得自己不再是談話的焦點，她迅速坐到父親腿上，完全占住父親，並且命令他要給她這個、給她那個（在父親眼中，瑪莉亞彷彿是個有權威的攀爬者）。父親並沒有挑戰她，我卻無法不注意到她果決地避開接觸我的眼神，就好像我已經開始了解她的心智世界。（我認為她可能感覺到我對現況有所威脅，我的存在代表需要改變，我也象徵一種改變的方式。在她眼中的這個我，是一位不受歡迎的侵入者，需要將我排除在外、打敗我。）

我從 A 太太那裡聽到，有一晚瑪麗亞醒來，並到她父母親的臥房。母親並不喜歡她到他們床上來，所以通常父親會再把她帶回她自己的床上，並且陪她直到她睡著為止。（我認為雖然父母很清楚地維持他們床的界線，瑪莉亞卻可以控制她的父親，讓他離開他們夫妻倆的床，並且全然擁有他。因為擔心父親會溜回母親身邊，她才會在晚上醒來許多次。）在白天，她無論如何都要跟著媽媽，並且要獨占她的注意力。（好脫離奪走她丈夫的罪惡感？或是以成為母親影子的方式，好像貼近母親，她就可以馬上變成母親，並且避免知道自己是個小女孩？）

我詢問父母，他們會不會認為瑪莉亞是在夜裡查看他們，她似乎非常強烈地需要這麼做，好避免被排除在外的感受。父母兩人都因為這個想法笑了，母親變得很愉快，只說：「是啊，瑪莉亞嫁給了她的父親。」我說她似乎因此而必須與母親競爭——這位已經嫁給她丈夫的母親。這時瑪莉亞變得很沮喪，並且強烈悍衛道：「我的爸爸！媽媽是丹尼爾的媽媽，爸爸是我的！」媽媽說有時她也會用這些話逗弄瑪莉

亞,「她是我先生。」而瑪莉亞則會反擊道:「不,他是我爸爸。」

當我們繼續談論這點時,瑪莉亞向母親要她的戒指(她的婚戒,也是她手上唯一的戒指),而母親也給了她。出於感激之情,瑪莉亞親切地送給母親她的廉價塑膠戒指。這讓我想起那些圓圈和不被瑪莉亞喜歡的三角形與方形;圓圈可能會喚起她對於一對配偶與外界隔絕,且不會碰撞到角落的感受(婚戒這個圓圈象徵著父母親之間的關係)。

當父母親對於他們女兒行為的不同面向感興趣時,談話開始熱烈了起來。他們看得出來瑪莉亞晚上起來走動,以及白天在爸爸工作時黏著媽媽,像是在說明著她需要緊盯著她的父母。在某種程度上確定他們不會製造更多的小嬰兒,就像以前一樣,同時也是為了要保護她自己,好避免被拋棄的感覺。(這可能是因著她增加的敵意與干擾行為,所帶來更多害怕被報復與被拋棄的感覺)。也有一種害怕什麼都沒有留下的感覺,尤其是當瑪莉亞意識到她的弟弟很快奪走她與母親在一起的位置。他們可能會看到她緊緊跟著母親,但這不僅是緊緊跟著或是黏著媽媽,也代表著希望能變成媽媽,而可以不要面對痛苦的現實——她與那位還是製造出愛之結晶的母親之間的差異。父母親雙方都感到相當放鬆,並渴望繼續會談。

(雖然我可以看出來,目前家裡的狀況,可能會使瑪莉亞需要保持警覺、盯著雙親的狀況變嚴重,但是我還不清楚為什麼這對父母會這麼難以面對瑪莉亞的要求,以及容忍她的感受。我猜想著是不是在這個新生兒出生以前,他們就經歷過這些困難,只是這個嬰兒的出生讓狀況變得更嚴重了。也許瑪莉

亞天生是個容易苛求與嫉妒的孩子，對她來說，特別難以留在需要母親的位置上，並且將她視為一個美好的涵容者。無疑地，父母雙方都無法用一般的方法來挑戰她：他們過於同情瑪莉亞的處境，理解她的不快與挫折感，只希望能去除這些感覺。這就好像他們已經完全認同她的脆弱感受，也因此較無法站在父母親的立場去訂定清楚的界限，即使是以善意且有禮的態度，也許是因為害怕傷害她，或是害怕他們在瑪莉亞的眼中變得不受歡迎。這會轉而助長她的全能自大感，也助長她和父母親其中一方在一起的幻想。因為他們的無助感讓她太過全然地感到有力量，進而用一種相當荒誕的方式來控制自己脆弱的部分。）

復原

　　第三次會談時，父母親提及瑪莉亞在睡眠與白天行為方面的進步，雖然他們並不認為是在這裡會談的結果。然而，他們的改變讓我特別感動，也備受鼓舞，尤其是當他們不再疏遠，並且像一對父母般一起說話、一起敏感地描述瑪莉亞的行為。例如：他們似乎更能覺察她過度戲劇化的傾向，並且談到她的「鱷魚眼淚」（假哭）。他們認為她最近感覺到「心煩意亂」，先是弟弟的到來，最近則是父母親忙於房子的事，還有祖母的疾病。他們認為瑪莉亞變得更令人不快。事實上，在治療室中她似乎變得普通，也不再那麼引人注意。這次會談中，父母親更為放鬆，且開放地談論他們各自的兒童期經驗，也將之連結到他們對瑪莉亞的感覺與態度。A 先生描述他自己的父親是個非常情緒化的人，總是需要兒子去安撫他。

207

A 先生認為他回應女兒的反覆無常與威脅的方式，與他回應父親的方式並不相同。（這也可以看成他需要當一個不一樣的父親，對他的女兒溫柔、付出，而非疏離與嚴格。）

A 太太有一個妹妹，她認為妹妹是父親的最愛。她描述到這讓她有種難以忍受的被排除感。她認為瑪莉亞的出生再次掀起她的這些感覺，也許這讓她想起了妹妹的出生。（這可以把她不願意讓瑪莉亞失望，連結到她與瑪莉亞在競爭父親／丈夫。同時，母親也很想要看到瑪莉亞擁有她童年所缺乏的堅定與受關注。有趣的是，父母雙方的描述裡，都沒有提到自己的母親。）A 太太開始能夠覺察到每當她要離開家時，她會習慣性地期待瑪莉亞表現出不能沒有她，她也將這點連結到分離的議題。（這可能也反映著 A 太太害怕不被需要或可能被拋棄的感覺。）我們都在想，這樣的期待，似乎在邀請她的女兒來感受被拋棄與被排除，就像是她小時候，她的父親跟妹妹留她一個人在家裡，他們兩個人自己去公園玩時，她所感受到的一樣。（我認為 A 先生跟 A 太太童年時，都曾經在某種程度上感受到被剝奪與拒絕的痛苦。他們對於被愛與被需要的渴望，被他們的第一個孩子喚醒。也許在他們倆人無意識裡，都希望瑪莉亞依賴、需要他們，好讓他們能抵抗被自己的父母拒絕與排除的感受。）

這次會談中氣氛的變化是很吸引人的，從懷疑與小心，變得深思熟慮而悲傷。這些發現特別感動 A 太太。她很高興可以看到一部分的自己，並且把她自己嬰兒期的感受和那些對她女兒的感受區分開來。

排除治療師

在上一次有益的會談之後，父母親取消了接下來的三次會談（對應著我們已經談過的三次）。（我猜想，與我的會談儘管在當下是有幫助的，但帶著他們去接觸與童年有關的痛苦感受，是否也增加了他們的焦慮。）也許父母親藉著擁有一個「共同的敵人」，就能聯合起來。在第二次會談裡，他們帶著敵意、用「鱷魚的眼淚」描述他們的女兒，這可能會引起他們的罪惡感，所以將治療師視為「敵人」顯得比較沒有那麼危險。到了我們終於要會談的時候，對上次會談的印象已經消退。雖然父母親再次提起瑪莉亞在睡眠習慣上有明顯的變化──她現在幾乎可以一覺到天亮，他們卻似乎保持著距離，也對於我們之前尚未談完的話題不再感興趣。

我提到，這種不感興趣的感覺與取消會談，可能都跟上次的會談有關。也許上次他們覺得談了太多的童年經驗與痛苦的感覺，或許他們想要把這些全放到一邊。我也在猜，是不是在他們的心裡面，也在期待這是最後一次會談，因為我們沒有再約下一次。父母親並沒有理解這點，且會談的焦點似乎也轉向別處。他們的心思現在完全被生病的外婆占據，母親的焦慮似乎逐漸地在增加。瑪莉亞似乎更真誠地思考著母親沮喪的心情。而且，有趣的是，母親轉而擔憂丹尼爾，她說當事情不如他意時，他會攻擊姐姐。我猜想，是不是母親對自己的爸爸與妹妹的敵意被喚醒了，且現在轉移到丹尼爾身上。母親說她很害怕他長大後會變成一個流氓。

他們拒絕了再會談一次的邀請，因為他們覺得不需要更多

的幫忙。也許他們跟女兒都發現難以承認自己是需要被幫忙的。

討論

這對父母並沒有自發地投入會談，儘管如此，他們仍可以回應治療師提出來的想法，也感覺到被了解。這轉而讓他們能夠重新在父母親的位置上，去了解與涵容他們的女兒。雖然他們能看到這段過程是有幫助的，但可能是因為害怕被拉回嬰兒期的痛苦裡，害怕變得太需要、也太依賴治療師，所以不想繼續會談。不過，在治療工作的幫助下，去思考他們女兒的行為和想法，而不是討論他們兒時的感受，可以幫助他們調整對女兒的看法，所以他們不再視女兒為父親的「過度要求的爸爸」，與母親的「受寵的妹妹」，而是一個有她自己痛苦與衝突的小女孩。因為他們能夠面對自己的痛苦，雖然只是暫時的，如此他們的女兒才能在家裡重新找到一個較平凡的位置。

也許最重要的改變是母親的位置。在一開始她不斷懷疑我，並且在最後取消了會談，可以看出發生在她女兒身上的腳本。同樣地，作為一個治療師，我覺得自己不適任，如同她覺得被具有敵意的女兒取代。作為一個母親與妻子，她也感覺到自己是多餘的。這些很可能都在提醒母親自己在孩提時被妹妹取代的經驗。如果她認為女兒的能力非常強大且珍貴，這無疑會使她無法試著去包容，並且溫柔地讓女兒接受現實。將這些感覺投射到我身上，不只讓我能夠直接經驗到她的處境，也讓我藉由理解來涵容她，而不是照著這些感覺行事。這反而讓母親能夠再度回到父母親的位置。

▋結論

　　這對父母變得能覺察他們女兒的情緒與需求，以及自己被她喚起的感覺。增加這些覺察與觀察女兒的意願，讓他們能換個角度看待她，也在某種程度上幫他們重新回復親職功能，並且更能包容他們的女兒。

　　治療師自身的觀察、傾聽、不批判的態度，可以被視為在提供這個家庭一種近似於父母親的功能。在這裡投射可以被接受，感覺也可以被思考。透過小心翼翼地觀察這些寄託在治療師身上的感覺與想法（反移情），可以在相當短的時間內，清楚看到他們所遇到的困難本質與程度。

分離與失落：斷奶與成長

接下來這個部分要談的是嬰兒發展的重要議題——掙扎著以一種終生難忘的方式來適應分離與失落，這也常常是受轉介前來接受嬰幼兒心智健康服務的家庭所遇到的行為或情緒核心議題。我也會描述嬰幼兒心智健康服務如何因應調整，以在社區關懷服務的場域下提供臨床服務。這一部分將藉著迪莉斯·陶斯（第十四章）談論嬰兒的睡眠與飲食困難，和伊莉莎白·布萊德利（第十五章）描述與學步兒和近五歲兒童的工作狀況，來探索五歲以下幼兒的分離與失落議題。

維持「期望與絕望」、「生與死」、「失去與獲得」的平衡，並且協助家庭成員達成這項任務，是貫穿這一部分的主題。在第十五章，伊莉莎白·布萊德利亦藉由描述一段父母親在適應一個垂死的孩子，同時又試著迎接另一個新的孩子來到這個世界時所面臨的衝突感，鮮明地傳達這個主題。這也強調著協助父母親去處理創傷性的失落是相當複雜的，也許在面臨這次的失落以前，他們已經有心理健康的問題了。在這個案例中，母親在童年時面對突如其來的失落所產生的恐懼感，和她現在因女兒瀕死而想擁有一個新嬰兒所引發迫害的罪惡感混雜在一起，呈現出對治療師的一大挑戰——如何在面對這樣的不適下，仍然能夠維持一個平衡的觀點。過去的失落，包含死胎、流產或是墮胎，對父母親和之後的孩子造成的影響，是嬰

幼兒心智健康工作中時常浮現的主題，這也可能是產前或產後憂鬱症的主因。

希望的有無，是梅拉‧萊齊曼（Meira Likierman，第十三章）時常用來評估改變可能性的方式。在她的文章中，她認為她所描述的三個皆因「分離焦慮」而轉介過來的案例，都有著不同程度「改變的希望」。她認為，父母親是否可靠，並且有能力成為配偶一起為他們的孩子思考，明顯影響著孩子是否能抱持希望。這強調出功能良好的父母親配偶對幼兒心智健康的正向影響，和家庭介入與協助父母親的結果，在以嬰幼兒心智健康模式工作時是同等重要。陶斯提醒我們，對於差異的焦慮暗示著正在發展出分離的感受，除非孩子能感覺到被他們內化的安全父母親配偶所涵容，否則會變得很難以容忍此差異。這包含著適應攻擊感的能力，像是對父母親和可能的新手足所產生的兇殘伊底帕斯情結。

萊齊曼藉著仔細地描述她所協助的家庭，描繪出親職功能品質的差異。一方面，一對原本是天作之合的夫妻，他們的孩子拉吉夫在母親將自己的敵意隱藏起來時，發展出了嚴重的「分離焦慮」，幫助我們了解這段婚姻突然變得不和諧的起因，和對兒子所造成的影響。他早期生命經驗裡良好的起點，和給予拉吉夫的「有希望」環境，都指向短期的治療足以「修復」那些因創傷式分離所造成的不和諧後果。

在三歲的米娜這個例子中，父母親激烈的爭吵暗示著改善情況較為不佳。然而，米娜在會談中用動物戲劇化地演出父母親之間的爭吵，讓他們能夠看到他們對她造成的傷害，而讓家庭有一些改變。

更嚴重的例子——喬治,點出這個工作的一項困難:判斷短期轉介問題的嚴重性和複雜性是非常困難的,除非被轉介者接受服務並進行某種形式的評估。轉介來的問題也許是相似的,但是喬治對這個看來較無希望的環境之回應方式,是相當引人關注的。

在這個案例中,父母親在接近他們的兒子時是疏離且分裂的,對他們來說,第一個孩子過世的事情顯然尚未解決,似乎容不下他所傳達的焦慮和不適。他的適應方式是過度認同他的母親,接著希望變成「女男生」,從表面上傳達想要進入她的感受(「穿她的鞋子」)。這種極端的認同形式,作為他維持擁有母親的方式,嚴重阻礙了分離和個體化的發展進程,陶斯對其描述得非常清楚。另外,隨著喬治藉由破壞了他在會談時所畫的圖而獲得的樂趣,洩露出「自我毀滅的傾向」,以及他對抗脆弱時潛在的反常防禦本質,這是許多我們在服務中所見到的孩子中,一項令人擔憂的特徵。和其他以短期介入的家庭不同,這個案例需要持續介入——婚姻的、家庭的,或是提供喬治個別的兒童心理治療,才能讓改變真的發生。

將分離與斷奶的發展價值銘記在心似乎非常重要,事實上,這段過程不僅僅是失落,也是「放手」,哀悼失落並且邁向新的收穫。如同陶斯用她描述嬰兒潘妮斷奶的經過,以及在語言上快速發展這段插曲,生動地提醒我們:如果不是太過於無法承受,失落和挫折可以激發我們的創造力,並且邁向成長的下一個階段。

213

【第 13 章】
跨越存在與不存在：
生命早年的分離焦慮

● 梅拉・萊齊曼

　　所有的社會關係中都存在著分離的現實，包含最早期的母嬰關係。新生兒仰賴母親的哺育，但是離開子宮、進到這個世界，他也必須受限制，與他的主要照顧者產生常態的隔閡。生命中第一次的分離有多種形式，也許是嬰兒不再需要喝奶、被放到嬰兒床裡獨自睡覺，或者是被交給其他的成人照顧。歐沙那希（O'Shaughnessy, p. 34）寫道：「被哺餵的嬰兒和乳房產生的關係，並不像嚴格的商業關係。他和乳房產生的關係是跨越存在與不存在的，是能夠超越乳房的實際存在，而在乳房消失的時候仍與之產生關係的。」

　　當嬰兒逐漸成長進入學步期，他會比以前更能覺察生活裡的許多小隔閡。母親不只關注他，也同時關注他的父親與他的手足。在尋常的日子裡，他的父母親會關注他們自己與其他的孩子，他們也關心彼此，與自己的家庭成員，並且更常見的是，他們也關心自己的生活。

　　當小小孩覺得自己有韌性的時候，就能夠超越照料與關注的隔閡，帶著希望等待輪到他的時候，相信他的需求遲早會被滿足。然而，有時當小孩感覺到脆弱時，他會帶著焦慮與憤

怒，並且傾向於去注意那些小小的疏忽，感受到這是對他個人的侵犯，甚至對他的存在是一種很大的威脅。當他的父母親將注意力移開的時候，他是不是被刻意羞辱了？或者更糟的是，當母親離開房間或者父親出去時、當他沒有占據父母親的注視時，他是不是就不存在了呢？

　　所有的小孩都會週期性地浮現這類的焦慮。長遠來看，這也許能為將來去因應更明顯的物理性分離（像是去托兒所或是托嬰中心）打下基礎。當一個小孩在與父母親分離而表現出強烈的焦慮時，臨床工作者可能就會很想下一個結論，並且將這樣的行為歸類為病態的。然而，表達出一些分離焦慮，其實是既正常且普遍的。所以它充滿了意義，非常值得用來思考情境因素之間的脈絡關係。更重要的是，兒童在不可避免的等待與挫折的週期裡，仍然有能力期望著自己的需要會被滿足。這樣的期望一部分是倚靠父母親感情上可靠的供給，而不是仰賴不間斷且完美的存在。

　　本章節將要述說三個表現出明顯分離焦慮的孩子，他們來自不同家庭，並且都被轉介來接受塔維斯托克的嬰幼兒心智健康服務。如同在這本書中的其他章節所描述的，這項服務針對家庭提供短期的介入。這個模式運用了精神分析理論，與會談中立即的反移情。臨床工作者藉由自己的經驗來與家庭做情感上的接觸，容忍他們的不舒服，並且藉由提供頓悟，促使家庭動力改變。促使這三個家庭前來接受嬰幼兒心智健康服務的焦慮源，是他們的孩子害怕獨處，特別是在晚上要入睡之前，雖然這是常見的狀況。在一個家庭之中，分離焦慮被當作是溝通的工具，孩子以此試圖讓父母知道其生活暫時遇到了困難。

在另一個家庭中，孩子分離的痛苦呈現了更多嚴重的發展困難。這類分離的痛苦不再是用來處理兒童期常見議題的暫時方法，反而逐漸成為不健康系統的一部分，並使這系統更加不健康。

這三對來尋求服務的父母都只有一個獨生子女。探索後，我們發現同樣的症狀展現在不同的家庭脈絡之下。在這些例子中，每個孩子可改變的程度也非常不同。當孩子心中的希望太少，並且環境的可靠性也太低時，症狀會變成一股獨立的強大力量，將家庭捲入複雜的漩渦之中。我認為五歲以下兒童的分離焦慮，應該要將「家庭脈絡」與「持有希望的程度」一同納入評估，因為這是兒童成長的要素。在理想的狀態下，兒童需要感覺到當他在掙扎著克服分離焦慮時，他的家庭能充分地涵容他。

當涉及雙親家庭，兒童的希望會仰賴雙親，父母親是否能為其情感生活提供一個支持性的架構。很明顯地，這種無意識的期待也是伊底帕斯衝突的一部分，這也挑戰著父母親作為配偶的強度。兒童期的症狀也暗示著父母親的結構正處於壓力下，讓兒童擔心他的基本安全會受到威脅。

米娜

獨生女米娜，被轉介到此接受服務時，她才三歲兩個月。她的父母 T 先生和 T 太太很擔心米娜害怕單獨進她的房間，她也拒絕晚上被留在那裡睡覺，她宣稱她房間裡有一隻咆哮的獅子。儘管父母仔細詢問，仍然不知道這樣的想法是怎麼來的。

在第一次會談時，他們讓我知道了這些。當時我邀請了全家過來，然而 T 先生和 T 太太決定不帶米娜過來。他們坐在我對面，父親坐在扶手椅上，而母親坐在沙發上，他們的態度和身體語言傳達著強烈的疏離。有一次，他們帶著強烈的罪惡感與焦慮告訴我，米娜的恐懼也許是他們的錯。他們的婚姻並不完美，米娜目睹了他們激烈地爭執。事實上，他們正積極考慮離婚的可能性，也已經聯絡了律師。他們解釋，他們之間的問題是在米娜出生之後才開始的。T 先生非常寵愛米娜，並且努力滿足她所有的要求。T 太太對此則相當埋怨，她覺得自己必須整天面對米娜，並且要一個人面對所有的後果。他們的爭執越來越多，也使其他的差異越來越白熱化，更透露了他們對彼此的陌生。此時，T 太太看著我，向我解釋他們來自不同的文化背景。

218

T 先生說明他是土耳其裔移民，在他很小的時候就來英國了。他成長的背景相當貧窮與困苦，他記得以前放學後都必須去幫忙父親那個失敗的小生意。他是四個孩子中的老大，也被賦予最大的期待。在他十三歲時，他的母親得了多發性硬化症。父母親的關係變得很糟，他的父親也因而搬離這個家。T 先生變成了年輕的看護，只剩他與母親同住。他偶而仍需要去幫忙父親做那艱難的生意。

十九歲時，他父親突然過世了，母親在兩個月之後接著辭世。在這之前，他曾想過要接受高等教育，但父母過世時，他感到非常不安，於是決定和他的第三個弟弟一起繼續經營父親的生意。他們試著做一些他父親不願意做的事情來改善營運。他們的生意越做越好，也買了更多的店面。最後他們將這

些都出售，獲得了一筆可觀的利潤。T 先生現在衣食無虞，也擁有了新的事業。此時，他遇到了他的太太。她是法國人，來英國學習英語。她說明她的背景與 T 先生相當不同，她來自生活優渥的巴黎家庭，有一個妹妹。她們的成長過程相當奢華，也相當冷漠，特別是她的母親非常挑剔與冷淡。她的雙親都很著迷於社會地位。

我想知道米娜的父母如何相處。我說，在我看來，儘管他們有許多差異，但仍有相同之處，他們都帶著自己的需求進入這段關係。T 太太馬上同意，她眼眶帶淚地告訴我，她因為 T 先生的熱情、可親而愛上了他，她仍然希望這段婚姻能繼續下去。她看著我，傳達著請求。T 先生並沒有回應，最後我提起了他的沉默。他冷淡地說對此他沒有任何想法。他已經不再愛太太了，因為她對他的女兒太過嚴厲，並且破壞了家裡的氣氛。為什麼他總是需要負起所有的責任呢？

我指出時間即將接近尾聲，並且建議他們，如果他們真的考慮要分開，我們需要謹慎考慮這個會談的目的。我將這個建議跟他們在米娜面前發生的爭執做連結。他們都同意她的焦慮反應是可以理解的。我要求他們下次要帶她過來。

與米娜的第一次會談

當我去等候室接他們時，米娜正坐在她媽媽的大腿上。我對她的美貌留下了深刻的印象，她有一雙深色的眼睛，捲捲的頭髮，明顯遺傳自她的父親。T 太太催促著她下來，好進入治療室，而米娜含糊地抗議並啜泣著。我對她說：「妳一定是米娜。」並向她介紹我自己。

一進到治療室，米娜馬上要求要坐在媽媽的腿上，並且把手指放到嘴裡，帶著敵意盯著我。父母親開始說話。父親說，他們已經仔細想過我之前說的話，也決定要試著解決有關米娜的情況。他們在想也許應該再給這段婚姻一次機會。他似乎相當真誠，我感到有些驚訝，但並沒有說任何話。母親點點頭表示同意。米娜開始在母親的腿上扭動，一會兒之後母親讓她到地板上。她有些遲疑地站在治療室中央。我指著玩具箱向她說明，她和爸爸媽媽來這裡的時候，這是給她玩的東西。她帶著明顯的敵意轉過身，背向我，似乎想要回到媽媽的腿上。

　　我說米娜不是很高興來到這個她不瞭解的房間，還有一位她不認識的女士。她微微地轉過頭，側臉向我，並對我露出一個嬌媚的微笑。我也對她笑，接著她走向玩具箱，並且把它拿起來。她有點吃力地帶著玩具箱，走向她父親坐著的沙發。當她靠近父親時，她立刻將玩具箱傾倒過來，讓玩具吵雜地散落在地板上。母親阻止她，「不可以這樣，米娜，這樣不好，妳會把這位女士的玩具弄壞。」米娜輕蔑地看著母親，再看向父親。父親表示母親不需要這樣神經兮兮的。母親氣得漲紅了臉，「你什麼都好好好。可是留下來整天照顧她、處理這些被你寵壞的後果是我」。接下來他們爭執了一番，爭執中，母親指責父親太沒有原則了。每一對父母都認為他們所堅持的立場是正確的。他們相當大聲且爭執不下。

　　米娜哭了起來。母親對父親說：「看看你做了什麼？」父親說：「不是我，是妳，是妳開始的。」我一開始說話，馬上就被持續的爭吵打斷了。我感覺到我的話語被狠狠丟在一旁，無助感向我襲來。母親抱起了正在哭的米娜，讓她坐在腿

上，並且一邊爭吵、一邊試著安撫她。

我更加謹慎地介入，我說也許他們正在讓我看到他們在家中爭吵的樣子。現在，我可以看到他們的爭吵有多麼激烈。父母親雙方都稍微冷靜下來聆聽。接著，父親同意我的說法。我繼續補充，這裡有一樣東西讓他們吵起來，好像米娜打翻玩具箱這件事讓他們很緊張，不確定應該怎麼做，也不確定是不是要責罵她。大家都沉默了一會兒。米娜停止哭泣，並且開始吸吮她的手指頭。她看著我。父親開始同意我的看法，他表示他對於原則感到相當困惑。他並不相信他自己，也常常希望太太能指引他，但是他卻傾向覺得他的太太完全是錯的。他的太太也是這麼看他；她好像要他更嚴屬一些。接著，他看著米娜說：「她是這麼小，又這麼脆弱。」

我猜想著對於這對父母來說，米娜打翻玩具箱的意義是什麼。也許這就像是在我的診療室中，將所有的家庭問題洩露出來。他們都聆聽著，母親不斷點頭。我接著說，這似乎不僅讓他們擔心會洩露出什麼，而我會如何處理，這也帶出了原則的問題。我補充說，父母親通常會從他們自己的父母那裡學到關於原則的概念。他們告訴我他們各自的背景，這之間似乎有所關聯。當米娜打翻箱子時，也許母親腦中浮現她自己的成長背景，並且在想她自己的家庭會怎麼看這樣的行為。父親則先入為主地認為米娜很脆弱，而脆弱在他自己的生命裡是非常重要的一點。他自己曾經是個脆弱的孩子，也曾作為一個年輕的照顧者，在他的母親生病時目睹了她的脆弱。他們陷入沉思。

父親說他並不同意這一點，也不認為他的過去影響著這件事。母親則有不同的看法，她認為我是對的，並且承認她感覺

到在她心裡，有股嚴厲的聲音總是在告訴她：她的女兒需要表現得好一點。我指出，他們都讓我注意到，只有當過去的事情還存在心裡時，才會造成影響，就像是母親所描述嚴厲的聲音，和父親所描述米娜的可憐。

米娜拾起了一個大的洋娃娃，並且問我：「床在哪裡？」我注意到沒有床給娃娃，我說：爸爸和媽媽告訴我米娜晚上不喜歡到她的床上睡覺。也許她想要玩一個床的遊戲，來讓我知道要睡覺時的事情？米娜看起來不太滿意，她丟下洋娃娃，走回去坐在媽媽的腿上，再次吸吮她的拇指。父親解釋，每天晚上他們把她放到床上時，她都會哭，母親得留在她的房間陪她。米娜也常常到晚上十一、十二點都還沒睡著。這麼一來她白天就會很累而且容易胡鬧。我指出，這也讓父母親在傍晚沒有足夠的時間在一起，他們都大力地點頭。母親說米娜應該在七點去睡覺，會是最好的，這樣才能留給他們一點時間。她稍微降低了音量，並且非常注意米娜。

我說他們似乎都同意這一點，但也似乎都對自己需要一些時間感到罪惡。父親說：「都是我的錯，如果我們沒有這麼常吵架的話，她就不會這麼不安了。」我問他們，不想準時上床睡覺，是不是就代表不安？母親說許多小孩在被要求去睡覺時，可能都不想去。她不知道要怎麼說服米娜。她認為她的先生應該要堅定一些，她強調如果不這樣，她就無法堅定。我指出這似乎讓他們之間沒有太多討論問題的空間，也不能一起解決問題。他們似乎陷入了沉思。

我接著指出，他們似乎對米娜充滿著罪疚感，特別是當他們在她面前爭吵，好像擔心他們已經傷害她了。也許這是為什

麼他們無法在合理的時間讓她去睡覺，並且在傍晚時容易屈服於她的每一個要求。父母親都點點頭，並且說在下次會談前，他們會試著解決一些問題。

討論

這次會談中最需要擔心的一點是，這對父母親在爭吵時，幾乎無法聆聽對方說話，甚至無法聽任何人說話。他們吵架的內容甚至是微不足道的。然而，雙親在發表各自的意見時，都遺忘了對方，甚至在我試著介入討論時，也感覺到被遺忘。在爭執時，T太太試著用一種會讓孩子極度不安的方式，安撫坐在她腿上的米娜。米娜也開始對我表現出暴躁與敵意來。我認為她相當情緒化且憂鬱，對新的事物保持距離，彷彿跟他人接觸是毫無意義的。我會形容米娜對家裡的狀況相對較為絕望，而父母親對他們的婚姻關係傳達著一種絕望感，即使他們渴望再試試看。

這讓我猜想著米娜的分離焦慮傳達著什麼意義。這次會談中，她在父母親開始爭吵時哭泣，好像要試著用她的哭聲來停止爭吵。在晚上，她是不是也用她的分離焦慮來確定父母雙方都還完好地存在著呢？

然而這樣的狀況會牽涉到複雜的伊底帕斯議題，因為米娜也用她的症狀來讓父母親分開。他們各自的性格讓這個狀況更為複雜。父親似乎對自己的成長背景相當生氣，尤其是他覺得他的父母親太早就需要他的幫忙。他曾經是個被「親職化」的小孩，在他母親生病時，他需要作為母親的配偶。我認為，自此以後他的心中就充滿了憤恨，並且相較於他自己太過努力

工作、也太快長大，他似乎希望他的女兒能有一段與他不同的、受保護的理想童年。他和他看似脆弱的女兒站在同一陣線，投射一個嚴厲且苛求的父母形象到他太太身上，而且痛恨她。米娜利用這一點來獲取父親的注意力，也因此加深了父母之間的裂痕。同時，她也試著要去停止父母親之間的爭吵。

接下來的會談

尋找床：治療進展。 在我們第二次會面時，米娜看到我似乎高興多了。她跑在我們前面，先進了治療室，並且開始檢查玩具箱。她不再繼續坐在母親的膝蓋上，並且主動玩遊戲。她玩的遊戲是把洋娃娃的衣服脫掉，讓她坐在馬桶上，然後幫她洗澡，讓她喝點東西，好準備上床睡覺。然而，在她要把洋娃娃放到床上時，她似乎不知所措，她再一次問：「床在哪裡？」我再一次注意到少了一張床。

同一時間，父母親向我說明，在上次會談之後，他們已經可以堅定地早一點讓她上床睡覺了；令人意外的是，她現在反而穩定了下來，並且七點就睡著了，這讓父母在傍晚有更多的時間相處。他們似乎相處得更好，現在他們肩並肩地坐在沙發上，也更能夠告訴我他們的成長背景。祖父母與外祖父母的婚姻關係都不佳，而父母親也都曾經目睹爭執的發生。

223　　　第三次會談時，我從同事那裡借來一張玩具嬰兒床，準備給米娜玩。米娜看到這張床時，努力地要爬進去，接著她意識到這張床太小了，這才放棄了努力。我對她說，也許，那個時候她不確定這張床是給誰的，是給洋娃娃還是給米娜的。然而在遊戲中，她並未使用這張床來象徵任何東西。她再一次玩起

幫洋娃娃脫衣服、洗澡、上廁所的遊戲，然後她很迷惘地站著，接下來她就去玩別的玩具了。

在這之後的第二次會談，我很錯愕地發現我同事的房門鎖著，這代表著我無法拿到那張嬰兒床。就在有些驚慌的狀況下，我們開始了會談。但是，相較於我的驚慌，米娜則是把玩具箱裡的玩具全部倒出來，就像她第一次會談時所做的。她宣稱這個玩具箱是一張玩具床，並且爬進去、坐下來，咧著嘴笑著。一會兒之後，她爬出來，玩著洋娃娃準備上床睡覺的遊戲，並且讓娃娃進到箱子裡睡覺。接下來，她拿著一隻獅子與鱷魚在「床」的周圍追逐著，讓牠們吼叫。我跟她說，床裡的娃娃就好像晚上在房間的米娜，也許她做了打架的惡夢，也感覺很痛苦。

這時，T太太描述著，前一天當她和T先生爭吵時，米娜如何回頭跟她說：「媽咪，不要吵架。」我繼續說，獅子和鱷魚就好像媽咪和爹地在吵架，這讓米娜好害怕、也好痛苦。接著，我猜想他們在吵什麼。一如往常地，他們爭執著要如何對待米娜。父親下班回來，想要抱抱米娜。當時她正沉迷於遊戲之中而沒有反應，他對此相當惱怒，並且用一種被母親視為攻擊的方式批評米娜，埋怨米娜對他不好。母親介入說：「不要傷害她。」於是引發了一場爭吵。我表示，這個時候角色反轉了過來——這一次，父親是那個對米娜生氣的人，而母親是那個保護她的人。他們倆人都不知道要如何有效地與對方溝通教養孩子的方法。我也指出，他們兩人心中，都少了一個與配偶溝通的模範。這一次他們都同意我的看法。

在剩下的幾次治療中，T先生和T太太表示在米娜的事情

上，他們的溝通有了很大的改善。他們都更能聆聽對方，也更能衡量行為的利弊。然而整體來說，他們的婚姻仍是搖搖欲墜，因此他們下定決心要接受婚姻治療。他們表示米娜的症狀已經平息，她現在可以一個人在房間，也可以在適合的時間去睡覺了。

224　討論

希望與絕望幾乎等量地存在於這個家庭之中，這個孩子用症狀來傳達她因父母的狀況造成的不適。然而，當她感覺到她的父母有能力改善時，她的症狀就減緩了。一開始，父母親的不和，讓米娜試著去破壞父母親在傍晚的相處時間，而她也成功了。但這麼一來，也就提高了她對於將父母分開且破壞了家庭安全的焦慮。她留在攻擊與害怕被報復（因她的敵意和破壞行為而引來的）之中。我假設這種未解決的攻擊在晚上侵入了她的夢境，讓她害怕獨自留在房間。當這件事情發生時，她的心中並沒有一對可以讓她尋求協助、足夠安全的父母配偶。然而，當父母親真的一起去創造屬於他們自己的空間時，她也回應著。她經驗到某種程度的希望，而可以不再害怕到需要緊緊黏著父母。

雖然，在一開始時看起來並非如此，但我要描述的下一個例子會更具有希望。

拉吉夫

拉吉夫是一對亞洲夫妻的獨子，只有十六個月大，他還包著尿布。雖然他最近已經開始使用一些單字，也可以用一

些聲音來表達，但是他還不太會說話。拉吉夫獨自留在房內時，就會尖叫不休，因而被轉介過來。家訪護士認為A太太可以在諮詢中獲得幫助。對於拉吉夫非常恐懼父母以外的人碰觸他，A太太也很困擾。如果有任何人太靠近拉吉夫，他就會變得很僵硬，並且開始尖叫。母親提到曾經發生過的一次意外：有一次她在街上和一位朋友聊天，那位朋友微笑著注視拉吉夫，並且靠在摩拖車上和拉吉夫打招呼，拉吉夫卻突然尖叫，接下來的好幾個小時內，拉吉夫都無法平靜下來，跟著母親在房子裡團團轉，甚至母親去上廁所時也要緊緊跟著。這讓A太太感到筋疲力盡。我也獲知父親是一位工時很長的律師，不常在家幫忙母親。

我在第一次會談時得到這些資料。A先生和A太太坐在我對面的沙發上，拉吉夫坐在他們中間，害怕地看著我。我詢問父母他們何時開始注意到拉吉夫的行為，他們說他們清楚記得拉吉夫本來是個很容易滿足的孩子。他很好睡，也很好餵，遇到別人時也很高興。他是在美好的婚姻中計畫出生的孩子。這是一段被安排的婚姻，但是他們幾乎是在看到對方時就愛上了彼此。祖父母們都還健在，他們彼此的關係也很好。然而A太太的父母親留在她原本的國家，儘管她時常會去看他們，但是在倫敦時，她很常想念他們。他們描述A先生的父親是一位溫暖的男人，不過他太老了，所以不能幫忙照顧拉吉夫。A先生的母親比較年輕，她很掙扎要不要來幫這對年輕夫妻，但從來沒有真的來陪過這個孩子。

一年以前，當拉吉夫只有六個月大時，A太太突然染上一種病毒式疾病，需要緊急住院，A太太立刻被送到醫院去，A

先生也馬上請他的母親來幫忙照顧拉吉夫。祖母馬上就同意前來幫忙，但是當 A 先生晚上從醫院回家時，看到拉吉夫無法停止地大哭，而祖母看起來相當無助。當她試著用奶瓶餵他時，沒有注意到奶瓶口塞住了。拉吉夫很用力地吸奶，但是卻喝不到，似乎是從這一刻拉吉夫才開始變得害怕。他從一個容易滿足的孩子，變成只要看到爸爸就會害怕大哭。兩個禮拜以後，當母親從醫院回來，這樣的行為轉到母親身上，發展成他們現在所說的黏人行為。

在他們說話時，拉吉夫專注地看著我。沙發前的茶几擺了一些玩具，我指著這些玩具，跟他說他可以玩。他靠近茶几，並且試著伸長手去拿玩具。但是，這麼做實在是令他太害怕了，因為這代表著他必須更靠近我。我告訴父母親，我可以理解他們所說的陌生人焦慮。拉吉夫繼續伸長他的手臂去拿玩具，也開始發出一些聲音。A 先生從桌上拿了一些木頭積木放在沙發上，放在看起來很高興的拉吉夫旁邊。他一個接一個地拿起積木，丟到地板上，且用力地說「到」。我注意到他在要丟積木之前會先抬起手臂，就好像要用力一樣，但是接下來他無力地放下手，讓積木掉到地上，且不一致地用一種熱切的方式說「到」。

226
我對拉吉夫說：「我猜你是要說『掉』，讓我知道積木掉下來了。」拉吉夫調皮地看著我，似笑非笑，拿起另一個小積木，並且很戲劇化地抬起手、丟掉積木。我和他一起說「掉」。他顯然很享受這個遊戲，我們重複這個遊戲，直到把所有的積木都丟完。有一次，我把我的椅子向前移了一點。拉吉夫馬上僵住，停止遊戲。我說，拉吉夫不喜歡我太靠近

他。他好像沒有理解我說的話。我想到他只能理解一個字（像是「掉」），或許也可以聽懂一些短句，但是流暢的語句可能離他太遠了。拉吉夫轉向他的母親、帶著淚說「媽媽媽」，母親將他抱到腿上。他焦躁地看著我，我向他強調：「看，我要移回去了。」我坐回我的椅子，他就放鬆了一些。我再次向父母親說，現在我可以理解他們所說拉吉夫的害怕，他們似乎放鬆了些。到了要結束的時間，我們約了下一次會談。

討論

這個家庭的環境似乎是較為理想的，充滿著良好的關係、良好的婚姻關係、舒適的環境，以及一個受期待且好照顧的孩子。我想父母親似乎不常抱怨，只有小小地埋怨了那個友善但疏遠且無用的內在客體。這個線索藏在提及無用的祖母、太老的祖父和太遙遠的外祖父母之下。拉吉夫在丟積木時，也洩露了與攻擊有關的焦慮。他戲劇性地抬起手的目的，是要帶著極大的攻擊去丟積木，也對我傳達真正的威脅。然而，每一次扔擲完之後，他是非常膽怯的。我仍然認為我維持了一個「夠好的」環境。父母親和拉吉夫說話的方式很溫和且慈愛，很明顯地，他們對彼此也很慈愛。我認為如果不是遇到這次的創傷干擾了這個家庭的寧靜，並且把焦慮帶到表層，否則他們不會來尋求協助。

談論與「不見」有關的事情

下一次會談，只有母親和拉吉夫前來。他們一起坐在我對

面的沙發上，拉吉夫馬上要去拿積木，也馬上丟掉它們，而且我們一起說「掉」。我注意到在丟積木時，他變得稍微活潑一些。他不再大力地舉起手，但是更用力丟積木，興奮地跟我一起說「掉」。他一邊丟，也一邊越叫越大聲。我注意到今天父親沒有和我們在一起。母親告訴我，拉吉夫已經有些改善了，雖然在家裡他仍然緊緊地黏著她，但是當他沒有看到母親時，不會再立刻大哭起來，也不會再用一種令人心碎的方式哭泣。

當我們談話時，拉吉夫扔完了所有的積木，現在他困惑地坐著。突然間，他聽到窗戶外傳來的聲音，並且企盼地看著那邊。我們都安靜聆聽，那是在停車的聲音。我說：「我們要不要去窗戶那裡看看那台車？」，拉吉夫馬上開始爬下沙發，但是他也馬上明白他靠我太近了，他立刻僵住，帶著眼淚轉向母親。我建議 A 太太可以帶他去窗戶邊看看，我跟拉吉夫說我也會跟過去，不過不會太靠近他。這一次他仍是完全沒有聽懂，直到我讓他看到我要怎麼樣跟他保持距離。A 太太在窗邊把拉吉夫抱起來，我則沿著窗沿與他保持距離。一開始，拉吉夫驚慌地看著我，接下來他才漸漸地放心，轉而注意外面的停車場。

拉吉夫看著要停進停車場的車，也看了要離開的車一會兒。有時，他會在車子離開後，看著它駛離的方向一會兒。我開始在每一次車子離開時說「不見」，接下來，我開始在車子要停進來時說「來了」，並在它們離開時，我們一起說「不見」。在這次會談接近尾聲時，我們也約了下一次會談。

第三次會談，父母親和拉吉夫都來了，父母親表示狀況改

善多了。拉吉夫現在可以不哭不鬧地讓媽媽離開房間，雖然只能一下下。我們再次去窗戶旁邊，這一次，因為 A 先生沒有參與到上次的活動，所以我建議 A 先生可以抱拉吉夫。拉吉夫看著已經消失的車子，用力且愉快地說「不見」。一開始，A 先生被逗得很樂，在車子要離開時，也跟著拉吉夫一起說「不見」。一會之後，他開始不太耐煩，想要把拉吉夫放下來。A 先生把他放到地板上，拉吉夫立刻努力爬回父親的腿上。父親把他抱起來，他們坐到母親身旁的沙發上。拉吉夫表示他想要上一次爸爸拿給他的積木，而他跟上次一樣，把它們一個一個丟到地板上，並且再次興奮地說「掉」。我注意到他這次丟得比以前還要用力。母親讓我知道拉吉夫的狀況更好了，除了星期二那次。那天母親預約了要去醫院，她坐進車裡，父親帶著拉吉夫出來跟她道別。當母親揮手時，拉吉夫再次陷入恐慌，並且不可抑止地大哭。

拉吉夫帶著警惕的表情看著我。我向他說，媽媽在跟我說，媽媽坐車車要出去時、他在哭的事。他有點茫然地繼續看著我。這時，我決定要一邊用語言解釋，一邊用玩具來做示範。我從桌上拿一台玩具車，並且把母親人偶放進車子裡。我讓人偶對拉吉夫揮揮手，並且說 Bye Bye。接著我讓車子前進，並且消失在我身後，並說「不見」。我說，媽媽告訴我當她跟車子一起不見的時候，拉吉夫就哭了。拉吉夫驚慌地看著我的示範，把他的手指放進嘴裡，焦躁地吸吮著，哭了起來，並且要回到媽媽的腿上。我把母親人偶和車子拿出來，並且說：「在這裡，回來了。」拉吉夫穩定了一些，含淚嘆息著，看起來非常焦慮。我拿起一個小男孩人偶，說：「這就像

是拉吉夫，拉吉夫很擔心。他在想，當媽媽不在時，會有壞事情發生在她身上，也許她會像積木一樣掉下來，而且就不會再回來了。」拉吉夫焦慮地吸吮著手指，並且繼續看著。會談又接近尾聲，A太太幫拉吉夫穿上外套。讓我們驚訝的是，他轉過身打了媽媽。我說拉吉夫生媽媽的氣，因為她丟下他去醫院，讓他很擔心她會不見。我們又再約了一次。當拉吉夫跟他的父母親一起離開時，他看起來比我所預期的還要放鬆。

在我們的下一次會談中，拉吉夫從桌上拿了玩具車和母親人偶，塞給他的父親，並且著急地發出一些聲音。他的父親看起來很困惑，問說：「拉吉夫，這是什麼？你想要什麼啊？」我說，也許拉吉夫想要繼續上次我們在做的事情。我重複了母親人偶進到車子裡的遊戲，並且在將車子藏到我背後時說「不見」。這一次，拉吉夫沒有爬到母親的腿上。相反地，在他把手指塞進嘴巴裡時，他伸出手焦慮地抓著母親的乳房。A太太輕輕地咯咯笑，A先生也微微笑了。我指出：他們都認為對拉吉夫來說，乳房是舒服的。他們都點頭微笑。好幾次，我拿出玩具車來，並且說「在這裡」和「哈囉」。很快地，在每一次車子要消失到我背後時，拉吉夫會跟著我說「不見」。

我對父母親說明，如同他們所看到的，拉吉夫是多麼害怕母親會不見。聽完這個，A先生告訴我更多當太太進醫院時、他自己的感受。他的感覺相當混亂，也相當害怕會失去他的太太。這時候父親熱淚盈眶，A太太握住了他的手。她也說出，她在醫院時感覺有多無助，回到家時有多麼虛弱。A先生說他很擔心，也很掙扎著去照顧拉吉夫。有時他也對命運感到憤

怒。我解釋說，也許看來無助的女性（他生病的太太和他無用的母親）會讓他感到憤怒。他猶豫了一會，還是同意了我的看法。我提出：突然患病的母親造成了整個家庭的創傷，也嚇壞了拉吉夫。這也讓我們能夠理解那些圍繞著他們的憤怒。

A 太太承認，她變得對每個人都很憤怒，尤其是在她從醫院回來、還覺得非常虛弱的時候。她一直希望她先生和婆婆不要這麼笨拙地回應拉吉夫，甚至能更敏感一些。舉例來說，她認為先生很常在餵奶時讓拉吉夫等太久，並且在準備時用一種相當緩慢且笨拙的方式和他說話。母親認為當嬰兒飢餓時，跟他說話是沒有用的。我們討論了母嬰之間獨特的關係，A 太太說，她在想是不是有人能和她一樣跟拉吉夫契合。A 先生防衛地說，他已經很盡力了。A 太太繼續說，A 先生對待拉吉夫的方法與她不同，讓她漸漸開始擔心當她太虛弱而不能親自做一些事情時，他會用不合適的方法對待拉吉夫而造成。

父母親都驚訝地看著對方，父親用一種受傷的態度說：「但是我不知道妳是這樣想的。」我指出：也許 A 先生現在覺得備受攻擊，我在想，A 太太是否需要去責備他，或許某一部分的她自己相當自責，因為這個狀況是她住院所造成的。此時 A 太太眼眶泛淚，但是點頭同意。她說，因為生病，讓她深深地覺得自己背叛了小孩。

在我們的第五次、也是最後一次會談，全家都來了。拉吉夫表達想去窗邊的要求。我問拉吉夫：「要跟我來嗎？」令我驚訝的是，他同意了，並且讓我握他的手。稍後，父母親都告訴我，現在幾乎沒有任何問題了。他還是會黏人，但是最令人驚訝的是，他不再害怕陌生人了。拉吉夫可以很愉快地靠近和

230

接觸其他人，並且讓他們接近他。他們一致決定會談可以中止了。

討論

　　當這個家庭遇到困難時，基本上他們仍提供拉吉夫一個有希望的環境。他的生命有個美好的開始，這也代表著他有良好的內在資源，一個可以借鏡的早期客體關係。在他六個月大時，母親住院的創傷經驗讓他產生了一些看似驚人的症狀。然而，他的分離焦慮看似驚人，卻不代表是嚴重或是會持續很久的。在我們工作的過程裡，這一點變得越來越明顯：拉吉夫時常使用分離焦慮來傳達他的驚恐，而他的恐懼能被了解多少，則和環境的包容度成正比。

　　第一次會談時，拉吉夫很快就表現出幻想。他不只因為被拋棄而覺得很受傷，也很生氣。他用積木所玩的遊戲，顯示他渴望扭轉這些發生在他身上的事情。不同於被母親拋下的感受，他帶著攻擊性地玩著丟掉外在客體的遊戲。然而，他所經驗到的焦慮程度，讓他對於自己可以丟掉東西的全能自大感到焦慮。他掙扎著要控制自己的憤怒，所以我在開始時，看到他無力地把積木丟掉。當拉吉夫變得更能夠表達他的攻擊，他就更能夠分離。

　　這對父母親有能力提供一個好的環境，但這個環境在母親生病時變得混亂。她的疾病讓父母親都很受傷，激起了他們的憤怒，也讓他們想要埋怨對方。因此他們很氣對方，也互相怨懟──一種父母親無意識的爭執，剝奪了拉吉夫在生命前六個月所擁有的安全環境。

喬治

喬治的狀況更為複雜且無望。他在快四歲時被轉介過來，因為他非常害怕要單獨留在房間裡，並且說他擔心會被搶劫。他在兩歲時開始出現這些症狀，當時父母親並沒有尋求協助，只希望這一切會度過。隨著時間過去，喬治學著在就寢的時間不要太吵鬧，但他找了很多方法和藉口讓自己離開臥房，並且得到母親的陪伴。母親認為他隱瞞著對於獨處的恐慌程度。他常常晚上累到不行，就會在客廳睡著。S 太太順帶提到，他還有一些行為也讓她很困惑：喬治說他不想當男生，他想要做「女男生」。在他房間的穿衣角，他喜歡打扮成小精靈或是護士，而不是警察或是超人。他比較常和女孩子們在一起，並且說他長大結婚的時候要當新娘。他常趁母親不在時，溜到她的房間、偷穿她的衣服，也曾偷過她的裙子。我注意到當母親跟我說這些時，她相當在意喬治害怕獨處的部分，卻沒有很擔心喬治想當「女男生」這件事。

喬治和他的父母親都前來參與第一次的會談。父母親一起坐在沙發上，喬治自己坐在小桌子旁的兒童椅上，忙著畫圖。父母親的外貌有相當大的差異。父親看起來是個正式且保守的男人，相當逃避眼神接觸，看起來很缺乏感情。母親則很情緒化，且大聲地說著很難說服丈夫來會談。父母親之間保持著一種無形的界線，緊張且小心翼翼地坐在對方旁邊。喬治看起來很像他的母親。

S 太太回應我的詢問，表示喬治是他們的獨子。在喬治出生之前，他們有過一位女兒，但在產後不久就猝死了。在告訴

我這些時，S 太太變得很情緒化，眼眶含淚。S 先生在他的位置上，顯得有些不自在，並看著房間四周。我得知 S 先生是一位在大學工作的學者，而母親是家庭主婦。她埋怨她的先生過於疏離、活在他自己的世界裡。在照顧喬治時，她無法得到他的幫助。而喬治需要被嚴加管教，因為他太危險了。我問她這是什麼意思。她解釋說喬治在家裡實在太吵了，常常用粗魯的字眼，喜歡看內容粗暴的卡通，並且常常要求要玩具槍。她很努力阻止這個傾向。她認為她的先生應該要幫忙，但是他沉迷於學術工作中，花上他大部分的時間，甚至在家也會繼續做他的研究。S 太太並不想要允許孩子玩危險的遊戲和玩具槍。我提到，她稍早時告訴我喬治想要當「女男生」，我也想知道她怎麼處理危險的遊戲和想要玩具槍這些事。她說，她認為這些都是屬於男孩子的，但並不是應該要被鼓勵的紳士行為。她認為每一個人都可以被教導得很溫和。

我問喬治他有沒有在聽我們說話，喬治看著我並說：「有啊，她在跟妳說我想要當『女男生』。」他看起來不太舒服，轉過身背對我，並且拿起他的畫讓我們看，他畫了一架幾乎填滿整張紙的飛機，接著他用一種珍貴的語氣向他的父親說：「你看，我畫了一台 747。」我注意到，喬治剛才聽到我們在談他想當「女男生」的希望，但是他畫了一張男孩子會畫的圖，並且希望他的父親會喜歡它。S 先生有點嚴格地看著那張圖，說有一些 747 的特徵沒有畫到。喬治看起來有些失望，但他馬上就坐下來，危險地傾斜椅子，只用後腳撐著，並且開始前後搖晃著。

我指出，父親對這架飛機的外觀有興趣，不過喬治也畫了

內部細節。這架飛機載滿了人，他們都看著窗戶外面，其中有三個人笑著揮手。也許這三個人就像是喬治和他的父母，喬治把他們畫得很開心。S 先生再次顯得不太舒服，並且環視房間。他的眼神停在書架上，他似乎試著去讀那些書的標題。我說，他看起來好像在想我從哪裡得到這些想法。他乾笑著，並且和我有了短暫的眼神接觸。

喬治對我微笑，站起來，害羞地歪著他的頭，用充滿女人味的芭蕾舞姿勢轉回他的椅子上，並且帶著他的畫坐下。我說，喬治很高興可以在這裡和他的雙親在一起。母親說喬治同時需要他們兩個人，此時她再次熱淚盈眶，她看著 S 先生好一會兒，好像在確定些什麼，並且繼續告訴我：他們兩人之間的問題相當嚴重。她告訴我 S 先生並沒有把所有的時間花在家裡，反而是常回倫敦外郊，陪伴他守寡的母親。

S 先生溫和有禮地回應，他也想多花點時間在家陪她和喬治，但這是相當困難的。他這麼說並不像是故作姿態，似乎是真的對此缺乏情感。S 太太說，這種狀況已經持續十年了。我表示，他們直到現在才開始尋求協助，也許是因為他們現在才覺得能夠思考改變的可能性？S 太太用奇怪的表情看著我，有些驚訝地問我所說的「改變」是什麼意思，她似乎不太明白自己可以期待事情會有些不同。然而，她清楚地知道她並不喜歡他們現在的樣子。她抱怨 S 先生每週都花了大半的時間在陪他母親，再者，也無法預期他什麼時候回來、什麼時候會走。每次好不容易當他可以陪他們的時候，卻會一直被打斷。S 太太現在看起來很憤怒而激動。我表示，這似乎讓她非常生氣。她否認自己很生氣，並且說她認為我應該會同意這樣

的狀況對喬治是不好的。她先生回應，他不認為有必要這樣子。他略帶嘲弄地說，毫無疑問地，我會同意他太太說的事情很重要，但是他不確定我的想法是對的，而且無論如何，精神分析的想法並沒有實際的證據。

我說他似乎很擔心我會用精神分析的想法來攻擊他，但是也許他希望我真的可以了解他們的困境。有些事情讓他們兩個人都動彈不得，這樣的狀況似乎困擾著他們。我也在想他們身為父母所遇到的苦痛——第一個孩子的猝死，以及喬治最近的恐懼。S 先生比一開始放鬆了些，他目光低垂著，平靜地說我「說得有點道理」。

在這段談話的過程中，喬治開始用鉛筆在飛機上亂畫，一開始輕輕的，但是越來越用力。他咬著牙，用他的拳頭握緊鉛筆。他很滿意地、規律地塗花畫中的人臉，導致紙上破了幾個洞，只留下一張完整的臉在畫的中央。有一些鉛筆的痕跡轉印到了桌子上。S 太太用驚訝的聲音表示不讚許，對我說：「你看，我剛剛說的就是這樣，他就是這麼會破壞東西。」S 先生看著她，不發一語。喬治不理她，並且也用一種很假、高頻的女聲，很享受地說：「看，我弄了一些洞。」

234　　　我指出，飛機裡除了一個人以外，其他人的臉都被抓花了。也許喬治有在聽我們說些什麼，現在他要讓我知道他所畫的愉快家庭並不安全，也不再愉快了。我也指出在那幅畫裡，有一個人被獨自留在很多洞的中間，也許這就是喬治在晚上獨自留在房間時的感覺。喬治再一次害羞地歪著頭。我對他說，也許他在擔心我們剛剛說的所有事情。S 太太不耐煩地說「喔，他知道。」我向母親確認，她的意思是她常常向喬治抱

怨父親在陪他自己的母親。喬治有些著急地站起來，並且打斷我們的談話，說：「對，他常去他的媽咪那裡。」我說，喬治現在覺得，他和媽咪都在對爹地和爹地的媽咪生氣，就好像家裡在打仗一樣。我再次提到，喬治害怕要一個人留在房間裡，也許有的時候他覺得很生氣，所以很害怕要一個人跟這些感覺留在房間裡。如果這些感覺變得更糟，會讓他不只想跟媽咪在一起，甚至想要變得和她一樣，是一個身體有洞的「女男生」。S 太太聽著這些話，再次眼中含淚。S 先生則非常平靜與專注。喬治微微地嘆氣，並且宣稱他要在新的紙上畫一架新的飛機，他也真的開始這麼做。

　　S 太太開始談到自己的成長背景，她的雙親在她四歲時過世，她被一對一直有在接受短期寄養兒童的夫妻長期收養。S 太太特別不喜歡她的養父，並說他對她做了一些不適合在喬治面前談的事情。在她的寄養家庭時，她覺得自己非常「半獨立」，因為她的養母忙於照顧其他小孩。我在想，是不是她與養父相處的經驗，造成了她對喬治的攻擊性和男孩子氣行為的擔心。她再次熱淚盈眶。她說她非常愛喬治，但總是在擔心他最後會不喜歡她或是對她生氣。如果這真的發生了，她一定會身心交瘁，並且全然孤寂地活在這個世界上。

　　時間接近尾聲，父母親都同意並且準備好要參與下一次的會談。我對喬治解釋，我們需要再碰一次面，因為還有好多的事情要想。我告訴他，我不只要想他和他擔心的事情，也要想他父母的事情，因為他們也有擔心的事情；我知道他有注意到這些。

　　對於短期的諮詢服務來說，這個家庭的狀況太過複雜。父母雙方無論在一起或是分開，都很難去思考一些改善他們狀況的方法，且他們接觸的本質是特別複雜的。我感覺到 S 先生的情緒是疏離的，傳達著一種自閉症式的特質。S 太太似乎坐困愁城，反覆述說著她受虐且被剝奪的「半獨立」童年。這對配偶之間的攻擊相當緊張而隱晦。此外，我並不認為他們已經充分處理過他們第一個孩子的猝死事件。相較於 S 先生對喬治的情緒過於疏離，S 太太非常投入，且用一種不同於她自己過去「半獨立」人生的方式，讓喬治深陷在悲傷、憤怒的重擔中。對喬治來說，要在父親刻意置身事外的狀況下，與母親建立一種理想且無攻擊性的關係，壓力是非常大的。在這個狀況下，分離與個體化似乎根本無望。

　　雖然喬治很高興、也很感激我們可以再碰一次面，我卻覺得他對於改善家人的關係並未抱著太大的希望。由失能的父母親聯合起來照顧喬治，使問題的根源更加複雜，並且淹沒了喬治的抗議與被聽見的希望。他對分離的恐懼不只是簡單的求救訊號，或是洩露出自我毀滅的傾向而已，他似乎也享受著把自己隔絕在圖畫裡的洞之中。我也在想，S 太太需要去制止喬治攻擊性的遊戲，這如何影響到他的性別認同。在這次會談之中，我毫無遮掩地見證到隱藏的攻擊，看到喬治忽略他母親制止他抓破圖畫的行為，和他對女性的「洞」悲觀且高頻的諷刺。

　　喬治對他父母之間的壓力反應出無望感，這種無望感入侵到他的自我認同之中，完全影響了他認識自己的方式。無法

與他疏離的父親接觸，或與情緒化的母親分離。喬治具侵略性地把自己抓破了一個洞，並且在幻想中把自己變成了「女男生」。他用這種方式竊取了母親的身分，就像他偷了一條「實質的」裙子。我們可以將他擔心房間有竊賊，理解為他害怕被報復的幻想。在可以溝通之後，喬治不再那麼不舒服——這發生在不尋常的狀況下，就好像除了打開他自己和他的好客體，並且享受抓壞他們之間任何持續的關係之外，他沒有其他的方法了。

在這種狀況之下，顯然無法在五次、甚至十次之內解決這些困難，多數的家庭都會同意進行第二輪的五次會談。如果家庭成員參加了每一次的會談，並且覺得比較放鬆，就需要提供更進一步的轉介。

▌結論

在這三個分離焦慮的案例之中，我說明了兒童症狀的呈現有非常多種樣貌，並且攸關著兒童經驗到多大的希望。拉吉夫呈現一種非常巨大而痛苦的分離焦慮，因為他感覺到他的父母並不能夠容忍這些。但儘管他們正經歷困難，他們之間仍然有強而有力的連結。所以，拉吉夫可以繼續期待有人會注意到他的不舒服。不同於拉吉夫，喬治獨自在房間時會壓抑恐懼，掙扎著隱藏他的焦慮與攻擊，並且用隱形的手段來靠近母親，但這種靠近並不能讓他放鬆和停止不舒服。他的母親注意到喬治害怕獨處，但是她本身有太多需求，以致於沒有太多空間能夠回應他的需求。所以喬治對於他本身的不適能夠被有溝通能力

的父母注意到，感到希望渺茫。米娜的狀況則在這兩個極端之間，她對於父母親可以停止爭吵所抱持的希望，到了讓她直接要求他們這麼做的程度；一部分的她也很挑釁地用她的分離焦慮，促使父母親聯合起來做出回應。

有一些因素可以讓孩子在童年保有希望。我試著要說明其中一個重要的因素，就是可信賴的父母，且兒童經驗到儘管充滿了挫折，他的需要仍會被滿足。兒童的信賴一部分源自於家庭所提供的信賴與容忍的程度，而這也仰賴父母親心理連結所提供的心智結構。在這樣的安全結構之下，小小孩才能開始去面對那些常見的小小失落，他也才能建立信心去渡過更大的分離；在這麼做的同時，可以懷持著希望，相信他並不會被拋棄。

第 14 章

睡眠與飲食問題：協調和勇於不同

• 迪莉斯・陶斯

▎協調與自主

在心理治療中，我們與情緒工作——病人和我們自己的情緒，這一點在和父母親與嬰兒工作時會更明顯。擁有小嬰兒的父母親，第一個任務是照料他們的生理需求，讓他們活著。這需要知識、技巧、本能和感情。作為治療師，我們也許會問：這麼棒的任務對新手父母來說感覺如何？對他們無助的小嬰兒有什麼樣的感受？情緒又怎麼和本能連結呢？愛與恨的感受如何能在生與死的現實中彼此協調（attunement）呢？父母親是不是能夠在靠近嬰兒、餵養他和保護他的安全這個必要過程中，逐漸擁有愛與安全的依附？還是嬰兒期的需求讓他們覺得無法滿足孩子的需要，而誘發他們對孩子的敵意（Fraiberg, 1980）？

我們與父母親和嬰兒工作的能力，源自於我們的經驗（無論是否記得），讓我們可以同理別人的狀況。但是人類的經驗是生理性與情緒性的。當然，情緒可以是生理的反應，這是評估自我與環境的重要核心。在父母與嬰兒的工作中，是充

237

滿著生理現實的。嬰兒在治療者前被餵養，在治療室內換尿布，這些基礎的生理功能與所伴隨的情緒，都很直接地在嬰兒與他們的父母之間被經驗著。身為見證這些活動的治療師，也許是父母親之間情感傳遞溝通的接受者。但是大體上，治療師是在一個特殊的位置上觀察行為與情緒，也觀察父母親在自己過去的經驗影響下，會如何看待孩子，也就是他們對孩子的移情反應。

顯然，小嬰兒需要另一個人來幫助他們滿足生理需求，或其他的生理狀況。就如史騰所說的：「其他人調節了嬰兒對於生理狀態的經驗……也就是滿足饑餓感，以及從疲累的清醒狀態進入睡眠狀態。在所有的調節之中，都涉及一種戲劇化的神經心理變化（Stern, 1985, p. 103）。」

父母親用他們的情緒來適當地配合新生兒，並照顧他們的需求。史騰（Stern, 1985）曾經描述了解彼此之間「情感協調」（affect attunement）對人類個體的重要性。父母親藉由「行為表現傳達著，不需要去模仿其內在狀態所外顯出來的行為，就能夠了解其內在情感狀態」，來貼近他的嬰兒（p. 142）。藉著讓嬰兒知道他們了解他的感覺，他們平時幫孩子洗澡、餵奶、陪他玩等等，在這些愉快的生活互動中加上一些不同。一開始，他們會模仿嬰兒，接著他們會加上一些行為模式。舉例來說，如果嬰兒揮舞著他手上的玩具，父母親也許會在他揮手的時候輕吟，或者是隨著嬰兒的聲音，搖晃自己的身體。

這種與彼此的情緒狀態接觸的感覺，扮演著相當重要的角色，讓小嬰兒感到足夠的安全感，然後能「放心」去睡覺。我

們作為治療師，也用我們的能力來貼近我們所看見的家庭，在我們能思考如何改變以前，需要與他們的心智狀態接觸。藉著了解他們的情緒狀態，並且勇於嘗試改變，我們才能夠協助父母親有勇氣去辨認寶寶的心智狀態，也許不同於他們自己的心智狀態。

睡眠與飲食困難

在思考睡眠與飲食困難時，我們需要考慮到發展脈絡，同時也要注意到在父母親與嬰兒之間傳遞的情緒。嬰兒的飲食與睡眠模式是其氣質與人格的一種樣貌，但是這些模式在和父母的關係之下發展，並且藉著父母親與嬰兒的互動，建立出睡眠與飲食的韻律。在新生命來到之後的最初幾週，達成這個韻律與模式的任務，占滿了母親與嬰兒的生活。這是一個讓他們彼此了解，也是讓小嬰兒逐漸達到獨立自主的過程。這項協調的成果影響著未來的關係。

一開始，新生兒多數的時間都在睡覺，他們大多只在餵奶時醒來。他們常常在含著乳房喝奶時睡著，以致於他們並未經驗到結束進餐或進入夢鄉是一種與母親的分離。若這樣的狀況在數週之後仍然持續，那麼小嬰兒就錯過了一種可以視為情緒成熟的經驗：至少有時候在醒著和離開母親懷抱時消化一餐，或者是在不需要母親的幫助下入眠。

作為臨床工作者，我們聽出此過程如何發生，或者為什麼沒有發生——藉著所呈現的事物或者缺少的事物，來看出這些顯而易見的事情。如果嬰兒總是在父母的懷抱中睡著，那麼當

他稍後獨自在嬰兒床裡醒來，他也許會覺得只有父母親能夠幫他再度入睡。或者，假使他只在餵奶時入睡，那麼他也許會在每次醒來時都要求喝奶，來幫他面對這樣的感受。斷奶也會非常困難，它牽涉母親的失落感和嬰兒用他們自己的方法入睡。用奶瓶哺乳的小嬰兒也可能會遇到同樣的困難，即使父親和其他照顧者也可以幫忙餵奶，來減輕母嬰之間獨占的關係所會遇到的困境。

在哺乳時或是哺乳之後，把玩乳房也許與睡得好不好有關。這也讓我們去思考，母親與嬰兒為了要享受和應付餵奶、過渡期與分離，包括「放心」去睡覺，他們需要好好玩味與母嬰關係有關的想法。

母親在安撫孩子入睡時常會遇到的一個困難，是把嬰兒放下這個簡單的動作，這讓她離開她的嬰兒，也讓她的嬰兒離開她。這裡有兩個重點，首先，所有的嬰兒都需要藉由與父母的親密關係，來發展作為獨立個體的感覺和與他人的關係。另外，所有的嬰兒都需要在一個適合的時刻，跨出離開父母的步伐（包括字面上的意思及隱喻的意思），才能長大。然而，這個發展階段本身就可能會造成睡眠問題。一個正在學爬或走的嬰兒，可能正處在達成新任務的興奮之中，讓他無法足夠「放心」而放鬆入眠。他能自主移動所帶來的分離，也可能造成他的不安全感。如果他離開他的母親，那麼當他回來的時候，她還會不會在呢？在孩子開始去探索家裡的東西和各個角落時，有些父母會有被排除在外的感受，他們也許會感覺到一定要制止孩子的探索，而不是教孩子要如何安全地爬到椅子上。斷奶的困難也許會因為尚未解決的餵食關係而更被凸

顯，而成功的斷奶則與睡眠能力有關。

孩子的發展步伐，會很自然地配合著母親覺得準備好、或者是必須重回工作崗位。嬰兒面臨改變所產生的不適感，也會造成他們從睡眠中醒來，也有可能只是母親與嬰兒需要共享一些清醒的時刻，來度過這段不習慣的時光。

與家庭的治療性工作

多年來，我在塔維斯托克診所提供嬰幼兒心智健康服務，同時也在詹姆斯·威戈全科診所（James Wigg GP practice）中的嬰兒診所進行「關懷」計畫，我一直持續這些工作到現在。我發現許多人因為睡眠問題被轉介過來，而且他們之中有許多人可以在前一、兩次會談就「痊癒」了，雖然治療工作還需要好幾週才能穩定。這引領我去探究在家庭中發生的歷程，也讓我寫下這篇文章。我在嬰兒診所的工作也包含提供診所醫師與家訪護士諮詢服務，在那時，我試著去協調他們在處理許多年輕家庭的問題與評估問題嚴重性之間的兩難。我希望能幫助專業人士反過來去協調父母親與嬰兒，好讓問題的情緒本質可以被溝通。醫師與家訪護士都發現，當不再積極地提供解決問題的方法，而是提供反映式的聆聽，父母親會因為覺得被了解而放鬆下來，也可能自己找到解決方法（Daws, 2005）。

探索嬰兒睡眠困擾的原因，常會帶領治療師進入一場正發生在家庭中的人生劇場，有時則會再演出父母自己童年經驗中的模式。再一次地，這涉及了如何處理分離，並且在分離中生存（Daws, 1989, p. 56）。

241

我處理睡眠問題的方法，和我處理其他任何症狀的方法並無不同，就是我認真看待問題的本質。在夜晚失眠可能會導致家庭成員非常疲憊、沮喪並且憤怒。

一開始，我會讓父母親用他們自己的方式向我述說，因此，我可以嗅到那股特殊的味道，了解他們如何看待問題、問題的起源與他們主要的情緒。我認為父母首先傳達的情緒（是憤怒、焦慮或是負責而關注的），和嬰兒在晚上失眠時所感受到的情緒是相似的。接著，我會解釋我想廣泛地問一些與嬰兒和家庭有關的問題，好讓我們可以發現這之間有什麼樣的連結。一旦我開始問問題，也許我會被認為要照顧他們，情緒的強度往往也就跟著減弱了。有一位母親曾經讚賞地對我說：「你不會只說『嗯哼』，也不會告訴我應該做些什麼。」

我的問題針對三個不同的領域。我會從嬰兒詳細的生活作息時間表開始問起。我問他們白天和晚上都在做些什麼，此時我的腦中就會出現一幅鮮明的畫面，呈現著這個家庭發生了什麼事，和他們假設什麼事情應該發生。我心裡的畫面包含著嬰兒在什麼地方睡覺，也排列著誰和誰一起睡，以及在哪裡睡覺。我對父母／嬰兒生命的枝微末節都非常感興趣——退後一步，從外向內看，但卻著迷於同時具有實際與象徵兩種意義的瓶子、湯匙、嬰兒床與床。在父母跟我說話、並思考他們告訴我的事情之間的關聯時，這些細節本身就已經開始澄清那些混亂的狀況了。

第二，我沒有設限地去詢問關於懷孕、生產和產後前幾週的記憶。我告訴父母親，我需要知道嬰兒的生命故事，來了解現在發生的事。

最後，我詢問父母親之間的關係，和他們原生家庭的關係，好讓我看到小嬰兒所在的位置背後更大的背景脈絡。

當我見到父母時，他們通常已經接受過很多的建議，並且告訴我他們已經試過「所有的方法」。然而，因為我不會立刻提供建議，他們比較不會對我的詢問有負向的反應。他們可以自由地去聯想：無意識的線索聚集在一起，而當他們的心智能夠自由地在主題之間移動時，連結就浮現了。他們可能會把我看成是一個有趣的、接納的人，並且有能力藏納許多訊息。事實上，驚人的是他們可以如何更有效率地傳達重要的訊息。似乎所有的父母在談到孩子時，都有一個如同文學鉅作般戲劇化的動人故事要說。怎麼呈現這個故事，是工作最重要的部分，而且第一次會談是個關鍵時刻。在我聽故事時，混亂而沒有邏輯的想法有了連結。帕隆博（Palombo, 1978）指出做夢的一項功能，是消化白天所發生的事情，進到穩定的長期記憶裡。我所遇見家有失眠嬰兒的父母，失去了很多做夢的時間。我常常覺得，我的諮詢服務允許父母親去消化他們混亂的思緒，並且理解這些想法。

主題會帶出他們之間的關係本質。雖然失眠的意義也許會隨著孩子的年齡而有所不同，但是背後總是與母親和嬰兒之間的分離與獨立問題有關——換句話說，也就是依附的本質。餵奶和斷奶的問題是非常相關的。喪親之痛、婚姻衝突、生產困難和心身症傾向，都可能和睡眠問題有關。矛盾的感受是其中至關重要的因素。產生這些連結，可以讓父母親把自己的經驗和他們的小孩分開，並且讓他們自己可以自由地去解決問題。

當一個家庭能夠去討論這些議題，讓作為局外人的我可以

242

浮現一些可能會有幫助的新想法時，就代表著他們已經準備好接受改變了。舉例來說，我也許會藉著詢問嬰兒是不是有一隻泰迪熊，來向他們介紹「過渡客體」（transitional object, Winnicott, 1971）這個想法。他們也許會告訴我，他已經有好多可愛的玩具了，但是當我建議他們擁有一個特別的玩具之重要性時，父母親也許可以創造出一個與嬰兒共享的想法：那個特別的玩具是具有重要性的。當然，很多時候，毛毯、娃娃和嬰兒的手指都可以讓他覺得滿足，讓他可以接受與母親分開，它同時也提供了一種連結或是記憶。若是治療師對原本困境的協調，能傳達改變的希望，父母親就能夠釋出希望，去相信他們自己和嬰兒是有可能改變的。因此，很重要的是，治療師對於家庭是否要改變並沒有既定的議程，而是治療師能與家庭一起擁有一個「過渡空間」，讓治療室中的人都能互相分享一些新想法，像是吸吮手指或是擁抱泰迪熊的滿足感。

　　這說明了為什麼嬰兒能來參與治療是重要的。嬰兒總是在調整自己去適應周遭的情緒氛圍。在父母的談話與小嬰兒的動作、聲音之間，可能有明顯的連結。舉例來說，常見的是小嬰兒聲嘶力竭地哭泣，是和父母親自己過去傷心的經歷有關。當父母親能夠和治療師談論這些事情，他／她或許就能夠安撫嬰兒（Hopkins, 1994）。在治療時，父母親對嬰兒哭泣所做出的反應，也許就是有用的治療素材。有一些母親或是父親也許會想要帶嬰兒到走廊上走一走，就像是企圖離開在治療室中所挑起的痛苦話題。說服父母親和他們正在哭泣的小嬰兒留在治療室中，有時候會讓他們第一次經驗到可以和對方分享這些困難的感覺。同樣地，也許母親真的試著要安撫孩子，讓他安靜下

來。就像一位母親曾說過的，這提醒著她，「如果我對他說了什麼話，一定是很糟糕的。」讓她有機會可以和治療師談論寶寶，把這些「很糟糕」的想法化為語言，會讓她放鬆許多。當這些想法說出來，它們就變得更能夠忍受。母親對嬰兒矛盾的感受和未被承認的感受，也會造成同樣重要的影響。

治療師能夠不做評價，和起伏的情緒同調，將能允許父母親擁有對孩子的敵意。在這種狀況下，母親才能對她的嬰兒有不同的感受，把他抱過來，並且說出他可能有的感受。有過理解自己感覺的經驗，她就不再被這些壓迫的力量占據。嬰兒會感覺到這個不同，並且也更能夠被安慰。

飲食與睡眠的問題時常源自於關係的脈絡。這樣的問題往往有兩大類：「太多」或「太少」。當嬰兒的飲食太頻繁，我會看到一個筋疲力竭的母親，有時父親也是如此，覺得要無止盡地餵下去。接著，我就會問父母怎麼餵奶？用乳房哺乳或是用奶瓶？我也問他們自己被照顧的經驗，尤其是他們所知道自己早期被餵養的經驗。

當我聽著這段故事，我也會想這傳達著什麼樣的溝通訊息。我會把父母親對我的態度，當作對問題的移情面向來思考。他們對我的期待，可能源自於童年時他們的父母怎麼對待他們，或是如何錯誤地解讀。有些父母親會把我視為一位可以理解、聆聽、注意他們需求的理想母親。他們也許會擴大與我的工作，例如，進到我的治療室，就好像這個小時可以非常陶醉地享受被我注意。他們很享受我去指出家庭的動力——但他們並不想要改變！這是非常難斷奶的父母。也有父母會對我生氣，或是覺得我太批評他們，他們認為我所說的每句話都不 244

太正確，或是時機不對。他們會在令人意外的時間點打斷治療，這也讓我猜想著他們與嬰兒之間在時間點上的「失誤」。

　　當然，在所有這類案例中，指出他們與我的互動，也許可以幫助父母去思考他們和嬰兒之間的動力狀態，或者，事實上是去思考他們對其他重要他人或對生活各方面的期待。來訪的父母親常常描述著複雜且焦慮的餵奶經驗，而在經過單純的聆聽和認真對待之後，他們往往可以冷靜下來。他們也許會訴說令他們困惑的故事，就好像也期待著同樣困惑的反應，或是相反地，期待著非常有組織且具指導性的反應。若兩者皆未得到，有些人很會感到失望，而且很快就不再來；有些人會開始覺得被穩定且溫柔地包容著，並且開始可以為自己思考。

　　這種風格的治療工作也可以由家訪護士執行。海倫‧史丹普（Helen Stamp）是一位在塔維斯托克診所嬰幼兒心智健康碩士學程接受了三年親職教育訓練的家訪護士。她描述一位她曾協助的案例，是一位似乎因母乳不足而哺乳困難的母親。海倫描述她與那位母親之間的移情關係，她看來「像是帶著強烈的情感需求靠近我，卻又不期望這些微小的需要能被滿足」。在母親開始信賴海倫以後，她告訴海倫自己和母親的創傷經驗。海倫接著說，「我希望她對我敞開心扉一些，讓她能流暢地說故事，她也許就能流暢地哺乳。」我們可以看到海倫所做出的身體與心靈的連結，是如此自然。這是個引人注目的意象。事實上，這個工作也「流暢」地繼續下去，母親的哺乳也變得更容易了。

　　當嬰兒被固定餵食，無論是用乳房或是奶瓶，都常會遇到分離的問題（Daws, 1989）。父母親與嬰兒有能力去靠近對

方，但是難以面對分開。如同一些睡眠的問題，常常會在父母親的生命中發現很明顯的失落議題。

協助父母親在「他們自己的經驗」和「對嬰兒需求的看法」之間產生連結，是很有幫助的。父母親合作的能力在這裡變得非常重要。有時一位母親和嬰兒糾纏在一起，排除了父親在這段關係中的貢獻。如同父親和嬰兒直接的關係，在母親逐漸了解孩子的過程中，父親也可以支持母親（Barrows, 2004）。那麼他就能幫助母親與嬰兒分離，開啟三人關係的價值，並且超越母-嬰兩人關係的興奮感。然而，當母親與嬰兒太過緊密地結合在一起，母親可能會用「男生不夠敏感」來忽略掉這件事。245

就像是在思考父母親與嬰兒之間所發生的事情一樣，也必須試著去了解發生在他們每個人之中的事情。早期的養育和生與死的現實面有關；它也和面對生死壓迫所產生的情緒有關。母親們需要面對嬰兒的恐懼與貪婪所造成的影響。她們自己嬰兒期的情緒會被喚起，也許會覺得無法適切地回應嬰兒的飲食需求。一位試著去協調這些的工作者，可能會受到嬰兒和母親的情緒攻擊——從貪婪渴求到無法吸收任何東西。所以當專家給父母同理的時候，可能讓父母變得無力、耗竭，或者感到振奮，彷彿他們得到了無限的資源。或者，父母雖然看起來是把他們的憂慮拋給了專家們，但是當專家們詢問嬰兒的發展或不足的時候，專家們會注意到父母會覺得被批判、被迫害。關於是否要真的測量寶寶的體重有無增減，目前仍有爭議。專家們可能也會對寶寶百分位成長曲線圖的解釋持有不同意見。這種負向循環可能會隨著父母親感覺缺乏內在良好養育資

源的感受，而將無助感傳遞給專家們。任何的這類情感都需要深刻思索，這可能是讓我們了解母親和嬰兒覺得自己擁有什麼或缺少什麼的關鍵。

這代表著，仔細地聆聽和觀察這個家庭，一定會伴隨著聆聽自己的反移情。如此得到的訊息，也許會讓我們去同情這個家庭，並且更能與這個家庭同調，並且也對殘忍和忽略的行為感到反感。治療師即使了解這些行為的起因，仍需站穩立場，不去調整、配合這些行為。這樣可以幫助父母親不要分裂他們對自己行為的判斷力，也不會造成一種只有專家知道怎麼照顧寶寶才對的感覺。

針對睡眠和飲食問題的臨床工作

我在嬰兒診所見到六個月大的潘妮與她的母親。母親在白天和晚上都需要不間斷地餵潘妮喝奶，休息一下後又馬上要再餵。她無法吃固體食物，並且完全依賴乳房哺乳。在我們第一次會談時，我和她的母親談到斷奶可能是一種無法忍受的失落：好像只有親密的哺乳才會舒服——對母親和嬰兒來說都是。

在一週的反思之後，母親問自己：「為什麼不放她自己去睡覺，而是要哄她睡著呢？」在我們談話時，潘妮醒了過來。母親將她抱起來，並且為了向我證明這週的進步，她並沒有馬上就餵她。我看見對母親和嬰兒來說，不能立刻藉由哺乳重聚在一起有多麼的痛苦。她們怎麼能同時在一起、卻又分離呢？母親告訴我，她已經開始穿上睡衣，讓她的乳房不再裸露，才不會在晚上抱起潘妮時刺激了她。她覺得這是讓她們能

夠戒掉夜奶習慣的主因。潘妮有些慌亂，母親說：「妳很想睡覺了，自己去睡吧。」她遞給她一個牙齒咬環，潘妮一開始把它推開，後來才握住它。她又大驚小怪地哭了起來。母親注意到自己正緊緊地地用哺乳的方式抱著她，她也注意到這對潘妮來說是不公平的。她把放她回嬰兒車，潘妮持續低聲嗚咽著，而母親試著去忽略這些。我提及這個聲音是潘妮保持和母親連結的方式，也許很奇特，但是她用她的聲音、嘴巴，來保持一種可以取代嘴巴含住母親乳房的連結。無論是否正確，我的描述都讓母親能去聆聽這些聲音一會兒，而不再覺得非餵潘妮不可。在我們談話時，她也開始能談到潘妮，並且思考她發出聲音的意義。母親對潘妮說話，潘妮停止了哭泣，並且把牙齒咬環還給母親。母親笑著接過磨牙器並再次遞給潘妮，潘妮發出一些聲音，就好像她們在玩一個來來回回的遊戲。嬰兒的語言或前語言，時常在斷奶後快速發展。他們玩各種一來一往遊戲的能力也快速提升，對近距離溝通的興趣也被釋放出來。也許我對於潘妮和母親之間正發生新鮮事的興趣，也幫助母親去配合她的嬰兒已準備好的事情。

當然，當嬰兒被哺餵的「太少」時，會是更嚴重的問題。生長遲滯的嬰兒便是一個例子，當父母親的受迫害感過劇時，會將對嬰兒的憂慮丟給專家處理，造成嚴重後果。再一次地，移情與反移情的問題在此刻相當複雜。父母親經常在自己的生命中也曾真的經歷過被忽略、剝奪與飢餓。母親也可能因此而憂鬱，讓她覺得沒有足夠的資源可以給孩子。治療工作需要慎重考慮這些負向感受，無論是對自我、嬰兒，和任何正在協助這個家庭的專家（Daws, 1997）。

　　治療師必須隨時判斷要與誰同調，無論是否在意識之中。有的時候，她也許可以同時與父母親和小孩同調；有時則無法一致。我曾經和一位罹患憂鬱症的母親工作，她說話時總是不斷哭泣。我同情地看著她，接著，我發現我看著坐在地板上玩的嬰兒，他吸引著我的關注，並且開心地對我笑，我也以微笑回應。他也許很感激能有一個沒在哭泣的成人在場；他也可能只是在做他常做的——用微笑鼓勵他的母親。很多時候，當我對嬰兒報以微笑後，接著再次看向他的母親時，我意識到我的表達相當不一致，覺得我需要「抹去我臉上的微笑」來面對這位母親。以上所述，對我而言是一次相當有用的經驗，我思考著與嬰兒和憂鬱症母親一同工作的兩難：如果母親在哭泣，嬰兒的微笑會讓事情變好或更糟呢？

　　楚尼克（Tronick, 1989）談論到「一般說來，常發生的是，錯誤的調和互動狀態是一種互動上的錯誤，而由錯誤調和的狀態過渡到協調的狀態，則是互動的修復。」雖然他談的是父母親與嬰兒之間的互動，但也可以作為治療師試著與父母親互動時的一種良好思維。舉例來說，兩位處境艱難的父母親帶著他們失眠的嬰兒前來見我。母親告訴我嬰兒需要的是堅定的界限；而父親告訴我當嬰兒在哭時，他們需要的是被回應。當我決定不採納任一方的意見時，我會覺得無趣，自然會覺得不耐煩，於是我說：「我認為你們兩個都是對的。」父母親似乎很高興並且放鬆了些。這是因為我能夠涵容他們的敵意和他們相左的意見。這麼一來，他們就不得不和對方交談，而不只是直接跟我說話，這也讓我們得以討論他們自己的家庭經驗，哪些是他們長久以來覺得被冤枉的，而這些又怎麼影響著他們對

待嬰兒的想法。

　　我的幽默會是一種演出？一次失敗的協調？或是能調合這個複雜的局勢呢？如同我所知的，這對父母都曾經被告知：「你是錯的。」我也發現，他們不只是現在彼此指控，也被過去未協調的父母指控。如同我們所知道的，擁有哭泣嬰兒的父母也常常覺得被他們的嬰兒埋怨。所以，我那脫口而出的言論雖迷人、亦諷刺，但它也許會有用處。

　　另一個我見過的家庭，是由一個英籍父親與中國籍母親組成。他們對於養育孩子的想法似乎也無法調和——直到我注意到，他們一起坐在治療室時是多麼的舒服。而且無論他們多生氣，他們都會回應他們的孩子。當母親傾訴她對「懶散的英國態度」的絕望時，我說：「好像妳是一個單獨在北倫敦捍衛中國教條的女子！」這不是一個很微妙的註解，但父母親都笑了。下一週我們見面時，母親告訴我，她第一次覺得自己能夠正確地聆聽丈夫的想法，而且他們已經能夠和對方交談了。同時去同理雙方那種無法協調的感覺是一項藝術。有時，我會想，「我為什麼需要聆聽這些？」彷彿被洩漏出來的仇恨環繞著。其他時刻，我認為處在這一幕下的我是幸運的，因為我能讓痛苦的情緒表達出來，變得好一些。無論你感覺到什麼，不要太介意，也不要太過努力要去了解或改變這個狀況。

　　當然，幽默不能過度；它只是貼近這個家庭的一種產物，而不是替代品。貝克（Baker, 1993）摘出佛洛伊德（1927d, p. 166）曾說的：「幽默是適應機制的最佳表現，因為它成功地抑制了在痛苦與否認之間做抉擇的衝動。」貝克將幽默視為「樂觀與痛苦、嚴肅與愉悅、不確定與執行承諾的綜

248

合體。」他相信，這不只是心理專業人員必備的特質，事實上「絕佳的母-嬰關係亦需要此特質（Barker, 1993, p. 955）。」當然，治療師需要適當地去貼近樂觀之前的苦痛（p. 955）。貝克也摘要萊克（Reik）的話：「第一次注意到令人驚訝的幽默之心理意義（Barker, 1993, p. 325）。」以及驚訝也是精神分析治療中相當重要的一種頓悟（Barker, 1993, p. 325）。

　　這帶我們回到史騰的觀點與他的研究：母親為了影響和嬰兒的「人際交流」，所採取貼近嬰兒的不同方式（Stern, 1985）。如同「一致的調適」（p. 148）所扮演的角色，母親試著去配合嬰兒的內在狀態——和嬰兒「在一起」。他也表示貼近嬰兒的狀態也有失調的類型，包含了「有意圖的錯誤呼應」，即母親接收到嬰兒「被遺忘的內在」（slipped inside）狀態，接著她故意錯誤地傳達出來，這已足以改變嬰兒活動或感情的層次，但尚不能破壞協調過程的感覺。幽默充其量只會造成這樣的影響。若真的做錯了，也只是落入史騰所指稱的另一個類別——「真的錯誤呼應」（true misattunements）。

　　呼應得太多反而對家人們沒有幫助。史列辛格（Schlesinger, 1994）指出，我們在會談中時常「太靠近」地聆聽，而陷入對發言者狀態的認同（引自 Sternberg, 2005）。在一般交際中聆聽對方時，我們會假設發言者想要創造意義，然後自行填上對方省略之處，並且忽略空白。但史列辛格表示這無助於分析。同樣地，我發現在觀察父母和嬰兒互動時，我也許會自行填補腦海中的空白，而非去注意缺少了什麼，在某種意義上，這也銷毀了證明缺少了什麼的證據。

一個案例

在這個案例中，睡眠與飲食問題同時存在，雖然這並不是他們被轉介過來的主因。分離與個體化是這次工作的主要問題之一。另一個浮現的議題是，作為一個治療師，我需要在貼近母親對嬰兒之看法的同時，如何擁有另一條獨立且質疑的思路。

一位母親和她十一個月大的男嬰，李維，某次被困在電梯之後，由家庭醫師轉介過來。該次事件中雖然沒有人受傷，但是母親和嬰兒都嚇壞了。李維睡得很不好；白天會突然尖叫，晚上睡覺時也會突然嚇醒並尖叫起來。

第一次會談時，母親坐下，並且把李維從嬰兒車裡抱出來，放在她的腿上。她立刻開始告訴我，她很擔心電梯事件會對李維造成不好的影響。李維戴著一頂卡通帽，遮住了他的臉。我試著接觸他，他小心翼翼地看著我手上的手搖鈴。母親因為我的聆聽放鬆了些，她開始比較像和我說話、而不是衝著我說話。李維從我這裡拿走了手搖鈴。母親將他放下來，他站在她身旁，倚靠著茶几玩積木，把它們丟到地板上，接著放一塊積木到箱子裡，然後又倒出來，如此重複地玩著。他非常熟練地做這些動作。有一次，我把一塊積木放到其他積木上面，並且問李維他會不會。母親說他做不到。我同意（錯誤地！）他還太小了。我表示他很會丟積木，然後我們都笑了。

在這輕鬆的氛圍下，我請母親告訴我那場電梯意外。她告訴我電梯突然搖晃停止，並且往下墜，她覺得被困住了，並且很擔心何時才會被救出來。在那之後，她就會肩膀痠痛及頭

痛。她很擔心自己,也很擔心經常哭泣的李維。我問她是否也
會常夢到這件事,她表示不會。

由於他們都曾做過生理檢查,我表示事件影響的是情緒與
心理的層面,只是看起來就像是真的一樣。我請她告訴我家裡
的事,她告訴我她是單親媽媽,前夫目前在國外工作。他們都
是黑人,具有非洲血統。母親和她媽媽的關係有些問題,她覺
得在她需要時母親沒有幫忙。她的父親曾有暴力行為,並且
拋棄了這個家庭。我們談了母親的憂慮,她擔心無法保護李
維,電梯意外的衝擊更讓她覺得無力安撫李維,尤其是晚上李
維焦慮的時候。我將這一點和她自己覺得沒有被父母保護的感
受做連結。

這是常見的「創傷症候群」處理方式。意想不到的是,這
帶領我們去思考分離的議題。我發現,在那次事件以後,李維
幾乎不吃固體的食物。他還在喝母奶,這也幾乎是他唯一的營
養來源。他也很少說話,這很容易被解讀為退化,但也和母親
的觀點相符——李維需要她。任何邁向斷奶的一小步,都可能
對李維造成剝奪。李維也睡在母親的床上。

我意識到,以十一個月大的月齡來看,李維算是相當強
壯,他靠自己的雙腳穩定地站著,並且探索我的玩具。儘管母
親現在狀況不佳,她仍是位有幽默感的聰明女人。我提到,她
剝奪了李維成長並與她分離的機會,藉著把他綁在身邊,也許
可以讓他不要接觸其他的生活經驗。此時她有些驚訝,也覺得
很好笑,然而她並不同意,她說,事實上她相信,和她親近反
而可以讓李維感到安全,而能和其他人建立關係。

我詢問李維是否可以自己吃東西,她說:「他太常弄得一

團糟。」我提議，在她用湯匙餵李維時，可以讓他握著另一根湯匙，好幫助他意識到是他人在幫助他進食。我指出，李維從家裡帶來一根湯匙（很大一根！），這對他來說一定很重要。我繼續問母親，她認為什麼時候他才應該在自己的床上睡覺。她回答三歲，接著，也許是受我脅迫，她改說一歲（我一定要強調，我並不認為嬰兒在一定的年齡／時間就應該要睡在自己的床上）。她接著考慮要停止餵母乳。再過幾週李維就要過一歲生日了。我說，單親媽媽相當辛苦，沒有人可以扮演「父親角色」的功能，並且幫助他們分離。

下一次預約是在幾週以後，也就是在李維生日的兩週後，暑假也過了。母親和李維帶著微笑過來。母親說，除了上個禮拜的一個晚上以外，李維都沒有再尖叫了。李維很快就玩起玩具，並且開始和我玩遊戲，將積木遞給我，再拿回去，以及將玩具放到箱子裡，再倒出來。我說，他現在站得很穩，也很平穩地長大。

我們談到李維的飲食，他現在會吃一些小點心。順著這個工作的其中一個主題，我詢問他現在會不會用湯匙了，母親說他仍然弄得一團糟。我認為她沒有讓他嘗試，並且再次建議他們可以各自拿一根湯匙。她告訴我，今年夏天他們過得很好，沒有壓力。我說：也沒有我的嘮叨！然而，她繼續告訴我，所有地方都關閉了，這代表著她和李維幾乎不能出去。我說，聽起來她好像一直很沮喪，並且覺得被我和所有的人拋棄了。

母親告訴我，她曾從事一些志工工作，但她的同事在某個做重要決定的時刻，並沒有徵詢她的意見；她覺得很生氣，並

251

且決定要放棄這份工作。她要待在家裡做個全職的好母親，直到李維五歲。我說她想要和李維待在家裡，而不要去外面見一些不同的人。她很幽默地笑了，並且和我討論著人類需要和其他的人接觸，包含有歧見的人。我們也討論了，如果他們無時無刻都膩在一起，以及如果他需要和她一致的話，對李維來說會有多危險。

這些分離的議題仍是我們下次會談的主題——她邁開了一大步，重新回到外面的世界，並且花一部分的時間去上職業訓練課程。她同意我對於控制李維、不讓他自己握湯匙的看法。她決定讓他去試，我也安排好在下週致電給她，了解她執行的狀況。她告訴我：她做到了。看來，這根湯匙對母親和李維（和我）都具有真實的象徵意義，如同是掌握權力的鑰匙！

當母親抱怨李維自己用湯匙會「一團糟」時，她驗證了艾倫・史坦（Alan Stein）的想法（Stein, Woolley, Cooper, & Fairbairn, 1994）：有飲食失調問題的母親，可能會在進餐時與她的嬰兒產生衝突——特別是一團糟（滿桌滿地的食物），以及誰可以握湯匙。母親自己曾經深陷憂鬱，並且在她被送到寄宿學校時拒絕進食。由於工作的重點在李維身上，此時並不適合去討論母親是否有飲食問題。

嬰兒與湯匙的關係非常有趣（Daws, 1997）。湯匙是嬰兒的第一個工具，若是剝奪他使用湯匙的權利，會奪走他的掌控感。嬰兒自己使用湯匙是邁向自我效能的一大步。許多母親很享受親密地哺餵嬰兒（用乳房或奶瓶），接下來，她們會享受輪流拿湯匙吃飯的節奏；當他們的嬰兒長大了，可以自己吃飯

252

了，母親將會感到被拒絕或是不被需要。這只是達成這種新關係的第一個例子，接下來的兒童期與青少年期，有更多的狀況會發生。

在一段混亂的開始之後，當媽媽去上職訓課程時，李維很享受到幼兒園上課。某種程度上，在談話中我補足了父親缺席的某種功能，甚至是從我們的第一次會談開始。隨著治療工作的進展，母親允許她的兒子和她保持一些距離，她也開始去找一些方法回到兼職工作，好讓她的智慧與能量能夠投注到母-子兩人以外的事情上。

這是一個有趣的例子。由於轉介是為了要幫助母親和李維克服經歷創傷事件後的壓力，我們的討論卻主要集中在飲食與睡眠等分離議題上，我也將這些視為主要的問題。母親並未看到她和李維的關係有何不妥，但願意開放地去思考我向她提出的想法。在我們的會談中，因為我的狀態是對她和她兒子感興趣、真誠地確認李維發展良好，她因而感到放心。由於她與自己媽媽的疏遠，作為一個母親，她失去了來自外祖母的「祝福」。治療師有時可以作為不同的缺席（或現存的）家庭成員之移情「替身」。

如此一來，她就會允許我挑戰她的假設，而且我認為她也會享受去思考我們之間不同想法所造成的衝突。我們想法上的差異，和她對這些想法的享受，也許讓她能開始注意到她孩子的「差異性」——在她腦中，他從被動接受母愛的嬰兒，變成一個需要被尊重的獨立個體。沒有父親的嬰兒可能會缺少創造式爭辯帶來的經驗，並且也許會覺得不一致或是獨立的想法是危險的。事實上，與雙親工作時，我常常覺得我的工作，是要

幫助他們去感覺不同的想法對嬰兒的好處，並且不需要自圓其
說。隨著母親能接受李維更獨立的發展，他也變得更活躍；他
們建立出一種新的關係，讓他們兩人都擁有更大的空間。

253 ▌結論

隨著飲食與睡眠的模式建立，我們看見嬰兒的自我調節能
力，與他和父母親的關係是如此密切。父母親對嬰兒需求的看
法，源自於他們和自己父母親（甚至更上幾代）相處的經驗。

這種短期工作的樂趣，在於協助父母親與嬰兒達到一個更
好的互相協調狀態。如果家庭不能自然達到一種被楚尼克稱為
正常的過程——藉由「互動修復」（interactive repair），使父
母親與嬰兒之間不協調的狀態變得協調——治療師可能需要協
助他們開始修復。其他基層醫療的專業人士也可能樂於以此治
療取向達成這個目標（Daws, 2005）。

史騰對於互為主體性（intersubjectivity）與協調的發展觀
點，都意味著嬰兒進入得知「有其他的心智世界在他之外」的
階段。相同地，父母親也需要承認嬰兒有其獨立心智。當父母
似乎對這一獨立性的反應落後時，治療師去包容不一致或是相
同的心智想法的能力，就非常重要。如此一來，治療師就能鼓
勵父母和嬰兒「勇於不同」，並看到個體化並不是親密關係的
終點。

註解

本文有一部分「經典」的功能，是重申一些我原本的想法（Daws, 1989）。後半部分則呼應著標題——勇於開闢新天地。

【第15章】
維持平衡：
生命早期的生與死

● 伊莉莎白‧布萊德利

　　兒童的死亡會讓人極度不知所措，因為這意味著對未來許多希望與夢想的失落。這些希望與夢想可能在懷孕前即開始萌生，隨著懷孕過程而越來越詳盡，卻在出生的那一刻結束。看看那些有新生兒的家庭，我們很熟悉這一刻新生兒所帶來的希望。一個新生兒被當成是生命持續的保證；同樣地，當事情出錯時，這樣的影響也可能讓人耗弱，而且影響深遠。這樣的失落可能會以一種強烈但並不見得明顯的方式，持續影響著家庭與隨後的新生命（Reid, 1992）。

　　包恩與路易斯（Bourne and Lewis, 1984, 1992）曾在文章中，論及出生前後胎兒死亡的影響，以及下一個孩子可能會遇到的困難。世界各處的婦女們持續為出生前後的胎兒死亡所苦，而且不論這些父母有了多少個孩子，在他們的記憶中，永遠保留一個位置給他們所失去的孩子。有些曾經失去過孩子的父母親，發現難以跟下一個孩子成功產生連結，他們仍一心想著這個已經過世的孩子；這是我在這一個章節要探索的主題。

　　我將要描述兩個案例，案例中母親的心智世界都被失落所占據，並且影響了懷孕的狀況以及下一個孩子。

▌**胎死腹中的影響：以觀察作為介入的方法**

　　湯瑪斯一家人被一位服務於成人單位的臨床心理師轉介過來；湯瑪斯太太在第二個孩子出生之後，因為產後憂鬱症而接受服務。她的懷孕史中，在目前這兩個孩子出生以前，她曾經有個孩子在二十七週大時被診斷為愛華氏綜合症（Edwards Syndrome，一種基因疾病，又叫做「第十八對染色體三體症」），醫師建議他們夫妻終止懷孕。要做這項決定顯然令她受到相當大的創傷。該位心理師認為，失去第一個孩子造成了母親的產後憂鬱症狀，於是她提供了湯瑪斯太太哀傷輔導服務。湯瑪斯太太一度同意這個提議，但是她很快地就覺得在這個議題上已經沒什麼好談了。她反而認為她需要幫助的是關於她的小孩，因為這才是她焦慮的焦點。她有股衝動想將孩子送到全日托兒所，然後去她先生的公司工作，好讓自己獲得較多的控制感。對此她感到擔憂，她知道在許多方面，她並不希望事情這樣發展，並且渴望獲得幫助，好讓她能更有自信，也更能享受陪伴她年幼的孩子。

　　湯瑪斯先生無法前來參加第一次會談，並告訴我他至少會有兩週沒有空。為了不要延遲第一次的會談，我決定在湯瑪斯先生缺席的狀況下，提供這個家庭初次會談。

　　湯瑪斯太太是一位三十二歲的印度女性，看起來相當和善且有能力。在等候室裡，她愉快且有效率地打理著三歲的拉維和坐在嬰兒車裡一歲的貝拉。我對拉維這個小男孩的第一印象，是他有著一雙深色大眼睛，他帶著好奇與一些猶豫，陰鬱地看著我。貝拉的頭髮往上盤成一個髮髻，她和她的母親一

樣，不害羞地微笑著，並且決定要自己走進治療室。

我提到心理師給我的信，並且詢問湯瑪斯太太希望從這次會談中獲得什麼。她談到她自己兒時在印度的經驗，她和許多兄弟姊妹在大家庭裡一起長大，她的經驗和在這個國家養育孩子的方式非常不同。她提到在印度，孩子們是怎麼形成小團體，並且大部分的時間都離父母遠遠地在外頭玩耍。她向我解釋她是印度教教徒，所以她的婚姻是父母之命。我詢問她對此的感受，她表示對她來說，這一切都進行得很好。她描述在她遇上她未婚夫後，他立刻就得來英國了，五年後才回去和她結婚，然後帶她來英國。她很高興有機會可以離開家鄉，並且看看這個世界。她強調可以遠離的部分，和她之前向我描述兒時溫暖和關懷的大家庭的部分，形成對比。我向她說，聽起來她好像有很複雜的感覺，既想要離開家，又很想念它。湯瑪斯太太也告訴我，她並不是住在亞洲人聚集的社區之中，沒有人可以告訴她怎麼做才對。她感覺到亟需要協助，讓她知道怎麼做才是對的。我說，也許她希望我能幫她在兩個文化之中找到一個平衡點。

我轉而注意孩子們。拉維很忙碌地在玩車子和動物，並且不讓他的妹妹拿到任何玩具。他的母親要求他分享，不過他顯然並不願意。貝拉很想和哥哥玩，她是個不受屈撓的小女孩，並沒有因為他的拒絕而退卻。湯瑪斯太太解釋，他們並沒有很常在一起。湯瑪斯太太在貝拉出生後得了憂鬱症，讓她無法同時照顧兩個孩子，所以過去一年裡大部分時間，拉維每天都在幼兒園裡從早上八點半待到下午五點半。

接著她告訴我，她仍然對於她第一次懷孕的事情感到很沮

喪。她說，她所參加的支持團體，總是要邀請她向其他有類似
經驗（胎死腹中）的亞洲女性分享這件事。她說她做不到；她
變得非常沮喪，並且開始哭泣。她無法維持平常得體的方式陳
述，並且說她沒有辦法談論這件事，這讓她的內心很沉痛。她
花了三年才再度懷孕，並且在拉維之後，她一點也不期待再多
一個孩子，但是她的先生很期待。一直到他們回去印度，她看
到拉維和他的堂表兄弟姊妹們玩時，她才終於同意再有一個孩
子。她知道有個手足對他來說是好的。我說，她對她的第一個
孩子仍然有很強烈的感覺，那場悲劇仍然歷歷在目。她花了一
些時間講述去孩子墳前的經驗，這段憂鬱的描述讓我印象深
刻。她覺得自己卡住了，並且無法完成正常的哀悼過程。

　　拉維要我注意他玩的遊戲，他用農場的動物組了一個家
庭，並且說小（嬰兒）動物們一定需要爸爸和媽媽。我說，
也許他覺得今天爸爸應該要在這裡。他似乎是個聰明的小男
孩，努力地投入在自己的遊戲中，並且堅持不讓妹妹加入，所
以他把玩具箱放在母親旁的沙發上、對著自己。湯瑪斯太太堅
持拉維要給貝拉一隻動物，接著貝拉馬上學她哥哥的動作，把
動物拿過來給我。

　　在這一次會談之後的反思，我感覺到一股悽涼。我意識到
對湯瑪斯太太來說，一個人在異鄉照顧孩子是多麼困難與寂
寞，再加上她要把事情做對的焦慮，和她那已經過世的第一個
孩子，在她心裡的滋味應該非常複雜。我也注意到，轉介者已
經注意到她的需求，並且希望我們能提供協助。我猜想著湯瑪
斯太太那未能化解的死胎經驗，會對她照顧活著的孩子們造成
什麼樣的影響。對拉維這個在終止懷孕後出生的孩子來說，應

257

該是特別困難。在第一次會談時，我的目標是要聆聽她的焦慮與衝突，同時與她這兩個熱切、渴望和我有眼神交會，並且用遊戲吸引我的孩子們做連結。治療師的注意力在父母與孩子之間來來回回轉移的這段過程，讓事情慢下來，並且有助於讓父母有空間可以更清楚地看到孩子，並且做出自己對於孩子的觀察。

湯瑪斯太太看出拉維對於貝拉要搶走他的東西，顯得很焦慮，他大概是覺得周遭的資源不夠。她把這一點和拉維不常看到貝拉做連結，因為他白天的時候多半都在幼兒園。湯瑪斯太太現在減少了他上學的時間，改成一天五個小時，因為她認為以前的時間太長了。我於是能和湯瑪斯太太討論，拉維可能會覺得在漫長的幼兒園時光裡，貝拉奪走了他的母親。這讓湯瑪斯太太對拉維不願分享的行為有了新的看法，將之視為他在表達對貝拉搶走了他最珍貴的東西——他的母親——的感受。所以，他什麼東西都不給她，可能是一種報復，並且傳達著他擔心他的妹妹會將所有資源據為己有的不安。

我注意到，我可能需要讓湯瑪斯太太理解，那些她無法用言語形容、卻淹沒她的傷慟感。我們需要去探索那些她無法承受的部分，好讓她可以思考並且談論它，這會讓這些感覺不再那麼有害，並且比較能被忍受。

第二次會談時，父母親一起過來，並沒有帶著孩子。湯瑪斯先生和太太一起坐在沙發上。湯瑪斯先生對於出席這次會談表現得相當愉快且自在。我問他湯瑪斯太太有沒有告訴他上一次會談所發生的事。他們手上都有幾張在等候室拿的傳單，上面的標題寫著「手足競爭」。湯瑪斯先生說，他有聽說我認為

拉維無法和貝拉分享東西。接著,他讀了手足競爭傳單上所列出的問題,並說這些問題拉維通通都有。他問我,為什麼拉維不喜歡和貝拉分享。我表示,拉維可能會覺得他被丟到幼兒園,而媽媽卻在家裡有了一個新的嬰兒;我也說明他在遊戲裡表達這些感受。湯瑪斯先生也表示,當他擁抱貝拉時,拉維總是會注意到,並且會意味深長地看著他,然後向母親尋求安慰。湯瑪斯先生又說,小女孩是多麼的可愛,他忍不住要去擁抱貝拉。

我提到,拉維曾經告訴我,小(嬰兒)動物們需要媽咪和爹地,而我認為他希望上一次的會談他的父親也在場。湯瑪斯太太同意這一點,並表示拉維放學回家後會到處找他的爸爸。我說,也許在貝拉出生後,拉維更覺得擁有父親的注意是特別重要的。湯瑪斯先生對這樣的想法很感興趣。

我提到,湯瑪斯太太上一次提到不想有更多的孩子,同時我也知道他有不同的想法。他同意,並且說他想要更多的孩子,但是在這件事情上,他必須接受他太太的感受。他們都認為對拉維來說,上幼兒園是重要的,這麼一來他就可以像在印度的大家庭一樣擁有許多同伴。貝拉也因為這個緣由而開始去幼兒園。我說,我可以了解他們對於拉維上幼兒園的事情有很好的理由,但也許他並不喜歡這樣!他們說,在有貝拉以前,他們並沒有注意到拉維是個多麼安靜的寶寶;後來他們才了解,他可能比他表現出來的更沈默、更沒有自信。我談到在心裡同時有兩種文化的情況下,養育孩子是相當不容易的事情,而且沒有同社群裡的人可以提供支持與建議,會覺得多麼孤單。顯然,這對夫妻都拚了命地想要把事情做對,但覺得他

們不知道該如何是好。那張寫著手足競爭的傳單，是某種他們能夠依憑的東西，他們把這些一起帶走。

第三次會談時，全家人都出席了。兩個孩子立刻去拿娃娃，拉維拿出一個男嬰和一個女嬰，他把女生給媽媽，男生給我。母親問他：他們（娃娃）是誰？他告訴我們，女嬰是貝拉，但是男嬰不是他自己。我問拉維知道多少關於第一個男嬰的事情。他的母親說，他時常陪她到墳墓去、親吻墓碑，並且道別，但他並不了解這一切。我說，拉維似乎很在意嬰兒的事，他給我一個很顯然不是他的男嬰。當他親吻墓碑時，他一定有在想關於那位已逝男嬰的事情。湯瑪斯太太說，她認為他並不了解，但是我們可以去討論，並且澄清他的困惑。拉維仍然很在意嬰兒，在之後的會談之中，他把所有的小（嬰兒）豬和小羊拿出來。隨著治療發展，拉維在會談時似乎越來越放鬆，也越平和，甚至也能夠在父親的加入跟注意下，和貝拉一起遊戲。在這次會談中，我也聽到了母親懷拉維的過程中，他們不想要進行任何檢查。他們也被告知，如果第一胎罹患愛華氏綜合症的機率是三千分之一，那麼下一胎再罹患愛華氏綜合症的機會就會提高到百分之一。湯瑪斯先生說，他們決定交給神來決定，並且無論結果如何都接受。懷第三胎時，他們接受了篩檢，並且帶著信心迎接貝拉的到來。這兩次深刻且不同的懷孕經驗，也許可以解釋兩個孩子的差異。湯瑪斯太太談到更多關於第一次懷孕異常的衝擊，以及不想讓任何人知道事情的細節。湯瑪斯先生很關心地表示，如果他的太太無法走出哀傷，她也許會患上壓力相關的疾患。湯瑪斯先生鼓勵她下次一個人過來會談，我們也同意全家都來參與第五次和最後一次會

259

談。

討論

　　治療師可以用與觀察有關的反移情經驗，來尋找和家庭產生連結的方法。是什麼讓這樣的連結變得有療效？這一定和家庭覺得被聽見、被了解，還有他們的父母角色被有效地支持有關。接著，他們就可以擴展對孩子的了解，並且用一種不同的觀點來看問題行為。再來，他們才能夠去包容並且處理——在這個例子中是拉維的競爭感，和湯瑪斯太太的罪疚感與憂鬱。湯瑪斯先生在家庭會談中能夠滿足拉維想被他注意的需求，也讓他平靜多了。這是我的觀察與評論，而我希望這樣的狀況能夠被帶到治療之外。

　　和父母親建立起治療同盟的同時，父母親人格裡的嬰兒期狀態（infantile aspect）也會被覺察與涵容。辨認出治療室中的不同感受——母親的哀傷、孤獨與罪惡感；父親果決的正向態度；拉維的嫉羨；貝拉具自信的好奇心——再協助他們去注意對方，這是很重要的。治療師必須找到一個能夠感受矛盾與罪惡感的空間，這是在最後兩次會談的工作裡要更多琢磨的部分。

260　　在這些會談之中，我與家庭成員共享我的觀察及相對應的感覺。這能幫助家庭成員去辨識與關注彼此的感受，並且從之前問題的困境中轉移開來，轉向一個動力的觀點：他們有力量用他們的行為影響家庭的情況，並欣賞這樣的能力。這也足以為家庭創造出充分的動力，讓他們帶著信心前進，去面對下一個發展階段會遇到的挑戰。這個案例說明了一些在嬰幼兒心智

健康服務中會運用的治療技巧，特別是這樣的治療取向如何協助兒童與其父母溝通，以及父母如何從這樣的溝通中學習。

這位湯瑪斯太太認為被她殺害的未出世嬰兒持續地存在，並且造成了重大的影響，尤其是影響了湯瑪斯太太照顧下一個孩子的能力。拉維的身上承載著與死去的嬰兒有關的感覺。在處理這個問題時，很重要的是去識別這對活著的孩子造成的壓力有多大，並且幫助父母把對於已逝孩子的感受區分開來。

▌維持平衡

史密斯一家呈現出另一個完全不同的問題，擴展了我對於處理失落議題的看法。在我見到史密斯太太以前，我以為我會遇見一位母親和她垂死的孩子。但是在我們的第一次會談中，史密斯太太告訴我她懷上了第二個孩子，並且已經六週大了，所以她呈現出的樣貌是一個新的嬰兒和一個垂死的孩子。懷孕時的情緒生活常常包含著許多出生與死亡的複雜幻想。在這個家庭中，新生命的無限可能，與另一個孩子的死亡同時發展著。我的角色是要幫助史密斯太太思考，在新生兒帶來的希望與垂死的孩子所帶來的絕望之間，如何維持平衡。

史密斯太太正進行每月一次的婚姻諮商，她的婚姻治療師介紹她來這邊。這對夫妻進行婚姻諮商已經好多年了，那段時間裡，他們一直在照顧患有基因遺傳疾病的女兒莎拉，這個疾病嚴重地影響了她的發展，並且會讓她早夭。這是很罕見的疾病，當兩個人都帶有這樣的基因時，所生下的孩子就有四分之

一的機會罹患這種疾病。患有此疾病的嬰兒會難以進食，並且生長不良。這些都和身體的過早老化有關，包括：白內障、大腦和其他器官的老化。罹患此症的兒童很有可能在五歲以前過世。在我們第一次會談時，莎拉正好四歲半。史密斯太太自己要求進行會談，因為每個月一次的會談對她來說並不足夠，而且她希望能和莎拉一起前來。在開始安排會談之後，史密斯太太無法履行我們頭兩次的預約，所以我等了兩個月才見到她。

我在等候室見到史密斯太太抱著莎拉坐在她腿上。在我看到莎拉的臉以前，她的身形看起來就像一歲的小嬰兒，但是她的臉看來比四歲還要成熟許多。她有精靈般的眼睛，如龐克族般直挺挺地豎立的金髮，吸引著我的注意。我向她自我介紹；她伸長了她的雙臂，我看到她的手，看起來像是更大的孩子才會有的。莎拉有相當引人注目的特質，並且讓人們對她感到好奇。史密斯太太後來告訴我，在他們的生活裡，總是不斷會有人詢問、好奇莎拉的事情。史密斯太太似乎很高興可以見到我，但一開始我們都不由自主地注意著莎拉。

在第一次會談時，莎拉對我很好奇，她專注地看著我，並且把她的「猜猜看我有多愛你」小兔子給我。我們把小兔子傳來傳去，她同時帶著好奇與微笑看著我。史密斯太太說，她總是猜著莎拉在想些什麼。她覺得莎拉很享受與人們相處。由於莎拉患有白內障，史密斯太太並不確定她能看到多少東西。她覺得莎拉彷彿每一分鐘都想說些什麼，但她從未真的說話。在我與莎拉互動時，我可以了解這種感覺，因為她吸引著我的注意力，並且發出一些聲音，好像我應該知道這些聲音的意思。史密斯太太告訴我，莎拉也喜歡躺在地板上；在這次會談

的後段，她也這麼做了，而且她不時看著我，偶爾舉起手，就好像要伸向我一樣。

史密斯太太提到我們延遲了很久才見面的事，並解釋因為他們在復活節假期間，花了三週的時間在法國與西班牙露營。回去見他們三年前認識的朋友，對他們來說是很重要的。在三年前他們要離開時，史密斯太太以為這些朋友再也見不到莎拉了。沒想到他們再度回去那個地方，而且莎拉也還活著。

我說，她好像也在傳達著她很擔憂莎拉的存活與我們會談之間的關係。在第一次談話時，史密斯太太傳達她主要的焦慮：莎拉還能活多久？

她也在會談開始時，就告訴我她已經懷孕六週；我注意到，她是在被轉介後的那幾週受孕的。她也告訴我，在過去的一年半之中，她也曾流產一次，以及一次子宮外孕。她說她已經四十二歲了，剩下的時間不多。在莎拉存活希望渺茫的狀況下，她很擔心她是否能有另一個健康的嬰兒。史密斯太太告訴我，在其他人眼裡，她所經歷的都像噩夢一樣。儘管如此，她看起來仍是個有活力的女人，穿著一身黑，Polo 領的上衣和牛仔褲，她的頭髮也微微地抓成龐克造型。

史密斯太太向我述說，莎拉出生後不久，當她抱到這個嬰兒的時候，她有一種強烈的感覺，好像有些什麼不太對勁。她告訴我，她帶莎拉看遍了各種專家，想知道為什麼她無法長大。當莎拉三個月大時，她讀了醫療報告，上面記載著莎拉可能患有一種罕見的基因疾病。她立刻到書店去讀完了和這種疾病有關的所有訊息，那一刻對她來說是如此傷痛。她無法告訴

她的先生，甚至無法談論這件事，直到有一天，她被送進了專門服務罹患憂鬱症母親和嬰兒的精神療養醫院。

自從發現這個診斷之後，她就拒絕接觸莎拉，也無法照顧她。那次在精神療養醫院的經驗是有幫助的；在工作人員的支持與協助之下，她開始能夠去照顧莎拉，並和她產生連結。我說這是很重要的，那次的經驗救了莎拉的生命，也讓史密斯太太能夠去照顧她的小孩。她也許希望我也能幫她照顧她的新嬰兒。她也是在這種極度困難的新狀況下尋求協助，在期待一個健康、有希望的嬰兒的同時，能繼續照顧狀況持續惡化的莎拉。

她描述，餵莎拉吃飯是她現在最擔心的事情；她需要用一條接著馬達的管子通進她的胃裡，才能餵她。一開始，她得將裝著牛奶的容器高高舉起，直到牛奶藉由地心引力逐漸流過管子，進到莎拉的胃裡。這些動作需要很緩慢，否則莎拉會吐出來。她說自己需要幫助，去處理她對其他也在煩惱嬰兒飲食問題的母親們的憤怒。特別是她知道，她們的孩子後來都會變好，但是四年過去了，她卻還是一樣煩惱著莎拉的進食問題。她才是真正有問題的人。我說要去容忍其他人的焦慮是相當困難的，尤其是當妳的問題似乎更為龐大時。也許她在想，我是不是能理解她的問題有多麼的巨大，並且當我還有其他病人、需要去注意許多人的問題時，能不能夠給她足夠的注意。

263　　她說，莎拉每年會有三十天要去兒童的臨終照護機構，好讓父母能夠喘息。那裡的工作人員之前曾經照顧過罹患此症的孩子。史密斯太太談到和其他患有此症兒童的家長見面的經

驗，並且說明這對她有多重要。我說，面對莎拉的症狀，一定讓她覺得很孤獨，對她來說，她的問題比其他的人問題都還要糟糕得多，這一定也讓她很憤怒。她描述，不同於她的憤怒，她的丈夫面對莎拉時總是很平靜，並且從未有過如她在發現診斷時所經驗的震盪。這四年來，他們一起分享了所有的擔心、痛苦與關心。

我聽她說，莎拉從兩歲開始上一所特殊照護的幼兒園，並且相當成功；她喜歡上學，也喜歡其他孩子帶來的刺激。教育心理師曾經告訴史密斯太太，莎拉的理解和溝通能力和四、五個月的孩子差不多，而她的閱讀和理解書籍的能力，則和十三到十五個月大的孩子一般。史密斯太太感到難以置信，她認為莎拉的理解能力像是超齡的小孩。我同意她的看法，莎拉看起來不像是個小嬰兒——她感覺起來更像是個快要會說話的小孩。

一開始，史密斯太太以為莎拉隨時會死掉，或是只要有些小差池就會傷害她的生命。她後來才漸漸習慣莎拉會活著，並且認為每三個月到醫院做一次檢查相當有幫助。每次去醫院，她都覺得三個月以後來會再來。我說，我們的會談也需要令人放心與穩定的相同結構。我們都同意選一個莎拉上學的時間，兩週見一次，這麼一來，史密斯太太就可以不需要帶著莎拉前來。我們的會談在她整個懷孕過程都持續著，因為五次的會談是不夠的。

第二次會談，史密斯太太獨自前來，當時她懷孕八週半，已經做了一次掃描，相當令人興奮。她告訴我，她現在可以叫他「嬰兒」，而不再只是個「胚胎」。但是之後她仍需要

去進行篩檢，好讓她知道嬰兒是不是正常的。

　　貫穿第二次會談的主要焦慮是莎拉何時會死亡，而史密斯太太是不是能夠適應這段失落和一個新生兒的來臨。她總是在想莎拉的存活，她將她的感覺，與她先生活在當下、而不是在等待結束的能力做對比。她先生會說：「當我們遇到的時候，就會有處理它的方法了。」他是能在當下懷有希望的人，而她總是擔憂著未來的死亡。

　　史密斯太太持續的焦慮強烈地傳遞給我，所以每一次會談跟會談的間隔期間，我往往也想到莎拉的生存議題。同時，我注意到我自己也有想到新生的嬰兒，希望他不會受到影響，且期望他所代表著的希望會持續下去。我提到我的工作是要幫助史密斯太太在對莎拉死亡的憂慮，與相信她會有一個健康的新生命之間保持平衡。史密斯太太不知道，她想要一個新嬰兒的想法是不是自私的。她很擔心莎拉會不會在嬰兒還小的時候就死掉了，那麼嬰兒就需要去適應傷慟的父母親。我說，看來她總是在為莎拉（的早逝）感到傷痛，也許也是在做準備。她說她總是如此；她總是很擔心會失去她所擁有的。在她小時候，她也總是很擔心會失去她的母親。

　　史密斯太太很高興她的先生也很關心新的嬰兒，雖然她覺得他對於有另一個孩子，並不像她一樣熱切。他認為他們的關係之中有一些不好的東西，才會生出一個有缺損的小孩。她則認為，也許他們都很擔心有沒有能力生出一個「好」小孩來。

　　第三次會談時，史密斯太太再次帶莎拉一同前來，她表示沒有其他地方可以讓她談論她的感覺。她告訴我，在她三十五歲生日時，她曾經進行一段持續兩年的治療，非常有幫助；她

立刻懷孕了，而她認為是治療的效果。當她發現莎拉的疾病時，她對治療相當失望。她告訴我，當她是個孩子時，曾經強烈地相信自己在三十五歲時會死去。她曾想要存一些錢，但是心中有個聲音告訴她，她並不會活太久，所以不需要有一筆存款。這也是她當時去接受治療的原因之一。我說，聽起來她好像覺得從治療中獲得了免疫力，但是壞事仍然不斷發生。我認為這一次，她希望從這裡的工作中獲得更好的免疫力。

她知道自己已經有許多好的支持，但仍然覺得不夠。她需要和我有一些額外的時間來「試著維持她的信念」，並且抵抗那些她所謂的「致命的裂隙」。我的角色是要幫助她處理這些衝突，並且試著支持新生兒所帶來的生命與希望那一面，好抵抗她所指稱的「致命的裂隙」：她擔心她會失去一切。我們的會談得幫助她在面對莎拉必然的死亡時，仍能保留一些希望。我說，我注意到她似乎覺得自己沒有資格擁有一個健康的小孩；她曾說這樣是很自私的，並且對於懷孕覺得有罪疚感。我不知道，在莎拉逐漸邁向死亡的同時，她是不是能夠將注意力轉向新的生命，或者她會認為這樣是對莎拉的背叛。

在十二週時的篩檢結果顯示，嬰兒並未罹患此症，並且是個男孩。一開始他們對於新生兒是男孩這個消息感到失望；他並不能作為莎拉的替代品。史密斯太太告訴我，她把所有小女孩款式衣服都丟掉了，因為男孩不需要這些，而且她很難過這個小女孩將不會長大、結婚，並且擁有自己的小孩。但是在一週過後，她了解到即將有一個小男孩，是一件多麼有幫助的事情。

我繼續協助她在生與死之間維持平衡。她擁有許多寶貴的

支持：一位能分擔照顧莎拉責任的丈夫，莎拉每天都去的幼兒
園，關心的朋友與家人，讓她能夠喘息的安寧照顧機構，以
及他們夫妻倆每個月見一次的婚姻治療師。這份名單是很長
的。我說，她覺得沒有人可以充分地幫她處理她正在承受的罪
疚感——關於擁有另一個健康、強壯嬰兒的罪惡感。我說，我
知道她因為對新的生命抱持希望而感到罪疚與自私，特別是某
些時候，當她無法負荷照顧莎拉所需耗費的心力時，她也會有
希望莎拉死去的念頭。

　　史密斯太太自童年開始，就對死亡的必然性感到擔憂，這
顯然是早在莎拉出生之前。我對她的背景所知不夠多，尚不能
釐清為什麼她認為結果必然是痛苦與失落。這種充滿危機感的
預期，在孕期三十四週時戲劇化地「實現」了，她在兒童安寧
照護機構迎頭撞上另一台車。此時，期待能從治療關係中獲得
的保護，看起來相當脆弱。如果新生命能存活下來的話，史
密斯太太需要用另一種方式去了解並控制她的罪惡感。這次
的治療焦點，放在如何去容忍迫害的罪惡感，好讓它比較能
受控制。這也可以被稱作舊約的罪；一種「以牙還牙，以眼
還眼」的報復。這有別於能提供她空間容忍矛盾感受（她對
莎拉的愛與恨）的一種與憂鬱心理位置有關的憂鬱式罪惡感
（depressive guilt），並且讓修復得以發生。我們得以思考，
藉著照顧莎拉，她如何能夠修復那些當剛得知莎拉的疾病診斷
時，她的憤怒與拒絕對莎拉所造成的傷害。

　　對史密斯太太來說，我和莎拉的關係是很重要的。在稍
早的某次會談中，莎拉拄著東西走向我，並坐在我的腿上一
會兒。這是一種包容她的具體方式，我願意並且能夠抱著莎

266

拉，這在關係中是很重要的。在另一次會談中，莎拉吐了，而我需要去找一些面紙來清理，因為史密斯太太身邊並沒有帶夠要用的東西。我通常不會真的「抱住嬰兒」（hold the baby），但是對史密斯太太來說，我能抱著莎拉並且幫忙清理，是相當重要的。

進入懷孕六個月時，有一次史密斯太太前來，告訴我她在「生這個世界的氣」，她覺得自己不應該繼續懷孕。莎拉不斷嘔吐並且很不舒服；她希望她的朋友打電話來問問莎拉好不好。她的姊妹有打電話關切嬰兒的狀況。史密斯太太以為她是在問莎拉，結果她問的是新生兒。我們討論了那時她如何弄混兩個小孩，並且不知道誰正被關注、誰正被忽略。

史密斯太太已經和所有的醫師討論過莎拉之後的病程預估，但是沒有人能給她答案；她也不會有答案。她告訴她丈夫，她知道她需要告訴「叫做布萊德利什麼的（因為史密斯太太無法想起治療師的名字：伊莉莎白・布萊德利）」這些事情。她同意我的說法，不記得我的名字是一種對我表達不滿的方式。她接著告訴我，她不知道她的方向在哪兒，或者她的生活是怎麼一回事；這一切似乎都是不可能且無法承受的。

這次會談開始時所爆發的議題，明顯地是針對我而來。我說她在對我生氣，就像對世界生氣一樣，覺得我讓她失望，也沒有讓事情改善。假如我不能給她一個她沒有的答案，那麼她是否能相信我真的了解她的感受？因為先前我詢問過她，是否同意讓我撰寫我們的工作案例，所以我想她也懷疑我的動機，覺得治療只是為了讓我獲益。她才是那個被忽略的人。我能夠辨識出她對我的憤怒，對這次會談是很有幫助的。當時她

看起來就像個憤怒並發牢騷的孩子。她把這部分的她自己，和那個想要從朋友、醫師那裡得到不可能的事情的她做連結。我說，我的工作有一部分就是要在支持父母親成人部分的同時，不去忽略內在抱怨的孩童部分。

我們談論了想要被某人了解的願望，以及當事情正在發生時，能和某個人分享她所經歷的，有多麼重要。當她無法這麼做時，就會變得無法忍受。

史密斯太太告訴我，她不會改變任何事情，因為她很享受作為莎拉的母親，而且莎拉對其他人有很大的影響力。我說，我注意到莎拉很能和他人產生連結，並吸引別人的注意力，就好像在她前來的幾次會談中，她對我做的事情一樣。我說，對她來說，我看得出來擁有莎拉是一件很特別的事情，而不只是一件她寧願不要發生的事情，這樣的經驗對她非常重要。儘管充滿了困難，這段經驗中仍有一些正向的部分。當史密斯太太認為莎拉的日子有活下去的價值時，要去思考莎拉的死亡就變得比較容易。她愛恨交織的猶豫不決總是存在著，正如同我需要同時看到和注意到矛盾的兩面。

討論

當無法容忍的情緒可以被言說時，它們就不再危險，並且可以被思考和改變。這個案例中，隨著懷孕的過程，我好像很迫切地要找到一個脈絡，來了解史密斯太太的狀況，好讓「知道莎拉不會長大的哀傷」和「另一個新的、不一樣的孩子所帶來的希望和興奮感」變得可以忍受。我主要的工作，是在心中同時維持關於出生與死亡很不一樣的各種感覺。這對病人

和治療師來說，都是一大挑戰。

很重要的是，要協助史密斯太太維持生與死之間的平衡，找到一個足夠的空間涵容兩者的憂慮，並且承認要維繫兩者的平衡是相當困難的。這包括要找到足夠的空間容納負向的感受——她希望能擺脫莎拉、醫師、朋友和我——並且接受這些感覺無可避免，需要被辨識和了解。接下來，她才有可能著手挑戰她受虐的罪惡感，並且支持她擁有另一個嬰兒的資格。

梅蘭妮·克萊恩（Melanie Klein, 1948）描述為了對抗罪疚感，偏執防衛（paranoid defence）的運作會將譴責投射到另一個人身上。她認為這是一項重要的發現，而且是一種很容易辨識的回應罪惡感之方法。這可能是一種對於迫害式罪惡感的常見被虐反應，特別是在女性身上。不同於將罪惡感分裂、投射出來，發生了相反的事情，罪惡感被納入自我，並當成是自我的一部分。藉著思考去了解並涵容這些焦慮，可以留下一些²⁶⁸空間給成長和發展的希望，在這個案例中，則是關於新孕程的進展。接著才有可能面臨致命衝擊的挑戰，在這個案例中，是由罪惡感所引發的自我毀滅式受虐力量（masochistic forces）。

包恩與路易斯（Bourne and Lewis, 1992）認為在懷孕時，焦點會放在要養育一個新的生命，此時要投入一段哀悼過程是非常不容易的，但是史密斯太太得設法駕馭。

當母親的心緒仍被失去的孩子所占據時，對一個在死去的手足之後來到世界上的孩子來說，處境是很困難的。這個新的孩子可能會感覺到自己對母親來說總是不夠恰當的，因為他／她並不會變成、抑或是取代那個已經失去的孩子。母親也許會相信新的嬰兒得要被忽略，要不她就會背叛死去的孩子，或是

對其不忠。

　　人們時常誤以為，失去一個還未出生的胎兒，並不如失去一個活著的孩子來得嚴重。在出生前，嬰兒就已經帶著父母的許多期望了。失去尚未出世就已經承載許多遠景的孩子，可能會造成長遠的影響。儘管活著的孩子是如此活躍且生命力旺盛地存在，影響仍可能持續。就許多層面來看，我們尚未擁有的東西，往往是最難割捨的；它也可能是所有失落中最難回復的，因為它代表著失去許多尚未完滿的希望。活過的孩子——既使生命短暫，甚至帶有許多障礙——會被知曉、被愛並被呵護。

編者與作者群簡介

露薏絲‧艾曼紐 Louise Emanuel

於塔維斯托克診所之兒童與家庭部門擔任資深兒童心理治療師。她是嬰幼兒心智健康服務主席，也是此訓練課程論壇——嬰幼兒心智健康工作坊的共同召集人。她特別熱愛與五歲以下的嬰幼兒、「受公共監護的」兒童以及殘疾兒童工作，也從事組織顧問服務。她在英國、歐洲、以色列、南非教授訓練課程。曾著有塔維斯托克診所的理解您的嬰兒系列叢書之一《3-5 歲幼兒為什麼問不停》（*Understanding your Three Year Old*，2005，中文版 2012 年由心靈工坊出版）。

伊莉莎白‧布萊德利 Elizabeth Bradley

為塔維斯托克診所的資深兒童精神科醫師，在此處她已擔任嬰幼兒心智健康工作坊的領導成員二十年有餘。她是精神分析師，特別有興趣應用精神分析的想法於理解和治療家長與家庭；尤其是養兒育女的無意識面向、孕期和母職的情緒生活。

伊斯卡‧維騰貝格 Isca Wittenberg

任職於塔維斯托克診所，為資深兒童心理治療師，並於此處持續擁有榮譽職位。她持續在塔維斯托克診所和海外多個國家教

學。她對嬰兒-父母互動特別有興趣，也對與各個年齡階段的危機個案的短期工作感到興趣。在她的眾多發表文章之外，她還著有兩書：《精神分析式的洞察與關係》（*Psychoanalytic Insight and Relationships*, 1970）和《學習與教學的情緒經驗》（*The Emotional Experience of Learning and Teaching*, 1983）。

麗莎・米勒 Lisa Miller

為資深兒童心理治療師，在塔維斯托克診所主導嬰幼兒心智健康服務多年，並主持嬰幼兒心智健康工作坊，使其能穩定運作。現今，她已半退休，但仍持續在塔維斯托克、英國和多個海外國家督導、教學、演講。她是《國際嬰兒觀察期刊》（*International Journal of Infant Observation*）的編輯。

茱麗葉・霍普金斯 Juliet Hopkins

為塔維斯托克診所的榮譽資深兒童心理治療師，同時也是獨立執業的心理治療師。她在與五歲以下的兒童和其家庭工作方面具特殊專長，並且對嬰兒期與依附關係特別有興趣。她在這些領域著作豐碩。

保羅・貝洛 Paul Barrows

為在英國布里斯托爾工作的資深兒童心理治療師。他曾任（英國）嬰幼兒心智健康協會（Association for Infant Mental Health）主席、嬰幼兒心智健康世界協會 World Association for Infant Mental Health 通訊編輯、《兒童心理治療期刊》（*Journal of Child Psychotherapy*）的編輯。他也是塔維斯托克

倫敦診所在布里斯托爾合作提供的嬰幼兒心智健康碩士課程的召集導師。

貝弗利‧泰德曼 Beverley Tydeman

任職於馬爾堡家庭服務（Marlborough Family Service），為資深兒童心理治療師。她在嬰兒心理健康領域有濃厚的興趣，並且與一般外科與健康訪視員和家醫科醫師並肩工作多年，提供諮詢予有幼兒的家庭。她也在塔維斯托克診所工作，在此處她是與兒童進行治療式溝通課程的召集導師。她對社區中的各種第一線工作人員，包括：護理人員、特殊需求的照顧人員、學校導師、社工、家庭支持工作者，如何促進兒童心理健康的技巧發展有濃厚興趣。

吉妮‧史騰伯格 Janine Sternberg

於塔維斯托克暨波特曼國民健康服務基金會（The Tavistock and Portman NHS Foundation Trust）的波特曼診所任資深兒童心理治療師，在塔維斯托克桑樹林日託中心（Mulberry Bush Day Unit）中服務多重障礙兒童的單位工作多年。她也是一位成人心理治療師，長期對於和五歲以下的嬰幼兒工作有興趣，並曾在一般外科工作數年。著有《訓練核心的嬰兒觀察》（*Infant Observation at the Heart of Training*, 2005）。她曾是《兒童心理治療期刊》的編輯，目前是《英國心理治療期刊》（*British Journal of Psychotherapy*）的助理編輯。

凱西・厄爾文 Cathy Urwin

為在英國國民健康服務體系與私人診所執業的心理治療師，她同時與兒童和成人工作。她是塔維斯托克診所的資深心理治療師及研究員，在此之前曾多年於東倫敦工作。她具有發展心理學的教學和研究背景，並且對於和嬰兒、五歲以下的幼兒、有溝通障礙的兒童、受創傷和在教養上受剝奪的兒童工作有濃厚興趣。

米契・古里安 Michi Gurion

為恩菲爾德（Enfield）兒童與心理健康服務的資深兒童心理治療師，在此處她與高風險的青少年工作，並且協助受公共監護兒童的服務。她熱愛與五歲以下的兒童和其家庭工作，並在塔維斯托克診所教授嬰兒觀察。

梅拉・萊齊曼 Meira Likierman

為塔維斯托克診所的資深兒童心理治療師，也是兒童心理治療訓練的工作成員。她已和五歲以下的嬰幼兒和其家庭工作二十五年，並且於其私人診所和成人工作。她在英國、美國和歐洲教授心理治療訓練課程和大學課程。她已在專業期刊發表為數眾多的臨床與理論文章，並多次在世界各處研討會做口頭發表。她的著作《梅蘭妮・克萊恩：其著作的脈絡》（*Melanie Klein: Her Work in Context*）在 2001 年出版。

迪莉斯·陶斯 Dilys Daws

為塔維斯托克診所的榮譽資深兒童心理治療師，也是位於肯提許鎮（Kentish Town）的詹姆斯·威戈嬰兒診所的訪問兒童心理治療師。她是嬰幼兒心智健康協會的創始主席，現在擔任顧問一職。其著作包括《夜未眠：幫助失眠的嬰兒及父母》（*Through the night: Helping parents and sleepless Infants*，1993年再版，中文版 2010 年由江蘇教育出版社出版）。

致謝

xv 我們想要感謝以下諸位的辛苦投入與支持：

- 蘇菲・波斯威爾（Sophie Boswell）
- 珍妮絲・寇米耶（Janice Cormie）
- 丹・迪佛雷塔斯（Dawn De Freitas）
- 瑪格・瓦戴爾（Margot Waddell）
- 瑪格麗特・羅斯汀（Margaret Rustin）
- 卡爾那克出版社（Karnac Books）

以及所有撰寫本書各章節的作者。

專有名詞表

Autism　自閉症

一種身心狀況，其特徵為在情緒與社會互動、認知功能及語言發展等面向受損。有此情況的兒童，受變化所苦，且他們會投入重複的儀式化行為中，並特異地使用他們的身體，例如：手部擺動、用腳尖行走等。他們一般會避免眼神接觸，並且忽視他人的存在，使得身邊的人覺得被排斥，彷彿被障礙隔開般。緘默或仿說常見於罹患肯納症（Kanner's syndrome）的兒童；罹患亞斯伯格症候群（Asperger's syndrome）的兒童能夠使用語言，但傾向於以不尋常的方式使用之。

Container-contained　涵容者／被涵容

比昂（Bion, 1962a, 1962b）所描述的一種無意識的心智歷程，並且在大部分的主要照顧者和他們的嬰兒之間自動展現出來。由於嬰兒的心智能力有限，並且常會很快被不愉快的（也是極度刺激的）感官經驗洪流給淹沒，因此父母需要透過仔細觀察嬰兒起伏的情緒狀態，而能夠接納、思考這些狀態，並且試著理解它們，再用消化過後、可理解的形式還諸給嬰兒。這麼一來，照顧者提供給嬰兒一些涵容，隨著時間，嬰兒會內化一種能夠思考自身狀態的能力，而不再被它淹沒。

Countertransference　反移情

本詞彙以多種形式被使用,指涉的是治療師對患者的情緒反應,包含意識和無意識的向度。

Defences against thinking　對抗思考的防衛

如果嬰兒和幼童缺乏足夠穩定的經驗,也就是他們的照顧者沒有能夠一致、關注地去涵容他們那被淹沒的狀態,他們可能進而發展出防衛的策略,來處理此「原初的失望」(primary disappointment)。嬰兒訴諸挑戰、破壞、過度興奮的行為,並且以漸增的強度,企圖迫使覺察度不佳的照顧者接受他的感覺。為了避免「經驗到」(knowing about)失望或失落的痛苦感受,嬰兒可能會變得退縮,並切斷與他人有意義的接觸。

Defences against thinking and linking　對抗思考與連結的防衛

比昂(Bion, 1962a, 1962b)描述個體如何防衛焦慮(連結到無助、不適任、渺小等感受的痛苦覺知),可能是攻擊個人或他人創造有意義連結的能力、串連思考與文字的能力,或連結人際關係能力的一個無意識歷程。如此無意識地破壞人或想法之間可能的連結,導致貶低了有意義的人際關係。

Depressive position　憂鬱心理位置

一種心智狀態,其特徵是將分裂的聚合起來,好讓嬰兒能夠接受那理想化的母親,與他所恨的母親是同一個人。與人的關係是和整個人的,為其感覺到愛與擔憂(Klein, 1935)。這導致因幻想中所造成的傷害而感到罪疚,並且希望去修復。在憂

鬱心理位置的修通裡，愛緩和了恨，希望和安全感會逐漸增加。如果修通失敗，可能會訴諸躁狂式（manic）的勝利感，或者妄想-分裂（schizoid）的傾向會被增強。

Infant observation　嬰兒觀察

在許多心理治療訓練中，用以培養臨床工作者能力的一部分訓練；也有可能因為它本身有趣、或是作為一種研究方法而學習。一位觀察員每週一次拜訪有新生兒的家庭，持續兩年，並儘可能地完整記錄下家庭成員間的互動，同時儘量減少對家庭的影響。觀察員小心留意自身的感受，以及互動的細節。透過這個方式，能有效學習原始歷程（primitive processes），並理解在語言前期如何以行動表達情緒。

271

Internal objects　內在客體

自我所產生連結的人物，並且被內化，而建造出客體關係的「內在世界」（Klein, 1940）。

Object　客體

一個精神分析的技術性詞彙，指稱自我（或主體）產生情緒連結的人物。外在客體是一個存在於外在現實的人物，而內在客體（見 internal object）已經被內攝進來，因此成為內在世界的一部分，此時此刻被主體的覺知所扭曲影響。

Omnipotence　自大全能

一個人在幻想中的信念，是全能的，因此難以區別內在現實與

外在現實。舉例來說：自大全能式破壞，會認為任何外在現實中的傷害，都是破壞性幻想造成的。

Paranoid-schizoid position　妄想-偏執心理位置

梅蘭妮·克萊恩（Melanie Klein, 1948）所創造的詞彙，用來描述一種心理狀態，在此狀態下，個人充滿著能否存活的「妄想式」焦慮（paranoid anxiety）。此「偏執」向度指涉的是將自己的一部分（往往是有敵意的感覺），以分裂與投射的方式轉移到他人身上，是一種為了存活的原始機制。隨之而來的，是恐懼早先投射出去的敵意會反噬，用報復攻擊的方式傷害到自己。當整合愛與敵意的能力逐漸發展，會邁向克萊恩所稱的「憂鬱心理位置」（見 depressive position）。

Second-skin defences　次級皮膚防衛

當缺少一個涵容、善解人意的成人來協助嬰兒／兒童處理其困難的情緒狀態下，兒童會發展一種替代的因應方式，好讓自己存活。他可能會發展出畢克（Bick, 1968）所稱的「次級皮膚防衛」，作為避免覺得自己會分崩離析的方式，可能是過早的肌肉發展、過動（躁動地將自己聚合在一起），或用緊黏的方式將自己和一個人或客體綁在一起，好讓他覺得這種皮膚對皮膚的接觸方式能支撐他，使他保持完整。

Splitting and projection　分裂與投射

此無意識歷程，牽涉到將（通常是）自己惹人厭的面向，或痛苦／不愉快的情緒切割出去的幻想，透過擺脫它們並轉到別人

272

身上，和這些特質或感覺保持距離。（舉例來說，這就是尋找代罪羔羊的原型。）

Symbol formation　象徵形成

透過此歷程，可以讓一個東西被用來代表另一件東西，而且不造成混淆。它潛藏在所有表徵活動（representaional activity）底下，包含語言或是圖像的，並且是兒童與成人創造力的基礎。在精神病性的心理狀態下，此能力會被干擾，所以一個符號會被認為是它所象徵的那些東西，導致了席格（Segal, 1957）所稱的象徵等同現象（symbolic equation）。因此，兒童可能會覺得圖畫就是他所畫的東西，而不只是代表它而已。

Transference　移情

佛洛伊德（Freud, 1905e [1901]）是首次提出這個心理歷程的人。透過它，源自於過去的情緒，會在現下與治療師的關係中再次被經驗。

參考文獻

Ainsworth, M. D. S., Blehar, M. C., Waters, E., & Wall, S. (1978). *Patterns of Attachment: A Psychological Study of the Strange Situation*. Hillsdale, NJ: Lawrence Erlbaum Associates.

Alvarez, A. (1992). *Live Company: Psychoanalytic Psychotherapy with Autistic, Borderline, Deprived and Abused Children*. London: Routledge.

Baker, C. (1993). Some reflections on humour in psychoanalysis. *International Journal of Psychoanalysis, 74* (5): 951–960.

Balint, E.. (1993). *Before I Was I: Psychoanalysis and the Imagination*. London: Free Association Books.

Balint, E., & Norrell, J. (1973). *Six Minutes for the Patient*. London: Tavistock.

Baradon, T. (2005). *The Practice of Psychoanalytic Parent–Infant Psychotherapy: Claiming the Baby*. New York/London: Routledge.

Barrows, K. (2000). Shadow lives: A discussion of "Reading in the Dark", a novel by Seamus Deane. In: J. Symington (Ed.), *Imprisoned Pain and Its Transformation* (pp. 69–70). London: Karnac, 2000.

Barrows, P. (1996). Soiling children: The Oedipal configuration. *Journal of Child Psychotherapy, 22* (2): 240–260.

Barrows, P. (1999a). Brief work with under-fives: A psychoanalytic approach. *Clinical Child Psychology and Psychiatry, 4* (2): 187–199.

Barrows, P. (1999b). Fathers in parent–infant psychotherapy. *Infant Mental Health Journal, 20* (3): 333–345.

Barrows, P. (2003). Change in parent–infant psychotherapy. *Journal of Child Psychotherapy, 29* (3): 283–301.

Barrows, P. (2004). Fathers and families: Locating the ghost in the nursery. *Infant Mental Health Journal, 25* (5): 408–423.

Benedek, T. (1959). Parenthood as a developmental phase. *Journal of the American Psychoanalytic Association, 7*: 389–417.

Bick, E. (1968). The experience of the skin in early object relations. *International Journal of Psychoanalysis, 45*: 484–486.

Bion, W. R. (1962a). *Learning from Experience*. London: Heinemann. [Reprinted London: Karnac, 1984.]

Bion, W. R. (1962b). A theory of thinking. In: *Second Thoughts* (pp. 110–119). London: Heinemann, 1967.

Bion, W. R. (1970). *Attention and Interpretation.* New York: Jason Aronson. [Reprinted in *Seven Servants.* New York: Jason Aronson, 1977.]

Bourne, S., & Lewis, E. (1984). Pregnancy after stillbirth or neonatal death. *The Lancet, 2* (8393, July 7): 31–33.

Bourne, S., & Lewis, E. (1992). *Psychological Aspects of Stillbirth and Neonatal Death: An Annotated Bibliography.* London: Tavistock.

Bowlby, J. (1979). On knowing what you are not supposed to know and feeling what you are not supposed to feel. In: *A Secure Base: Clinical Applications of Attachment Theory* (pp. 99–118). London: Routledge, 1988.

Brazelton, T. B. (1992). *Touchpoints.* New York: Guilford Press.

Britton, R. (1989). The missing link: Parental sexuality in the Oedipus complex. In: J. Steiner (Ed.), *The Oedipus Complex Today* (pp. 83–101). London: Karnac.

Britton, R. (2002). Forever father's daughter. In: J. Trowell & A. Etchegoyen (Eds.), *The Importance of Fathers.* Hove: Brunner-Routledge.

Chiland, C. (1982). A new look at fathers. *Psychoanalytic Study of the Child, 37:* 367–379.

Corboz-Warnery, A., Fivaz-Depeursinge, E., Bettens, C. G., & Favez, N. (1993). Systemic analysis of father–mother–baby interactions: The Lausanne triadic play. *Infant Mental Health Journal, 14:* 298–316

Cowan, P. , & Cowan, C. (2001). A couple perspective on the transmission of attachment patterns. In: C. Clulow (Ed.), *Adult Attachment and Couple Psychotherapy.* London: Brunner-Routledge.

Cowan, P. , & Cowan, C. (2002). "Partners, Parents, and Intergenerational Change: What Do We Know and How Can We Help?" Paper given at the Tavistock Marital Studies Institute Summer Conference, London.

Cox, A. D., Puckering, C., Pound, A., & Mills, M. (1987). The impact of maternal depression in young children. *Journal of Child Psychology and Psychiatry, 28:* 917–928.

Cox, A. D., Puckering, C., Pound, A., Mills, M., & Owen, A. L. (1990). *The Evaluation of a Home Visiting and Befriending Scheme.* NEWPIN Final report to the Department of Health.

Cramer, B. (1995). Short term dynamic psychotherapy for infants and their parents. *Child and Adolescent Psychiatric Clinics of North America, 4* (3): 649–660.

Cramer, B., & Palacio-Espasa, F. (1993). *La pratique des psychothérapies mères–bébés.* Paris: Presses Universitaires de France.

Cramer, B., & Stern, D. (1990). Outcome evaluation in brief mother–infant psychotherapy: A preliminary report. *Infant Mental Health Journal, 11:* 278–300.

Damasio, A. (1999). *The Feeling of What Happens.* London: Heinemann.

Daws, D. (1985). Standing next to the weighing scales. *Journal of Child Psychotherapy, 11: 77–85.*

Daws, D. (1989). *Through the Night: Helping Parents and Sleepless Infants.* London: Free Association Books.

Daws, D. (1996). Postnatal depression and the family: Conversations that go awry. In: *Postnatal Depression: Focus on a Neglected Issue—Papers from the Health Visitor/National Childbirth Trust National Conference, London 18 April.* London: HVA.

Daws, D. (1997). The perils of intimacy: Closeness and distance in feeding and weaning. *Journal of Child Psychotherapy, 23* (2): 179–199.

Daws, D. (1999). Parent–infant psychotherapy: Remembering the Oedipus complex. *Psychoanalytic Inquiry, 19* (2): 267–278.

Daws, D. (2005). A child psychotherapist in the baby clinic of a general practice: Standing by the weighing scales thirty years on. In: J. Launer, S. Blake, & D. Daws (Eds.), *Reflecting on Reality: Psychotherapists at Work in Primary Care* (pp. 18–36). Tavistock Clinic Series. London: Karnac.

Elder, A. (1996). Enid Balint's contribution to general practice. *Psychoanalytic Psychotherapy 10:* 101–108.

Emanuel, L. (2002a). Deprivation × 3: The contribution of organizational dynamics to the "triple deprivation" of looked-after children. *Journal of Child Psychotherapy, 28* (2): 163–179.

Emanuel, L. (2002b) Parents united: Addressing parental issues in working with infants and young children. *International Journal of Infant Observation, 5* (2): 103–117.

Emanuel, L. (2005). A psychodynamic approach to consultation within two contrasting school settings. In: A. Southall (Ed.), *Consultation in Child and Adolescent Mental Health Services* (pp. 37–55). Abingdon: Radcliffe Publishing.

Emanuel, R. (1998). The-child-in-the-family-in-the-nursery. In: I. Ward (Ed.), *The Psychology of Education.* London: Karnac, for The Freud Museum.

Emanuel, R. (2004). Thalamic fear. *Journal of Child Psychotherapy, 30* (1): 71–89.

Fakhry Davids, M. (2002). Fathers in the internal world: From boy to man to father. In: J. Trowell & A. Etchegoyen (Eds.), *The Importance of Fathers.* Hove: Brunner-Routledge.

Field, T. (1992). Interventions in early infancy. *Infant Mental Health Journal, 13* (4): 329–336.

Fivaz-Depeursinge, E., & Corboz-Warnery, A. (1999). *The Primary Triangle*. New York: Basic Books.

Fonagy, P. , Steele, M., Moran, G., Steele, H., & Higgitt, A. (1993). Measuring the ghost in the nursery: An empirical study of the relationship between parents' mental representations of childhood experiences and their infant's security of attachment. *Journal of the American Psychoanalytic Association, 41* (4): 957–989.

Fraiberg, S. (Ed.) (1980). *Clinical Studies in Infant Mental Health*. London: Tavistock. [Reprinted as: *Assessment and Theory of Disturbances in Infancy*. Northvale, NJ: Jason Aronson, 1989.]

Fraiberg, S., Adelson, E., & Shapiro, V. (1975). Ghosts in the nursery: A psychoanalytic approach to the problems of impaired infant–mother relationships. In: S. Fraiberg (Ed.), *Clinical Studies in Infant Mental Health* (pp. 164–196). London: Tavistock, 1980.

Freud, S. (1900a). *The Interpretation of Dreams. Standard Edition*, 4–5.

Freud, S. (1905e [1901]). Fragment of an analysis of a case of hysteria. *Standard Edition*, 7: 7–122.

Freud, S. (1917e [1915]). Mourning and melancholia. *Standard Edition*, 14.

Freud, S. (1927d). Humour. *Standard Edition*, 21.

Freud, S. (1933a). *New Introductory Lectures on Psycho-Analysis. Standard Edition*, 22.

Harris, M. (1966). Therapeutic consultations In: *Collected Papers of Martha Harris and Esther Bick*, ed. M Harris Williams. Strath Tay: Clunie Press, 1987.

Hay, D. F. (1997). Postpartum depression and cognitive development In: L. Murray & P. J. Cooper (Eds.), *Postpartum Depression and Child Development*. New York: Guilford Press.

Heimann, P. (1942). A contribution to the problem of sublimation and its relation to processes of internalization. In: M. Tonnesmann (Ed.), *About Children and Children-no-Longer: Collected Papers 1942–80*. London/New York: Routledge, 1989.

Hopkins, J. (1988). Facilitating the development of intimacy between nurses and infants in day nurseries. *Early Child Development and Care, 33*: 99–111.

Hopkins, J. (1992). Infant–parent psychotherapy. *Journal of Child Psychotherapy, 18* (1): 5–17.

Hopkins, J. (1994). Therapeutic intervention in infancy: Two contrasting cases of persistent crying. *Psychoanalytic Psychotherapy, 8*: 141–152.

Hopkins, J. (1996). The dangers and deprivations of too-good mothering. *Journal of Child Psychotherapy, 22* (3): 407–422.

Johnson, S. (1758). Letter to Bennet Langton. In: *The Letters of Samuel John-*

son, Vol. 1: 1731–1772, ed. B. Redford. Oxford: Oxford University Press, 1992.

Juffer, F., van IJzendoorn, M. H., & Bakermans-Kranenburg, M. J. (1997). Intervention in transmission of insecure attachment: A case study. *Psychological Reports, 80*: 531–543.

Kennell, J. H., Voos, D. K., & Klaus, M. H. (1979). Parent–infant bonding. In: J. Osofsky (Ed.), *Handbook of Infant Development*. New York: Wiley.

Klein, M. (1934). On criminality. *British Journal of Medical Psychology, 14* (1).

Klein, M. (1935). A contribution to the psychogenesis of manic depressive states. *International Journal of Psychoanalysis, 16* (1).

Klein, M. (1940). Mourning and its relation to manic depressive states. In: *The Writings of Melanie Klein, Vol. 1*. London: Hogarth Press, 1975.

Klein, M. (1948). On the theory of anxiety and guilt. In: *The Writings of Melanie Klein, Vol. 3*. London: Hogarth Press, 1975.

Krause, B. (1989). Sinking heart: A Punjabi communication of distress. *Social Science and Medicine, 29* (4): 563–575.

Lieberman, A. F. (2004). Child–parent psychotherapy. In: A. J. Sameroff, S. C. McDonough, & K. L. Rosenblum (Eds.), *Treating Parent–Infant Relationship Problems—Strategies for Intervention*. New York: Guildford Press.

Lieberman, A. F., Padron, E., Van Horn, P. , & Harris, W. W. (2005). Angels in the nursery: The intergenerational transmission of benevolent parental influences. *Infant Mental Health Journal, 26* (6): 504–520.

Lieberman, A. F., & Pawl, J. H. (1990). Disorders of attachment and secure base behavior in the second year of life. In: M. T. Greenberg, D. Cicchetti, & E. M. Cummings (Eds.), *Attachment in the Pre-School Years*. Chicago/London: University of Chicago Press.

Lieberman, A. F., & Zeanah, C. H. (1999). Contributions of attachment theory to infant–parent psychotherapy. In: J. Cassidy & P. R. Shaver (Eds.), *Handbook of Attachment: Theory, Research and Clinical Applications* (pp. 555–574). New York/London: Guildford Press.

Ludlam, M. (2005). The parental couple: Issues for psychotherapeutic practice. *Sexual and Relationship Therapy, 20* (3): 323–331.

Maiello, S. (1997). The sound object: A hypothesis about prenatal auditory experience and memory. In: L. Murray & P. J. Cooper (Eds.), *Postpartum Depression and Child Development*. New York: Guilford Press.

Main, M., & Hesse, E. (1990). Parents' unresolved traumatic experiences are related to infant disorganized attachment status: Is frightened and/or frightening parental behavior the linking mechanism? In: M. T. Greenberg, D. Cicchetti, & E. M. Cummings (Eds.), *Attachment in the*

Preschool Years. Chicago/London: University of Chicago Press.

Main, M., Kaplan, N., & Cassidy, J. (1985). Security in infancy, childhood and adulthood: A move to the level of representation. In: I. Bretherton & E. Waters (Eds.), *Growing Points of Attachment Theory and Research* (pp. 66–104). (Monographs of the Society for Research in Child Development, No. 50.) Chicago: University of Chicago Press.

Main, M., & Solomon, J. (1986). Discovery of an insecure–disorganised/disoriented attachment pattern. In: T. B. Brazleton & M. W. Yogman (Eds.), *Affective Development in Infancy*. Norwood, NJ: Ablex.

Main, M., & Solomon, J. (1990). Procedures for identifying infants as disorganized–disorientated during the Strange Situation. In: M. Greenburg et al. (Eds.), *Attachment in the Preschool Years: Theory, Research and Intervention*. Chicago: University of Chicago Press.

McHale, J. P. , & Cowan, P. A. (Eds.) (1996). *Understanding How Family-level Dynamics Affect Children's Development: Studies of Two-parent Families*. San Francisco: Jossey-Bass/Pfeiffer.

McHale, J. P. , & Fivaz-Depeursinge, E. (1999). Understanding triadic and family group interactions during infancy and toddlerhood. *Clinical Child and Family Psychology Review, 2* (2): 107–127.

Menzies, I. E. P. (1960). The functioning of social systems as a defence against anxiety: A report on a study of the nursing service of a general hospital. *Human Relations, 13*: 95–121. [Reprinted in: *Containing Anxiety in Institutions: Selected Essays, Vol. 1*. London: Free Association Books, 1988; and in abridged form in: E. Trist & H. Murray (Eds.), *The Social Engagement of Social Science, Vol. 1: The Socio-Psychological Perspective*. London: Free Association Books, 1990.]

Miller, L. (1992). The relation of infant observation to clinical practice in an under fives counselling service. *Journal of Child Psychotherapy, 18* (1): 19–32.

Miller, L. (2004). *Understanding Your Two-Year-Old.* London: Jessica Kingsley

Miller, L., Rustin, M., Rustin, M., & Shuttleworth, J. (Eds.) (1989). *Closely Observed Infants*. London: Duckworth.

Morgan, M. (2001). First contacts: The therapist's "couple state of mind" as a factor in the containment of couples seen for consultations. In F. Grier (Ed.), *Brief Encounters with Couples*. London: Karnac.

Murray, D., & Cox, J. L. (1987). Screening for depression during pregnancy with the Edinburgh Postnatal Depression Scale. *British Journal of Psychiatry, 150*: 782–786.

Murray, L. (1988). Effects of post-natal depression on infant development: Direct studies of early mother–infant interaction. In: K. Kumar

& I. Brockington (Eds.), *Motherhood and Mental Illness, Vol. 2.* London: Wright.

Murray, L., & Cooper, P. (1997). *Postpartum Depression and Child Development.* New York/London: Guilford Press.

Murray, L., Cooper, P. , & Hipwell, A. (2003). Mental health of parents caring for infants. *Archives of Women's Mental Health, 6* (Suppl. 2): 71–77 [Special issue: Postpartum Depression—Risk Factors and Treatments].

Norman, J. (2001). The psychoanalyst and the baby: A new look at work with infants. *International Journal of Psychoanalysis, 82:* 83–100.

Oakley, A. (1995). *An Evaluation of Newpin: A Report by the Social Sciences, Research Unit, Institute of Education, University of London.* London: KKF.

O'Shaughnessy, E. (1964). The absent object. *Journal of Child Psychotherapy, 1:* 34–43.

Palacio-Espasa, F. (2004). Parent–infant psychotherapy, the transition to parenthood and parental narcissism: Implications for treatment. *Journal of Child Psychotherapy, 30* (2): 155–171.

Palombo, S. (1978). *Dreaming and Memory.* New York: Basic Books.

Parke, R. D. (1990). In search of fathers: A narrative of an empirical journey. In: I. E. Sigel & G. H. Brody (Eds.), *Methods of Family Research. Biographies of Research Projects, Vol. 1: Normal Families* (pp. 154–187). Hillsdale, NJ: Lawrence Erlbaum Associates.

Pozzi, M. (1999). Psychodynamic counselling with under-5s and their families. *Journal of Child Psychotherapy, 25* (1): 51–70.

Puckering, C., Evans, J., Maddox, H., Mills, M., & Cox, A. D. (1996). Taking control: A single case study of mellow parenting. *Clinical Child Psychology and Psychiatry, 1* (4): 539–550.

Quinton, D., Pollock, S., & Golding, J. (2002). *Report to the ESRC: The Transition to Fatherhood in Young Men: Influences on Commitment.* Unpublished manuscript, University of Bristol.

Raphael-Leff, J. (1989). Where the wild things are? *International Journal of Perinatal Studies, 1:* 78–89.

Reid, M. (1992). Joshua—life after death: The replacement child. *Journal of Child Psychotherapy, 18* (2): 109–138.

Reid, S. (Ed.) (1997). *Developments in Infant Observation: The Tavistock Model.* London: Routledge.

Rustin, M. (1998). Observation, understanding and interpretation: The story of a supervision. *Journal of Child Psychotherapy, 24* (3): 433–449.

Rustin, M., Rhode, M., Dubinsky, H., & Dubinsky, A. (Eds.) (1997). *Psychotic States in Children.* Tavistock Clinic Series. London: Karnac.

Schlesinger, H. J. (1994). How the analyst listens: The pre-stages of inter-pretation. *International Journal of Psychoanalysis, 75*: 31–37.

Schore, A. (2001). Effects of a secure attachment relationship on right brain development, affect regulation, and infant mental health. *Infant Mental Health Journal, 22* (1–2): 7–66.

Schore, A. (2004). *Affect Regulation and the Development of the Self*. Hillsdale, NJ: Lawrence Erlbaum Associates.

Seeley, S., Murray, L., & Cooper, P. J. (1996). The detection and treatment of postnatal depression by health visitors. *Health Visitor, 64*: 135–138.

Segal, H. (1957). Notes on symbol formation. *International Journal of Psycho-analysis, 37*: 391–397. Also in: E. B. Spillius (Ed.), *Melanie Klein Today, Vol. 1: Mainly Theory*. London: Routledge, 1988.

Segal, H. (1973). *Introduction to the Work of Melanie Klein*. London: Hogarth Press.

Segal, H. (1989). Introduction. In: J. Steiner (Ed.), *The Oedipus Complex To-day* (pp. 1–10). London: Karnac.

Sendak, M. (1963). *Where the Wild Things Are*. New York: Harper & Row.

Stein, A., Woolley, H., Cooper, S. D., & Fairbairn, C. G. (1994). An observa-tional study of mothers with eating disorders and their infants. *Journal of Child Psychology and Psychiatry, 35* (3): 733–748.

Stern, D. (1985). *The Interpersonal World of the Infant*. New York: Basic Books.

Stern, D. (1995). *The Motherhood Constellation: A Unified View of Parent–In-fant Psychotherapy*. New York: Basic Books

Sternberg, J. (2005). *Infant Observation at the Heart of Training*. London: Karnac.

Sully, J. (1895). *Studies of Childhood*. London: Longmans. [Republished Lon-don: Free Association Books, 2000.]

Target, M., & Fonagy, P. (2002). Fathers in modern psychoanalysis and in society. In: J. Trowell & A. Etchegoyen (Eds.), *The Importance of Fathers*. Hove: Brunner-Routledge.

Thomson-Salo, F., Paul, C., Morgan, A., Jones, S., Jordan, B., Meehan, M., Morse, S., & Walker, M. (1999). "Free to be playful": Therapeutic work with infants. *International Journal of Infant Observation, 3* (1): 47–62.

Tronick, E. (1989). Emotions and emotional communication in infants. *American Psychologist, 44* (2): 113–119.

Trowell, J., & Etchegoyen, A. (Eds.) (2002). *The Importance of Fathers*. Hove: Brunner-Routledge.

Tydeman, B., & Kiernan, P. (2005). A model for a primary care based child and family mental health service. In: J. Launer, S. Blake, & D. Daws (Eds.), *Reflecting on Reality: Psychotherapists at Work in Primary Care* (pp.

37–55). Tavistock Clinic Series. London: Karnac.

von Klitzing, K., Simoni, H., Amsler, F., & Burgin, D. (1999). The role of the father in early family interactions. *Infant Mental Health Journal, 20* (3): 222–237

von Klitzing, K., Simoni, H., & Burgin, D. (1999). Child development and early triadic relationships. *International Journal of Psychoanalysis, 80* (1): 71–89.

Waddell, M. (2006). Infant observation in Britain: The Tavistock approach. *International Journal of Psychoanalysis, 87* (4): 1103–1120.

Watillon, A. (1993). The dynamics of psychoanalytic therapies of the early parent–child relationship. *International Journal of Psychoanalysis, 74*: 1037–1048.

Williams, G. (1997). Reflections on some dynamics of eating disorders: "No entry" defences and foreign bodies. *International Journal of Psychoanalysis, 78*: 927–941.

Winnicott, D. W. (1941). The observation of infants in a set situation. In: *Through Paediatrics to Psycho-Analysis.* London: Hogarth Press, 1975.

Winnicott, D. W. (1956). The antisocial tendency. In: *Through Paediatrics to Psycho-Analysis.* London: Hogarth Press, 1975.

Winnicott, D. W. (1960). Ego distortion in terms of true and false self. In: *The Maturational Processes and the Facilitating Environment: Studies in the Theory of Emotional Development.* London: Hogarth Press.

Winnicott, D. W. (1963). The development of the capacity for concern. In: *The Maturational Processes and the Facilitating Environment: Studies in the Theory of Emotional Development.* London: Hogarth Press.

Winnicott, D. W. (1971). *Playing and Reality.* London: Routledge.

The Tavistock Clinic *Understanding Your Baby Series* (London: Jessica Kingsley), Series Editor, J. Bradley

Understanding your Baby (2004), Sophie Boswell
Understanding your One Year Old (2004), Sarah Gustavus Jones
Understanding your Two Year Old (2004), Lisa Miller
Understanding your Three Year Old (2005), Louise Emanuel
Understanding your Four Year Old (2007), Lesley Maroni

延伸閱讀

- 《閱讀克萊恩》（2017），瑪格麗特・羅斯汀（Margaret Rustin）、麥克・羅斯汀（Michael Rustin），心靈工坊。
- 《閱讀孩子的書：兒童文學與靈魂》（2017），河合隼雄，心靈工坊。
- 《孩子與惡：看見孩子使壞背後的訊息》（2016），河合隼雄，心靈工坊。
- 《故事裡的不可思議：體驗兒童文學的神奇魔力》（2016），河合隼雄，心靈工坊。
- 《如何愛孩子：波蘭兒童人權之父的教育札記》（2016），雅努什・柯札克（Janusz Korczak），心靈工坊。
- 《幸福童年的祕密》（2014），愛麗絲・米勒（Alice Miller），心靈工坊。
- 《0-2 歲寶寶想表達什麼？》（2012），蘇菲・波斯威爾（Sophie Boswell）等，心靈工坊。
- 《3-5 歲幼兒為什麼問不停？》（2012），露薏絲・艾曼紐（Louise Emanuel）等，心靈工坊。
- 《給媽媽的貼心書：孩子、家庭和外面的世界》（2009），唐諾・溫尼考特（Donald W. Winnicott），心靈工坊。

- 《遊戲與現實》（2009），唐諾‧溫尼考特（Donald W. Winnicott），心靈工坊。
- 《愛、罪疚與修復》（2009），梅蘭妮‧克萊恩（Melanie Klein），心靈工坊。
- 《塗鴉與夢境》（2007），唐諾‧溫尼考特（Donald W. Winnicott），心靈工坊。
- 《小漢斯：畏懼症案例的分析》（2006），佛洛伊德（Sigmund Freud），心靈工坊。
- 《兒童分析的故事》（2006），梅蘭妮‧克萊恩（Melanie Klein），心靈工坊。
- 《兒童精神分析》（2005），梅蘭妮‧克萊恩（Melanie Klein），心靈工坊。
- 《嫉羨和感恩》（2005），梅蘭妮‧克萊恩（Melanie Klein），心靈工坊。

索引

※本索引中所標示之數字為原文書頁碼，請對照內文頁面外緣
　頁碼查詢

A

attuned responsiveness, 協調的回應 137

attunement: 協調：

    and autonomy, 與自主 237-238

    excessive, pitfalls of, 過度的，……的陷阱 248-249

autism, 自閉症 172, 269

autonomy, and attunement, 自主，以及協調 237-238

B

baby (ies): 嬰兒（們）：

    actions and vocalizations of, and conversations with parents, connection between, ……的動作、聲音，以及父母的談話，……之間的連結 242

    ambivalent feelings toward, 對於……矛盾的感覺 12

    attunement to, appropriate, 和……協調，合適的 238

    crying of, excessive, and parent's own history ……的哭泣，過度的，與父母自身的歷史 242

    daily timetable for, asking for details of, ……的日常作息，詢問……的細節 241

    demanding and envious, 苛求與嫉妒 206

    hostility towards, by parents, 對……的敵意，父母 237, 243

    jealousy of, 嫉羨 19

    mother's identification with, 母親對……的認同 48

    neglected, out of fear of disloyalty to dead child, 忽略，出於對死去孩子不忠的恐懼 268

    over-identification with, 過度認同 19

parents' memories of, from pregnancy to early weeks, 父母
對……的記憶，源自懷孕初期數週 241

as representation of figures from the past, 作為過去人物的表徵
55

transferences onto by parents, 被父母移情 238

Baker, C., 248

Bakermans-Kranenburg, M. J., 72 75

Balint, E., 100, 112

Baradon, T., 54

Barrows, K., 94-95, 182

Barrows, P., 7, 14, 54, 67, 69-80, 97, 167-169, 171-186, 244

behaviour: 行為：

aggressive and disruptive, 攻擊與破壞 189-194

child's, over-sexualized, 兒童的，過度性象徵化 196

problems, 問題 151-166

behavioural approaches, 行為取向 65-66

being hated, need to accept, 被恨，需要去接受 93

Benedek, T., 62

benign parental couple, helping parents internalize the functions of,
良善的父母親配偶……幫助父母親內化……功能 199

bereavement, 喪慟 2, 16, 38, 117, 130, 255

counseling, 諮商 255

failure to come to terms with, 無法化為語言 182-183

projecting anger over into staff, 將憤怒投射到工作團隊上 129-
130

and understanding of "select fact" 及對「選定事實」的理解 14

use of by "therapeutic observer" 被「治療式觀察者」使用 82

Cowan, C., 172, 175, 176

Cowan, P., 172, 175, 176

Cox, A. D., 73

Cramer, B., 65, 76, 79, 80, 137, 182

crying, parent's reaction to, 哭泣，父母的反應 243

cultural issues, relevance of, 文化的議題，相關性 103-104

D

Damasio, A., 5

dark, fear of, 黑暗，恐懼 165

daughter, rivalrous, mother's feelings of displacement by, 女兒，具有敵意的，母親覺得被……取代 209

Daws, D., 6, 64, 68, 112, 138, 185, 211-213, 237-253

dead child, preoccupation with, 已經過世的孩子，一心想著 254

defences: 防禦：

  manic, 狂躁的 153

  second-skin, 次級皮膚的 83

defiance, omnipotent, 反抗，全能自大的 85

dependency: 依賴：

  child's anxiety about, 小孩對……的焦慮 83

  feelings of, resistance to, 感覺，抵抗 141

  of parents, avoiding, 父母的，逃避 36

覺，手足誕生引發的 201

disruptive and distressed toddlers, 破壞性的、痛苦的幼兒 5, 117, 136-150, 189

distress, evacuation of through rage, 苦惱，藉由暴怒宣洩 129

disturbance and discomfort, projection of into sibling, 困擾以及不安，投射到手足 204

domestic violence, 家庭暴力 176, 178

    parent's failure to respond to projection of distress, 父母無法回應投射出來的痛苦 132-135

drama, oedipal, 戲碼，伊底帕斯 85

dramatizations, child-led, 戲劇化表現，孩童引領的 82-88

dreaming, as means to assimilate jumbled thoughts, 做夢，瞭解混亂思緒的方法 242

Dubinsky, A., 269

Dubinsky, H., 269

dying/death of child: 瀕死／死亡的小孩：

    effect of on family, 對家庭的影響 27

    mother's preoccupation with, 母親的心緒被……所占據 268

    and new pregnancy, 以及最近的懷孕 260-268

"dysregulated attention" (Hay) 「失調的注意力」138

E

early intervention, value of, 早期介入，價值 17-19, 99

early years clinicians, 新手治療師 167

Elder, A., 112

importance of, 的重要 49

rapid response, 迅速的回應 100

Fivaz-Depeurisinge, E., 172

Fonagy, P., 71, 73, 173, 184

"foreign body", unassimilated, superego as (Freud),「外來物」，未被同化的，超我 181-185

Fraiberg, S., 12, 13, 54-67, 70, 73, 76, 78, 79, 97, 154, 167, 171, 180, 182, 183, 237

free association, by parents, 自由聯想，父母 241

Freud, S., 3, 40, 165, 168, 180-183, 248, 272

G

gender-identity issues, 性別認同的議題 96, 231-236

Gerber baby, 嘉寶嬰兒 75

"ghosts in the nursery" (Fraiberg),「育嬰室中的幽魂」12, 55, 70, 74, 76, 78, 79, 97, 154, 167, 171-186

Golding, J., 175

good-enough mothering (Winnicott), 夠好的母親 125

GP surgery: 家醫科診所：

pleasures and problems of working in, 在……工作的樂趣及問題 99-101

under-fives work in, 在……的嬰幼兒心智健康服務 99-113

grandparents, 祖父母 96, 103-110, 168, 177, 225, 226

grief, permission to feel, 哀悼，允許可以感受 57

group situations, child's difficulties in, 團體的情境，孩子的困難

190-193

guilt, 罪疚感 26, 30, 63, 124, 129, 155, 162, 204, 205, 208, 209, 211, 259, 268, 270

depressive, 憂鬱的 265-266

immense anxiety stirred up by, 龐大的焦慮被……挑起 160

masochistic response to, 被虐的反應 267

paranoid defence against, 針對……偏執多疑的防衛 267

persecutory, 被迫害的 265-266

Gurion, M., 168, 169, 200-210

H

hair, pulling, 拔毛 4

Harris, W. W., 74

hate: 恨：

and love, ambivalence over, 以及愛，矛盾 135

need to accept, 必須去接納 93

Hay, D. F., 138

head-banging, 撞頭 96-97

Heimann, P., 181, 182

Hesse, E., 168, 182

Higgitt, A., 71

Hipwell, A., 137

"holding" (Winnicott) 「護持」11, 13, 65

holding environment, 護持性的環境 66

hopelessness , of child, as reaction to stress between parents, 無

望，孩子的，對於父母間的壓力之反應 235

Hopkins, J., 11-14, 54-66, 67, 69, 70, 76, 118, 180, 243

hostility, of child towards parents, 敵意，孩子針對父母的 152

humour, use of by therapist, 幽默，治療師用的 248

hyperactivity, 過動 83, 145

I

"ideal mother"「理想的母親」123-124

identity, development of, 認同，發展 153

infant: 嬰兒：

    direct work with, 直接與……工作 74

    effect of improving perceived status of, 改善……所感受到的狀態之影響 75

    mental state of, ……的心智狀態 74-76

    observation, 觀察 12, 18, 36, 39, 40, 45, 46, 48, 49, 53, 122, 138

    -parent psychotherapy, -父母心理治療 54-66, 76, 86

    -parent relationship: -父母關係：

        capacity for rapid change in, 迅速改變的能力 65

        parents' own, 父母親自己的 62

        treating 治療 54

    see also baby; child, 亦見嬰孩；小孩

infantile anxieties/feelings, in adults, 嬰兒式的焦慮／感受，在成人, 48, 132

infantile aspects, of mother/father, 嬰兒式的面向，母親的／父親的 20

by the parent of a part of the self into the child, 父母的部分自我投射給孩子 182

onto therapist, surviving, 投射給治療師，存活 130

projective identification, 投射性認同 3, 5

with internal parents, 與內在父母 51

psychoanalytic work, 精神分析工作 12, 20, 36, 149

use of observation in, 運用觀察 38

psychodynamic framework, 心理動力架構 3, 5

psychological development, successful, 成功的心理發展 171

Puckering, C., 73

Q

Quinton, D., 175

R

rage 憤怒：

in child, as expression of mother's anger, 小孩的，傳達母親的憤怒 192

communication of, failure to respond to, 溝通，無法回應 143

as means of eliminating contrary emotions, 用……來消除對立的情緒 129

as means to evacuate distress, 用……來排除痛苦 129

mother's, over pregnancy and dying child, 母親對於懷孕與垂死小孩的…… 266

Raphael-Leff, J., 151

S

Seeley, S., 137

Segal, H., 153, 201, 272

"selected fact" (Bion),「選定事實」6, 14

self: 自我：

　fear of loss of, 害怕失去 159

　sense of, ⋯⋯感知 153

self-referrals, predominance of, 自行前來，占多數 39

self-sufficiency, 自給自足 140, 143

　premature, 早熟 83, 96

Sendak, M., 151, 154, 164, 166

sense of identity, loss of, 失去認同感 166

separateness, 分離 200

separation, 分離 152-157, 196-201, 207, 212-214, 250-252

　anxiety, 焦慮 2, 68, 84, 117, 167, 211, 215-236

　　transgenerational, 跨世代的 240

　and constant feeding, 持續餵食 244

　developmental milestones, 發展里程碑 3

　difficulties with, ⋯⋯的困難 158

　early experience of, through breastfeeding, 早年的⋯⋯經驗，
　　從餵母奶 239

　effect of denying feelings relating to, 否認關於⋯⋯感覺的效
　　應 118

　and experience of ambivalence, 矛盾經驗 183

　experienced as cruel or catastrophic loss, 被經驗為殘酷或災難
　　的失落 91-94, 97, 117

T

Psychotherapy 043

了解孩子的內心世界：
父母與嬰幼兒的心理治療實錄
What Can the Matter Be?
Therapeutic Interventions with Parents, Infants, and Young Children

編者——露薏絲・艾曼紐（Louise Emanuel）、伊莉莎白・布萊德利（Elizabeth Bradley）
譯者——王映淳、吳麗琴、林芳漪、粘慧美、黃郁心
合作出版：雅緻文化有限公司

出版者—心靈工坊文化事業股份有限公司
發行人—王浩威　總編輯—徐嘉俊
執行編輯—林妘嘉　特約編輯—黃素霞
內頁排版—龍虎電腦排版股份有限公司
通訊地址—10684台北市大安區信義路四段53巷8號2樓
郵政劃撥—19546215　戶名—心靈工坊文化事業股份有限公司
電話—02）2702-9186　傳真—02）2702-9286
Email—service@psygarden.com.tw　網址—www.psygarden.com.tw

製版・印刷—中茂分色製版印刷事業股份有限公司
總經銷—大和書報圖書股份有限公司
電話—02）8990-2588　傳真—02）2990-1658
通訊地址—248新北市新莊區五工五路二號
初版一刷—2017年12月　初版五刷—2022年10月
ISBN—978-986-357-109-4　定價—600元

What Can the Matter Be?
Therapeutic Interventions with Parents, Infants, and Young Children
Copyright © 2008 by Louise Emanuel & Elizabeth Bradley.
Authorised translation from the Engilsh language edition published by Karnac Books,
Complex Chinese translation copyright © 2017 by PsyGarden Publishing Co.

國家圖書館出版品預行編目資料

了解孩子的內心世界：父母與嬰幼兒的心理治療實錄 / 露薏絲・艾曼紐(Louise
Emanuel), 伊莉莎白・布萊德利(Elizabeth Bradley)編 ; 粘慧美等譯. -- 初版. --
臺北市：心靈工坊文化, 2017.12
　面；　公分. -- (Psychotherapy ; 43)
譯自："What can the matter be?" : therapeutic interventions with parents,
infants, and young children
ISBN 978-986-357-109-4(平裝)

1.兒童發展　2.兒童心理學　3.育兒　4.家庭輔導

173.1　　　　　　　　　　　　　　　　　　　　　　　　106021156